Schuster / Springer-Kremser • Anwendungen der Psychoanalyse

WUV STUDIENBÜCHER
Psychologie • Band 4

Peter Schuster, Marianne Springer-Kremser

Anwendungen der Psychoanalyse

Gesundheit und Krankheit aus psychoanalytischer Sicht

WUV-Universitätsverlag

Die Deutsche Bibliothek - CIP-Einheitsaufnahme

Schuster, Peter:
Anwendungen der Psychoanalyse : Gesundheit und Krankheit aus
psychoanalytischer Sicht / Peter Schuster ; Marianne Springer-Kremser. -
2., überarb. Aufl. - Wien : WUV-Univ.-Verl., 1998
(WUV-Studienbücher Psychologie ; Bd. 4)
ISBN 3-85114-371-X

2. überarb. Auflage 1998
Copyright © 1994 WUV-Universitätsverlag, Berggasse 5, A-1090 Wien
Alle Rechte, insbesondere das der Vervielfältigung und der Verbreitung
sowie der Übersetzung, sind vorbehalten.
Umschlaggestaltung: A+H Haller
Umschlagbild: „Three Portraits of Sigmund Freud" von Joseph Kosuth (1987), mit
freundlicher Genehmigung der Galerie & Edition Artelier, Graz
Satz: Graf+Zyx
Druck: WUV-Universitätsverlag
Printed in Austria
ISBN 3-85114-371-X

*Dem Andenken
Hans Strotzkas
(1917–1994)
gewidmet*

Vorwort

Der vorliegende Band baut auf der 1991 publizierten einführenden Darstellung der Tiefenpsychologie auf und wendet sich an Studenten, Ärzte, Psychotherapeuten sowie interessierte Laien.

Den Texten liegen auch diesmal – mit Ausnahme des Kapitels über die Kulturtheorie – Transkripte der Vorlesung „Einführung in die Tiefenpsychologie II – Anwendungen" zugrunde, wie sie im Sommersemester 1993 gehalten wurde. Peter Schuster hat wiederum die Systematik mit Originalzitaten aufgelockert.

Diese Vorlesungsreihe, die von Hans Strotzka initiiert wurde und von der Univ.-Klinik für Tiefenpsychologie und Psychotherapie betreut wird, stellt einen Meilenstein in der Verankerung der Psychoanalyse an der Universität dar.

Anhand der Anwendungen des psychoanalytischen Theoriegebäudes auf die Krankheitslehre der Psychiatrie und der Psychosomatik soll das Verständnis für die komplexen Entstehungsursachen von auf den ersten Blick bizarr oder uneinfühlbar scheinenden „conditiones humanae" im Lernenden geweckt werden.

Bei der Darstellung der Psychoanalyse als Heilbehandlung kann in diesem Rahmen nur auf die wichtigsten therapeutischen Elemente und therapeutischen Techniken nach dem letzten „state of art" eingegangen werden.

Der Einfluß der Psychoanalyse auf die Pädagogik fand besonders in Wien auch gesellschaftspolitische Resonanz: Schon in den zwanziger Jahren wurde versucht, die reformatorischen und präventiven Ansätze, zumindest partiell, in die Sozial- und Gesundheitspolitik zu integrieren.

Eine Darstellung der Anwendungen der psychoanalytischen Theorie wäre nicht vollständig, würden nicht auch die Versuche Freuds und vieler anderer Psychoanalytiker unter Anwendung ihrer theoretischen Konzepte eine Interpretation der menschlichen Kulturleistungen zu entwickeln, Platz finden. Aus diesem Grund haben wir Alfred Springer, der sich mit diesem Thema wissenschaftlich auseinandersetzt, gebeten, für das vorliegende Buch dieses Kapitel zu verfassen.

Marianne Springer-Kremser
Peter Schuster

Inhaltsverzeichnis

1. Vorlesung

Auf dem Weg zu einer psychoanalytischen Nosologie

Lehrziel

Was ist ein Symptom, was ein Syndrom? Die psychoanalytischen Grundlagen einer Klassifikation psychopathologischer Phänomene. Einige psychoanalytische Kriterien für die Zuordnung zu den drei großen Krankheitsgruppen der Neurosen, der Borderline-Zustände und der Psychosen.

Weiterführende Literatur

> J. BOLLAND & J. SANDLER: Die Hampsteadt-Methode, Kindler
> A. FREUD: Maßstäbe zur Bewertung der erwachsenen Persönlichkeit
> Das metapsychologische Persönlichkeitsprofil. Aus: Die Schriften der Anna Freud, Fischer, Band VI
> L. BELLAK, M. HURVICH & H. GEDIMAN: Ego Functions in Schizophrenics, Neurotics, and Normals, Wiley
> P. BERNER: Psychiatrische Systematik, Huber
> O. FENICHEL: Psychoanalytische Neurosenlehre, Walter
> O. F. KERNBERG: Schwere Persönlichkeitsstörungen, Klett-Cotta

Stichworte

Symptom, Syndrom; psychoanalytische Nosologie; Hampstead-Index; Strukturelle Beurteilung der Persönlichkeit; Internalisierung (primäre/sekundäre Identifizierung, Inkorporation, Introjektion, Identifizierung), Externalisierung (Projektive Identifizierung, Projektion, Externalisierung); Ichfunktionen zur Beurteilung der Persönlichkeit („Ausmaß und Art des Bezogenseins auf andere", „Objektkonstanz")

„Der Fortschritt bei der Anwendung psychoanalytischer Ergebnisse in Diagnose und Prognose seelischer Störungen wird zunehmend dadurch behindert, daß klinische Kriterien aus den eher konventionellen (psychiatrischen) Gebieten übernommen wurden. Sind die üblichen psychiatrischen Klassifikationen der Neurosen und Psychosen zu schematisch und gleichzeitig zu rigide, um den Anforderungen des klinischen Psychoanalytikers zu genügen, so können sie erst recht nicht für die Vielzahl der Charakterstörungen und psychosexuellen Störungen, die einen Großteil der analytischen Praxis ausmachen, angewendet werden … Obwohl allgemeine Übereinstimmung über die Differenzierung zwischen Neurosen und Psychosen und ebenso über ihre Prognosen herrscht, besteht andererseits eine beträchtliche Verwirrung hinsichtlich der diagnostischen und prognostischen Bedeutung von pathologischen Charakterveränderungen, Hemmungen, Perversionen und sozialen Schwierigkeiten … Viele dieser Schwierigkeiten würden sich auflösen, wenn wir ganz klar sähen, daß die psychoanalytische Praxis ausschließlich psychoanalytischer Kriterien bedarf, und uns die Aufgabe stellten, seelische Störungen nicht nur neu zu klassifizieren, sondern analytische Kriterien zu erstellen, nach denen sie angemessen beurteilt werden könnten …"

(E. Glover: Der Begriff der Dissoziation, 1938. In: Psychologie des Ich, Wissenschaftliche Buchgesellschaft Darmstadt, 1974/72–73).

Die verschiedenen Symptome können zu Krankheitsbildern (Krankheitsentitäten) unter verschiedenen Gesichtspunkten gruppiert und zu Symptomgruppen (Syndromen) zusammengefaßt werden: z. B. entsprechend einer naiven Empirie oder nach deren statistischer Häufung oder nach angenommenen Sinnzusammenhängen.

Die **rein deskriptiven Syndrome** werden lediglich aufgrund von Erfahrung, daß die sie konstituierenden Symptome häufig oder stets miteinander kombiniert auftreten, aufgestellt.

Die **pathogenetischen Syndrome** entsprechen Symptomkombinationen, die Aussagen über das Vorliegen eines bestimmten Teilmechanismus der Pathogenese (Aussagen über bestimmte Ursachengruppen) machen lassen.

Ätiologisch konzipierte Syndrome zeichnen sich durch ihre differentialdiagnostische Eindeutigkeit aus, d. h. die Feststellung eines solchen Syndroms erlaubt mit Sicherheit einen Rückschluß auf eine spezifische Ätiologie.

Syndrome

Definition: Unter einem **Syndrom** ist eine Symptomgruppe zu verstehen, deren Einzelmerkmale regelhaft miteinander vergesellschaftet auftreten und für deren Entstehung gleiche Pathogenese oder gleiche Ätiologie angenommen werden kann.

Nosologie (Krankheitslehre)

Definition: Unter **Nosologie** versteht man die systematische Beschreibung und Einordnung von Krankheiten und Krankheitsformen.

Bis heute ist eine eigenständige psychoanalytische Klassifikation und Beurteilung von psychischer Gesundheit und psychischer Krankheit nicht konsequent und systematisch versucht worden. Weiterhin orientiert sich die Krankheitslehre der Psychoanalyse überwiegend an der (jeweils herrschenden) psychiatrischen Nosologie. Das bedeutet, daß psychiatrische Krankheitsbilder mit psychoanalytischem Verständnis beschrieben, Beiträge zur Ätiologie aus psychoanalytischer Sicht formuliert und die verschiedenen Symptombildungen mit psychoanalytischem Wissen einem differenzierten Verstehen nähergebracht werden. O. Fenichel hat dies exemplarisch mit seiner 1945 erschienenen Psychoanalytischen Neurosenlehre unter Berücksichtigung der damals vorliegenden psychoanalytischen Kenntnisse umgesetzt. Trotz der enzyklopädischen und bis heute nicht wieder erreichten umfassenden Darstellung dieses psychoanalytischen Ansatzes einer Neurosenlehre wies Fenichel selbst auf die Einschränkungen durch Einbeziehung einer psychiatrischen Methodik hin:

„Es muß jedoch betont werden, daß alle Neurosen verschiedene Mechanismen der Symptombildung nebeneinander aufweisen. Freud erklärte, daß in jeder Zwangsneurose der Kern einer Konversionshysterie stecke und daß sich hinter jeder Neurose eine infantile Angsthysterie verberge. Den heutigen Charakterstörungen, bei denen das Ich seinerseits in die Krankheit hineingezogen wird, liegen vielfältige Mechanismen zugrunde. Es ist daher wissenschaftlich exakter, eine Diagnose dieser Mechanismen als eine Diagnose einer Neurose zu geben … Bei einer psychoanalytischen Untersuchung geht man in der Regel so vor, daß man die gewöhnlich komplizierten seelischen Phänomene durch eine vorläufige Untersuchung der eher ungewöhnlichen, aber durchsichtigeren Züge zu verstehen sucht. Bei der Untersuchung von Neurosen sind dies die Mechanismen der Symptombildung. Sie stellen typische Komponenten dar, deren atypische Verbindungen die Mehrzahl aller individuellen Neurosen bilden. Auf diesem Wege geht unsere Untersuchung von den einfachen zu den komplexen Phänomenen …" (O. Fenichel: Psychoanalytische Neurosenlehre, 1945, Walter, 1975, Bd. II/8)

Allgemeine und umfassende Maßstäbe zu einer psychoanalytischen Beurteilung der Persönlichkeit: Der Hampstead-Index

Eine Möglichkeit, die psychoanalytische Strukturtheorie zur Grundlage eines Untersuchungsinstruments zu nehmen, das psychoanalytischen Gesichtspunkten gerecht wird und das vielleicht zu einer eigenständigen Krankheitslehre der Psychoanalyse führen wird, stellt die Entwicklung des Hampstead-Index durch A. Freud und ihre Mitarbeiter an der Hampstead Child Therapy Clinic (Anna Freud Centre) in London dar.

Unter den Rubriken
- Allgemeines Fallmaterial,
- Ich(allgemein),
- Ich(Angst),
- Ich(Abwehr),
- Triebmaterial,
- Objektbeziehungen,
- Phantasien,
- Überich,
- Symptome,
- Behandlungssituation und
- Behandlungstechnik wird das Fallmaterial aufgeschlüsselt, rubriziert, den entsprechenden Stichworten zugeordnet und auf eigenen Karteikarten festgehalten. So kann Datenmaterial aus diagnostischen Untersuchungen und aus Psychoanalysen gesammelt und für spezifisch psychoanalytische Fragestellungen ausgewertet werden.

Zwei Beispiele für die Verwendung des Hampstead-Index:
1. Ein Beispiel aus der **Indexierung des Verlaufes der Psychoanalyse des zweijährigen Andy** (aus: J. Bolland & J. Sandler: Die Hampstead-Methode, 1965; Kindler 1977/158):

- Triebmaterial: Zonen und Stufen
Phallisch: Kastrationsangst (und Kastrationswunsch)

„Unter dieser Überschrift soll Material registriert werden, das Beispiele für unmittelbar ausgedrückte Kastrationsangst enthält. Mit Kastrationswunsch ist der Wunsch, andere zu kastrieren, gemeint, während der Wunsch, selbst kastriert zu werden, an anderer Stelle unter Phallisch erscheint. Weitere Unterpunkte behandeln Kastrationsempfindungen, Penisneid, u. ä."
„Zum erstenmal war davon die Rede in der Geschichte von dem kleinen Jungen, der ein Pferdchen trifft, von ihm gebissen wird, „Scheiße" sagt und das Pferdchen davonjagt. Nachdem Andy diese Geschichte erzählt hatte, stand er auf, faßte sich an den Penis, sagte, er würde sich einen Stöpsel in den Piephahn stecken, änderte dann aber seine Meinung und sagte, er würde dem Therapeuten einen Stöpsel in den Piephahn stecken. Als er am nächsten Tag wieder davon sprach, daß jemand einem kleinen Jungen einen Stöpsel in den Piephahn stecke, und er unmittelbar darauf den Wunsch äußerte zu urinieren, gab der Therapeut ihm folgende Deutung: Andy habe befürchtet, sein Piephahn sei versehrt, und sich daher vergewissern wollen, daß er noch funktioniere. Bei einer anderen Gelegenheit reagierte er auf die Erklärung, er wünsche sich, als Mami mit Papi im Bett zu sein, mit einem Griff an den Penis und dem Ausruf: „Oh, mein kleiner Piephahn!" Dies wurde ihm als Angst gedeutet, seinen Piephahn zu verlieren, falls sein Wunsch, die Mami zu sein, sich erfülle. Darauf erwiderte er, der ‚dam-

michte' Tiger wolle ihn abbeißen, aber er, Andy, werde es nicht zulassen. Eine zu Zeiten häufig vorkommende Phantasie war die von einem großen Wolf, der von einem Baum herunterspringt und den kleinen Wolf ‚ins Ohrläppchen, ins Bäuchlein oder in den Piephahn' beißt. Die Deutung, der kleine Wolf sei Andy, der Angst habe, in der geäußerten Weise verletzt zu werden, rief die Antwort hervor: „Ich ließe ihn nicht!" Bei dieser Gelegenheit wurde auch die Verbindung zwischen Kastrationsangst und Kastrationswunsch deutlich; Andy behauptete nämlich, der große Wolf sitze auf dem Baum, weil er ihn dort hinaufgejagt habe."

2. Ein Beispiel für die Anleitung zur Beurteilung der erwachsenen Persönlichkeit mittels des Profils der Hampstead-Klinik: (A. Freud: Maßstäbe zur Bewertung der erwachsenen Persönlichkeit. Das metapsychologische Persönlichkeitsprofil, 1965. Aus: Die Schriften der Anna Freud, Fischer, 1987, Band VI/1685):

- „Konflikte: Je nachdem, welche Konflikte in der Persönlichkeit eines Menschen hervortreten, lassen sich Schlüsse ziehen auf
  - die Reife seiner Persönlichkeitsstruktur, d. h. den Grad ihrer Unabhängigkeit von der Objektwelt;
  - die Schwere seiner etwaigen Störung;
  - die Art der zur Besserung oder Wiederherstellung geeigneten Behandlungsmethode.

  Die Konflikte sind im einzelnen zu beschreiben und je nach ihrer Beschaffenheit in das folgende Schema einzuordnen:

  a) *Äußere Konflikte*
  Ein unmittelbarer Gegensatz zwischen den Ansprüchen der Trieb- und der Außenwelt tritt beim Erwachsenen nur auf, wenn Ich und Überich nicht zur normalen Ausbildung gekommen sind. Die Konflikte zwischen der Gesamtperson und der Umwelt (Verweigerung der passiven Anpassung, aktives Streben nach Änderung der Umwelt), die auf jeder Stufe nach dem Pubertätsalter entstehen können, haben keine pathogene Wirkung.

  b) *Verinnerlichte Konflikte*
  Bei einem Erwachsenen mit fertig ausgebildeter psychischer Struktur werden Unstimmigkeiten zwischen den Triebwünschen und den Forderungen der Außenwelt durch die dazwischentretenden Ichinstanzen geregelt, äußern sich also in der Form verinnerlichter Konflikte. Manchmal werden solche Konflikte nach außen verlegt, als scheinbare Konflikte mit der Umwelt.

  c) Tiefe *innere Konflikte* zwischen gegensätzlichen und miteinander unvereinbaren Triebregungen (ungelöste Ambivalenz zwischen Liebe und Haß, aktiv – passiv, männlich – weiblich)."

Strukturelle Kriterien zur Beurteilung der Persönlichkeit

Im alltäglichen Umgang mit Patienten (die Hampstead-Methode ist wegen ihrer Aufwendigkeit wohl eher als Forschungsinstrument einzustufen) hat sich eine strukturelle Sichtweise der pathologischen Phänomene bewährt, die vor allem durch O. F. Kernberg vertreten und auch populär wurde.

Bei psychischen Vorgängen, die die Dichotomie von seelischem Innenleben und objektiver, außerhalb von einem selbst befindlicher Realität beschreiben sollen, können grundsätzlich zwei verschiedene „Richtungen" unterschieden werden: Internalisierung und Externalisierung.

Internalisierung

Definition: Unter dem Begriff der **Internalisierungsvorgänge** werden alle psychischen Prozesse zusammengefaßt, die dazu führen, daß Vorgänge in der Außenwelt im Psychischen ihren Niederschlag finden und unabhängig von dieser Außenwelt im Psychischen fortbestehen.

Grundsätzlich unterschied Freud zwischen zwei Möglichkeiten,
- einmal den Internalisierungsvorgängen auf einem psychischen Niveau, auf dem noch nicht zwischen innen und außen unterschieden wird, ein „äußeres Objekt" psychisch eigentlich noch nicht existiert, **„primäre Identifizierungen"**,
- und zum anderen jenen Internalisierungsprozessen, die etwas, das zuvor als „außerhalb von einem selbst" erlebt wurde, zu etwas umwandeln, das jetzt „in" uns angesiedelt ist **(„sekundäre Identifizierungen")**.

In Hinblick auf das äußere Objekt können bei letzteren Internalisierungsprozessen vier „Schicksale" unterschieden werden:
Inkorporation: auf einem psychisch primitiven, vom Primärvorgang bestimmten Entwicklungsstadium stattfindend, wobei die Grenzen zwischen dem Selbst und den Objekten erst in einer ganz globalen Form aufgerichtet worden sind, sodaß die Phantasie, ein Objekt durch Einverleibung – und das in einem sehr wörtlich zu verstehenden Sinne – in sich aufzunehmen, dazu führt, daß es Teil von einem selbst wird. Der Mund ist die häufigste Pforte für diese „kannibalistischen" Vorstellungen (Auffressen), es können aber auch der Anus, andere Körperöffnungen oder auch die Haut als Organe, womit das Objekt verschlungen werden soll, phantasiert werden. Meist ist mit dieser für

die Inkorporation spezifischen Phantasie die gierige Zerstörung/Vernichtung des Objekts verbunden, seltener die Vorstellung, das Objekt auf diese Weise (in sich) zu erhalten; letztere Tendenz findet ihren Ausdruck in Phantasien, die Beziehung zum Objekt fortzuführen (Introjektion/Introjekte) oder ihm ähnlich zu werden (Identifizierung), d. h. Inkorporation kann sowohl zu Introjektion als auch zu Identifizierung führen.

Introjektion: sie führt zu Introjekten, d. h. zu Phantasien, in denen diese internalisierten Objekte als innerhalb von einem selbst vorgestellt und erlebt werden ("innere", "gute" und "böse Objekte" Melanie Kleins). Abhängig von der jeweils gegebenen psychischen Verfassung eines Menschen können diese Introjekte z. B. sehr konkret als etwas empfunden werden, das einen von innen heraus auffrißt, oder sehr abstrakt als eine, innere Sicherheit spendende, Präsenz von Elternfiguren etc.

Identifizierung: in deren Verlauf macht sich das sich identifizierende Subjekt Merkmale des Objekts in einer Weise zu eigen, daß das Subjekt diese Merkmale als seine eigenen erlebt. Durch Identifizierungen entstehen die entpersönlichten und von personalen Beziehungen unabhängig gewordenen psychischen Strukturen des Ich und des Überich.

Bewahrung des externen Charakters des Objekts durch die Etablierung von innerhalb der Struktur des Ich angesiedelten Objektrepräsentanzen, die, anders als bei den beiden bereits genannten Schicksalen der Objekte, dazu beitragen, daß die betroffenen Objekte weiterhin ihren Charakter von Objekten in der Außenwelt beibehalten.

Externalisierung

Definition: Unter **Externalisierung** werden diejenigen (üblicherweise unbewußten) psychischen Prozesse verstanden, die dazu führen, daß (inner-)psychische Phänomene der Außenwelt zugeschrieben werden und/oder als von ihr herrührend erlebt werden.

- **Projektive Identifizierung** beruht auf einer (primitiven) psychischen Ich-Struktur, die sich vorwiegend der Spaltung als Grundlage der Abwehrmanöver bedient. Sie ist charakterisiert durch:
  1. die Tendenz, einen Impuls, der auf einen anderen projiziert wird, weiterhin auch bei sich selbst zu erleben;
  2. Angst vor dieser anderen Person, die durch diesen projizierten Impuls charakterisiert wird oder unter seinem Einfluß steht; und

3. das Bedürfnis, diese Person zu kontrollieren. Mit diesem Ziel wird sie häufig zu einem bestimmten Verhalten provoziert, das die Projektion zu bestätigen scheint.

- **Projektion** basiert auf einer (höher entwickelten) Ich-Struktur, die um den Abwehrmechanismus der Verdrängung (der Fähigkeit zur Verdrängung) zentriert ist. Projektion ist charakterisiert durch die Zuschreibung einer unerwünschten Regung an eine andere Person, wobei diese Regung dann als etwas erlebt wird, das von außen her wieder als gegen die Person selbst gerichtet zurückkommt, der projizierte Impuls selbst aber bei der projizierenden Person unbewußt/verdrängt bleibt.

  Beispiel: Wenn jemand wütend auf einen anderen ist, dann erlebt er es im Falle einer Projektion dieses aggressiven Impulses so, als wäre nicht er, sondern dieser andere (auf ihn) wütend.

- **Externalisierung im engeren Sinne:** wird für diejenigen Projektionen verwendet, denen diese Eigenschaft des Rückbezugs auf die projizierende Person abgeht.

  Beispiel: Wenn ein junges Mädchen, anstelle bei sich selbst sexuelle Erregungen zu spüren, meint, diese bei anderen Personen wahrzunehmen, ohne daß diese Erregungen in einem engeren Bedeutungszusammenhang mit ihm selbst empfunden werden.

Psychische Struktur

Definition: Unter **psychischen Strukturen** versteht man die über längere Zeiträume hin stabilen Konfigurationen psychischer Prozesse.

Kernberg versteht aus der Perspektive der psychoanalytischen Ich-Psychologie die von Freud in seiner Strukturtheorie postulierten seelischen Instanzen des Überich, des Ich und des Es als übergeordnete Strukturen, deren wesentliche Aufgabe in der Gestaltung und Ausrichtung verschiedener Substrukturen, wie z. B. der Abwehrmechanismen oder von kognitiven Konfigurationen, liegt. Zu diesen Substrukturen werden von Kernberg auch „internalisierte Objektbeziehungen" gezählt, deren (strukturelle) Derivate (Repräsentanzen) innerhalb des Ichs angelegt werden und die ebenfalls hierarchisch organisiert sind. Die bekannten, komplexen psychischen Inhalte („Komplexe"), wie etwa der Ödipuskomplex, spiegeln eine solche typische Organisationsform internalisierter Objektbeziehungen wider.

Internalisierte Objektbeziehungen

Definition: Internalisierte Objektbeziehungen beschreiben die regelhafte, durch Erfahrung erworbene Verknüpfung von Objektrepräsentanzen mit den dazugehörigen Selbstrepräsentanzen durch entsprechende Affektdispositionen.

Die verschiedenen und unterschiedlich organisierten strukturellen Determinanten psychischer Prozesse stellen für einen bestimmten Menschen während eines bestimmten Lebensabschnittes derart konstante Merkmale dar, daß man sie zur Beschreibung seines Charakters heranziehen kann. Diese nur psychoanalytisch erheb- und beschreibbare Charakterstruktur wiederum wird von Kernberg als Grundlage verschiedener psychischer Organisationstypen eingesetzt.

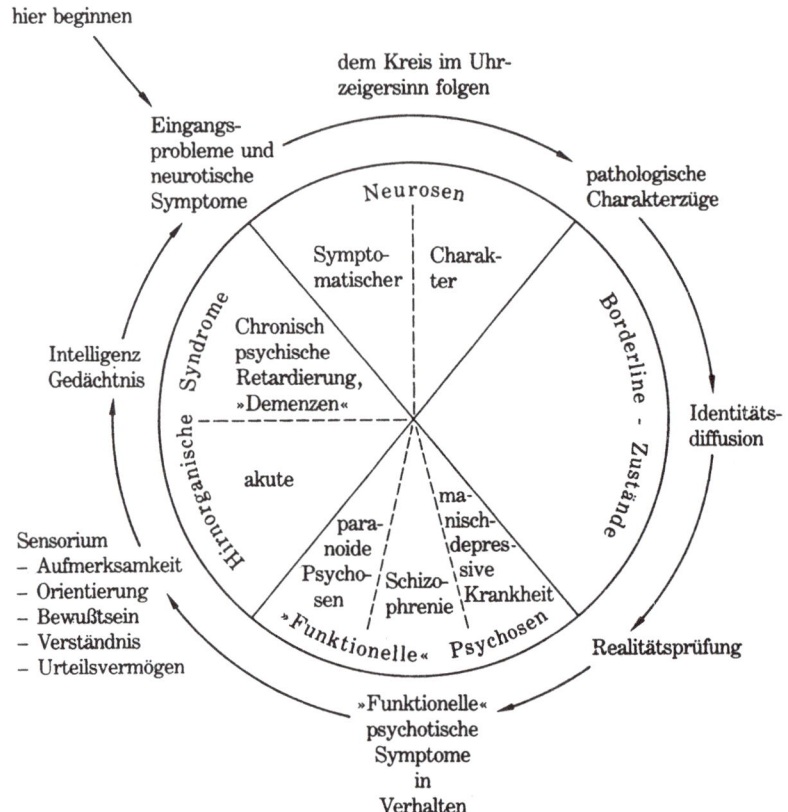

hier beginnen

dem Kreis im Uhr-
zeigersinn folgen

Eingangs-
probleme und
neurotische
Symptome

pathologische
Charakterzüge

Neurosen

Sympto- | Charak-
matischer | ter

Intelligenz
Gedächtnis

Chronisch
psychische
Retardierung,
»Demenzen«

Identitäts-
diffusion

akute

ma-
nisch-
depres-
sive
Krankheit

para-
noide
Psycho-
sen

Schizo-
phrenie

Sensorium
– Aufmerksamkeit
– Orientierung
– Bewußtsein
– Verständnis
– Urteilsvermögen

»Funktionelle«   Psychosen

Realitätsprüfung

»Funktionelle«
psychotische
Symptome
in
Verhalten

(Beschriftungen im Kreis: Hirnorganische Syndrome; Borderline – Zustände)

Abb. 1: *Strukturelles Interview zur Erfassung der Persönlichkeitsstruktur*
(O. F. Kernberg: Schwere Persönlichkeitsstörungen, 1984. Klett-Cotta 1988/50)

Unter Berücksichtigung von drei für das psychische Funktionieren besonders wichtiger Persönlichkeitsmerkmale (Grad der Identitätsintegration; Entwicklungsstand der Abwehrmechanismen; Fähigkeit zur Realitätsprüfung) gelingt eine Zuordnung zu drei großen, für die Psychotherapieplanung und
Durchführung relevanten Gruppierungen:

Persönlichkeitsstrukturen auf neurotischem, auf Borderline- und auf psy-
chotischem Niveau.

Tab. 1: *Differenzierung der Persönlichkeitsorganisation*

Strukturelle Kriterien	Neurotische Organisation	Borderline- Organisation	Psychotische Organisation
	Selbst- und Objektvorstellungen sind scharf voneinander abgegrenzt.	Identitätsdiffusion: widersprüchliche Aspekte vom Selbst und von anderen sind schwach integriert und/oder werden aktiv getrennt gehalten.	
Identitäts-integration	Integrierte Identität: Widersprüchliche Selbst- und Objekt-bilder sind in umfas-sende Konzepte von einem selbst und von anderen integriert.		Selbst- und Objektvor-stellungen sind schwach voneinander abgegrenzt, oder es besteht eine phantasierte Identität.
Abwehr-mechanismen	Verdrängung und Abwehrmechanis-men höherer Ebene: Reaktions-bildung, Isolierung, Ungeschehenmachen, Rationalisierung, Intellektualisierung. Abwehrmechanismen schützen den Pa-tienten vor ungünstigen Auswirkungen psychischer Konflikte. Deutungen verbessern das psychische Funktions-niveau.	Hauptsächlich Spaltung und Abwehrme-chanismen auf niederem Entwicklungs-niveau: primitive Idealisierung, projektive Identifizierung, Verleugnung, Omnipotenz, Entwertung.	Abwehrmechanismen schützen den Patienten vor Desintegration und Verschmelzung von Selbst und Objekt. Deutungen führen zu Regression.
Realitäts-prüfung	Fähigkeit zur Realitätsprüfung ist er-halten: Differenzierung von Selbst- und Nicht-Selbst sowie von intrapsy-chischen und äußeren Ursprüngen von Wahrnehmungen und Reizen.	Veränderungen in der Beziehung zur Reali-tät und in Gefühlen hinsichtlich der Realität treten auf.	
	Fähigkeit zur realisti-schen Einschätzung des Selbst und anderer ist vorhanden, auch unter starken Gefühlen.		Fähigkeit zur Reali-tätsprüfung ist verlorengegangen.

Strukturelle Kriterien zur Beurteilung der Persönlichkeit (O. F. Kernberg: Schwere Persönlichkeitsstörungen, 1984. Klett-Cotta 1988/38, leicht modifiziertes Schema)

Ich-Funktionen zur Beurteilung der Persönlichkeit

Wegen seiner Praktikabilität soll noch ein weiterer Zugang zu psychopathologischen Phänomenen kurz und auszugsweise dargestellt werden. Er wurde von L. Bellak und seinen Mitarbeitern (Bellak, L., Hurvich, M., & Gediman, H.: Ego Functions in Schizophrenics, Neurotics, and Normals; 1973; deutsche Übersetzung des Handbuchs von Schwindl, L. in: Phasenüberdauernde Persönlichkeitsabwandlung bei endogen depressiven Patienten und unter dem Aspekt einer Lithium-Dauerbehandlung, Wien, 1980) ausgearbeitet und stützt sich vorwiegend auf die Beschreibung und Beurteilung von Ich-Funktionen:

Neben der Möglichkeit einer Skalierung von
- Triebstärke (Es-Skala) und der Erstellung einer
- Überich-Skala werden
- 12 Ich-Funktionen auf einer 13-Punkte-Skala (1 bis 7, mit Halbpunkten) auf deren
- gegenwärtiges, auf ihr
- niedrigstes und ihr
- charakteristisches Funktionsniveau eingestuft. Damit gelingt eine sehr differenzierte Beschreibung sowohl der Psychopathologie wie auch der vorhandenen Ressourcen und Stärken eines bestimmten Patienten.

Die 12 Ich-Funktionen, die sich für diese Aufgabenstellung bewährt haben, sind die folgenden:

1. Realitätsprüfung (reality testing)
Wahrnehmung der psychischen („inneren") Realität und der Welt der Objekte („äußere Realität")
a) Unterscheidung zwischen inneren und äußeren Stimuli
b) Genauigkeit der Wahrnehmung äußerer Vorgänge mit Bezug auf örtliche und zeitliche Orientierung
c) Genauigkeit der Wahrnehmung äußerer Vorgänge, Selbsterkenntnis und Gewahrwerden von Wahrnehmungsverzerrungen

2. Urteilskraft (judgment)
Erkennen und Beurteilen von Konsequenzen eines beabsichtigten Verhaltens sowie Einschätzung der Angemessenheit desselben
a) Antizipation wahrscheinlicher Folgen eines intendierten Verhaltens (z.B. Antizipation von möglichen Gefahren, Gesetzesübertretungen, sozialen Einschränkungen sowie gesundheitlichem Schaden)

b) Ausmaß, inwieweit im Verhalten selbst die Einsicht in mögliche Konsequenzen ihren Ausdruck findet und wie oft ein auf fehlerhafte Realitätseinschätzung beruhendes Verhalten wiederholt wird

c) Unangemessenheit des Verhaltens durch Fehleinschätzung der sozialen und emotionalen Bedeutung von Situationen

3. Gefühl der Wirklichkeit der Welt und der Wirklichkeit von einem selbst (sense of reality of the world and of the self)

a) Ausmaß an Derealisation (Entfremdung): Ausmaß, inwieweit „äußere" Vorgänge als wirklich und eingebettet in einen bekannten Zusammenhang erlebt werden

b) Ausmaß an Depersonalisation (Entpersönlichung): Ausmaß, inwieweit der Körper (oder Körperteile), seine Funktionen und das eigene Verhalten als vertraut, unauffällig und als sich selbst zugehörig erlebt werden

c) Identitäts- und Selbstwertgefühl: Ausmaß, inwieweit Individualität, Einzigartigkeit, stabiles Körperbild und Selbstwertgefühl entwickelt sind

d) Scharfe Trennung zwischen dem Selbst und den Objekten (Trennung von Selbst- und Objektrepräsentanzen)

4. Regulierung und Kontrolle von Trieben, Affekten und Impulsen (regulation and control of drive, affect and impulse)

a) Angepaßtheit der direkten Triebbefriedigung (unmittelbar zum Ausdruck kommende Impulse, von primitivem und psychopathischem „acting out", über neurotisches Agieren bis hin zu relativ indirekten Formen der Verhaltensäußerung)

Unangepaßtheit würde davon abhängen, ob das Auftauchen von Trieben, Affekten und Impulsen im bewußten Erleben und Verhalten als Einbruch erlebt wird und entsprechend zum Ausdruck kommt

b) Effizienz von Aufschub und Kontrollmechanismen
Die Wirksamkeit von Aufschub und Kontrollmechanismen (sowohl Mangel als auch Übermaß an Kontrolle): Grad der Frustrationstoleranz und Ausmaß, inwieweit Triebabkömmlinge kanalisiert werden durch Vorstellungen, Gefühle und manifestes Verhalten

5. Objektbeziehungen (object relations)

a) Ausmaß und Art des Bezogenseins auf andere (zu berücksichtigen ist Narzißmus, Symbiose, Separation-Individuation, Rückzugstendenzen, Egozentrizität, narzißtische Objektwahl oder Ausmaß an Gegenseitigkeit, Einfühlung, Leichtigkeit von Kommunikation), Ausmaß von Nähe

– Distanz und Ausmaß der Flexibilität und Entscheidungsfreiheit in Objektbeziehungen

Beispiel für die Skalierung von „Ausmaß und Art des Bezogenseins auf andere":

1. Wesentlicher Mangel jeglicher Objektbeziehung
   Zurückziehen in Stupor und Stummheit; oder Leben wie ein Eremit oder Einsiedler. „Beziehungen" sind präsymbiotisch, meist autistisch. Wenn Rudimente von Beziehungen vorhanden sind, sind sie beladen mit Unruhe, Kämpfen und anderen zerstörenden Elementen, die sich rasch verstärken. „Distanzregulierung" ist schlecht. Person kann nur geringe Stimulierung seitens anderer Menschen ertragen.
2. Eher beträchtliche, schizoide, zurückziehende Absonderung als totales Zurückziehen.
   Heftige narzißtische, parasitäre oder symbiotische, Beziehungen; folie à deux, ständig wechselnde Objekte, intensive, meist sado-masochistische Bindungen. Entweder übertriebene Bindung oder äußerst geringe Objektbeziehung, beides infantiler Natur.
3. Beziehungen charakterisiert durch Absonderung oder übertriebene Abhängigkeit und Anklammerung.
   Bedeutende Schwierigkeiten, eine zufriedenstellende Balance zwischen Distanz und Nähe herzustellen. Zieht entweder sehr intensive oder sehr kühle Beziehungen vor. Könnte sich von einer Beziehung fernhalten aus Angst, daß eine zu enge Beziehung zerbrechen könnte.
4. Beziehungen zu wichtigen („signifikanten") Bezugspersonen durch neurotische Interaktionsmuster charakterisiert.
   Kann ein Zurückziehen sein, eine narzißtische oder symbiotische Art, aber solche Manifestationen sind bereits komplexer, weniger primitiv. Beispiele wären „Don-Juanismus", reifere Formen von Sado-Masochismus (wobei gerade die „signifikanten" Beziehungen von dieser Art sind), „Außenseiter", auffällig anhängliche Personen (deren Beziehungen aber eher oberflächlich sind) und „Spielernaturen".
5. Gestörte Interaktion mit nur wenigen Personen und eher sporadisch als chronisch.
   Objektwahl und Verhalten zu signifikanten Personen zeigen einen bedeutenden Grad an Flexibilität, aber unter Streß sind sie mehr zwanghaft und weniger frei.
6. Flexibilität bei der Wahl und der Art der meisten Beziehungen (mit automatischer Aufrechterhaltung einer jeweils optimalen Distanz).
7. Beziehungen sind charakterisiert durch Gegenseitigkeit und Tiefe. Sie behalten die Reibungslosigkeit und Stabilität auch angesichts stärkerer Belastungen. „Distanzregulierung" ist optimal. Person funktioniert im Dienste der Anpassung auch bei maximaler Stimulierung (Erregung) durch andere.

b) Primitivität – Reife – Kontinuum:
Schließt ein das Ausmaß, inwieweit die gegenwärtigen Objektbeziehungen adaptiv oder maladaptiv von früheren Objektbeziehungen beeinflußt und diesen nachgebildet werden.

c) Andere werden als selbständiges Objekt wahrgenommen und nicht als Teil von einem selbst.

d) Objektkonstanz: Ausmaß, inwieweit eine Person über Objektkonstanz verfügt, i. e. inwieweit sie sowohl die Abwesenheit eines Objektes wie auch die mit dem Objekt verbundene Frustration oder Angst aushalten kann. Ausmaß und Art der Internalisierung (Art, wie eine Person auf Menschen reagiert und diese wahrnimmt, die physisch nicht anwesend sind).

Beispiel für die Skalierung von „Objektkonstanz":

1. Nicht genügend entwickelte Objektkonstanz, nicht einmal für Situationen, die lediglich Trennungen befürchten lassen (Trennungsangst). Völliges Zurückziehen als Reaktion auf „Objektverlust". Menschen „existieren" nicht, wenn sie nicht anwesend sind.

2. Trennungsangst kann hervorstechend sein und kann eine schlecht angepaßte Reaktion auf Objektverlust, Liebesverlust oder narzißtische Kränkung sein. Reaktionen auf Verluste nehmen leicht katastrophales Ausmaß an.

3. Übermäßiges Streben entweder nach Abhängigkeit oder Unabhängigkeit von „signifikanten" anderen. Übertriebene Versuche, seine Selbstgenügsamkeit unter Beweis zu stellen. Oder die Person fühlt sich sehr leicht verletzt oder zurückgewiesen. Die Objektrepräsentanz signifikanter Personen ist noch nicht sehr gut internalisiert – übertriebene Reaktionen auf Verlust und Trennung. Im wesentlichen unfähig, alleine zu leben, oder zieht Isolation einer Lebensgemeinschaft vor.

4. Empfindlich gegen mögliche Zurückweisung und „im Stich gelassen" zu werden, wenn nicht eindeutig im Brennpunkt der Aufmerksamkeit der anderen. Einsamkeit und Alleine-Leben wird nicht gut ertragen.

5. Internalisierung von Objekten deutlich, aber unter starker oder andauernder Belastung wird auf Abwesenheit und Verlust übertrieben reagiert. Einige Schwierigkeiten beim Alleine-Leben, jedoch bereits einige Kompensationsmöglichkeiten für Einsamkeit.

6. Objektkonstanz ist gut entwickelt, da wichtige Menschen als internalisierte Repräsentanzen zur Verfügung stehen. Verluste, Trennungen und andere ähnliche potentielle Traumata werden ohne übermäßige Beeinträchtigung und negative Folgen bewältigt. Gedanken über, Reaktionen auf und Beziehungen zu anderen werden auch dann aufrecht erhalten und fortgesetzt, wenn diese physisch nicht anwesend sind.

7. Objektkonstanz ist außerordentlich gut. Dies läßt sich erschließen aus einer leicht gelingenden Anpassung an Trennungen wie auch aus dem raschen Wiedererlangen des psychischen Gleichgewichts nach dem Verlust eines sig-

nifikanten Objekts. Beziehungen zu signifikanten anderen sind stabil und auch in deren Abwesenheit beständig.

6. Denkprozesse (thought processes)

a) Adaptive Verfügbarkeit über Gedächtnisfunktionen, Konzentrationsfähigkeit und Aufmerksamkeit

b) Bedeutungsfindung, Ausmaß, inwieweit abstrakte und konkrete Denkvorgänge den Situationen entsprechen

c) Einfluß von Primär- und Sekundärprozessen auf die Sprache (oder andere Kommunikationsformen)

7. Adaptive Regression im Dienste des Ichs (adaptive regression in the service of the ego)

a) Ausmaß und adaptive Kontrollierbarkeit von Regressionen mit entsprechendem Auftauchen unbewußter und vorbewußter Inhalte. Ausmaß des Nachlassens der Wahrnehmungsschärfe und der Schärfe begrifflichen Denkens mit korrespondierender Zunahme von vorher unbewußten oder vorbewußten Inhalten im Bewußtsein und das Ausmaß, inwieweit diese Regressionen die Adaptation stören oder unkontrolliert sind.

b) Adaptive Integration dieses regressiven, primär-prozeßhaften Materials in „neue" Konfigurationen. Ausmaß und Zunahme des adaptiven Potentials als Ergebnis kreativer Integration durch letzten Endes kontrollierten und sekundär-prozeßhaften Gebrauch von Regressionen.

8. Funktionstüchtigkeit der Abwehr (defensive functioning)

a) Vorhandensein von die Adaptation behindernden Abwehrmechanismen (qualitativ durch deren primitives Funktionsniveau wie quantitativ durch deren Ausmaß)
Ausmaß, inwieweit Abwehrmechanismen, Charakterabwehr und andere Abwehrfunktionen die Vorstellungsfähigkeit, das Verhalten und die adaptiven Möglichkeiten der anderen Ich-Funktionen stören

b) Erfolg oder Mißerfolg der Abwehr mit entsprechendem, die Anpassung störendem Durchbruch von Es-Abkömmlingen und entsprechendem Auftreten von Angst, Depression oder Dysphorie

9. Reizschranke (stimulus barrier)

a) Reizschwelle („Rezeptorfunktion") für externe und interne Stimuli verschiedenster Modalitäten

b) Erfolg der Bewältigungsstrategien bei sensorischer Stimulation (Verhalten, Gefühlsreaktion, Intellekt)

10. Autonome Funktionsbereiche (autonomous functioning)

a) Ausmaß an Funktionseinbußen primär-autonomer Funktionen (Aufmerksamkeit, Konzentration, Gedächtnis, Lernen, Wahrnehmung, Motorik, Wille etc.)

b) Ausmaß an Funktionseinbußen sekundär-autonomer Funktionen (Gewohnheiten, Arbeitsroutinen, Hobbys etc.)

11. Synthetisch-integrative Funktionen (synthetic-integrative functioning)

a) Ausmaß von Vermittlung zwischen oder Integration von diskrepanten oder potentiell widersprüchlichen Haltungen, Werten, Affekten, Verhaltensweisen und Selbstrepräsentanzen

b) Ausmaß von und Eigeninitiative bei der aktiven Integration von sowohl intrapsychischen Vorgängen als auch Erlebnissen in der Umwelt (konfliktbeladen oder nicht)

12. Aktive Lebensbewältigung und subjektive Kompetenzeinschätzung (mastery and competence)

a) Aktive Lebensbewältigung: Tatsächliches Ausmaß vorhandener Fähigkeiten zur aktiven Lebensbewältigung. Wie gut eine Person tatsächlich zurechtkommt, unter Berücksichtigung der vorhandenen Fähigkeiten, mit seiner Umwelt in Beziehung zu treten, diese aktiv zu bewältigen und sie zu beeinflussen

b) Subjektive Kompetenzeinschätzung: die subjektive Rolle einer Person bei der aktiven Bewältigung und Beeinflussung der Umwelt und die subjektive Einschätzung eventuell vorhandener Fähigkeiten (wie eine Person urteilt über das, was sie in dieser Hinsicht tatsächlich tut und was sie tun könnte)

c) Diskrepanz zwischen Kompetenz und deren subjektiver Einschätzung: Ausmaß der Diskrepanz zwischen Komponente a und b (d. h. zwischen tatsächlicher Kompetenz und der subjektiven Einschätzung derselben)

Fallbeispiel: Barbara S., 16 1/2 Jahre alt und die jüngste von drei Schwestern, betreibt neben dem Besuch des Gymnasiums Leistungssport. Die Gewichtsreduktion auf 50% des Sollgewichts verfolgt das auffallend hübsche Mädchen mit eiserner Konsequenz. Ihre selbstauferlegte Kasteiung zeigt sich auch in der für die Jahreszeit und die herrschende Temperatur zu dünne Kleidung; außerdem weist die Haut der Hände und Handgelenke Zeichen von Erfrierungen auf. Die Motivation, sich doch in Psychotherapie zu begeben, wird von der Tatsache gestützt, daß zunehmende Kreislaufprobleme und Konzentrationsschwächen zu sportlichem Versagen führte: das beunruhigte Barbara am meisten. Klinisch bietet sie die Symptome einer Magersucht (Anorexia nervosa; H. Bruch: Der goldene Käfig. Das Rätsel der Magersucht; Fischer 1980). Wenn es sich bei dieser Diagnose auch um ein in der klinischen Praxis als unabhängig geltendes Krankheitsbild handelt, so bedarf es doch differenzierter diagnostischer Kriterien, um einen sinnvollen Behandlungsplan gemeinsam mit der Patientin erstellen zu können. Für dieses Vorgehen hat sich die Einschätzung gerade der Ich-Funktionen, welche regulative Mechanismen der Persönlichkeit darstellen und der Anpassung an die Wirklichkeit dienen, als besonders sinnvoll erwiesen.

1. **Realitätsprüfung (reality testing)**

Barbara hatte keine Schwierigkeiten, äußere Vorgänge mit Bezug auf örtliche und zeitliche Orientierung genau wahrzunehmen; höchstens gelegentlich, z. B. bei extremer Müdigkeit, kamen Fehlinterpretationen von Bedeutungen vor. a), b) und c) würden also auf den Bellak-Skalen ungefähr bei 5,5 eingereiht werden.

2. **Urteilskraft (judgment)**

ad a) Die Vorwegnahme von möglichen Konsequenzen schwankt von einer Situation zur anderen und ist von Angst beeinflußbar. Etwa 3,5 auf der Bellak-Skala.

ad b) Insbesondere das Ausmaß, inwieweit mögliche Konsequenzen des Verhaltens richtig eingeschätzt werden, ist auf der Bellak-Skala eher im pathologischen Bereich anzunehmen, da die Patientin auch bei Gewichtsabnahme unter 50% des Sollgewichts jede Gefährdung ihrer Gesundheit leugnet oder so tut, als ob keine Gefahr für ihr Leben bestehen würde.

ad c) Ebenso ist die Einschätzung von sozialen und emotionalen Bedeutungen von Situationen problematisch: Die Patientin setzt unzweckmäßige soziale Handlungen, weil sie eigene oder andere Bedürfnisse falsch einschätzt. Das gilt besonders für das Verhalten in der Schule zu ihren Mitschülerinnen: z. B. wird sie mitunter zu laut und zu auffällig einsagen, sodaß es eher die Lehrerin merkt als die Mitschülerin, und ihr eigenes Verhalten völlig normal finden.

3. **Gefühl der Wirklichkeit der Welt und der Wirklichkeit von einem selbst (sense of reality of the world and of the self)**

ad a) Die Patientin bietet sicher keine Derealisationssymptomatik; die Außenwelt wird als stabil erlebt: Bellak-Skala 6 bis 7.

ad b) Depersonalisationsgefühle, in der Gestalt von Körperveränderungsgefühlen, kommen nur in Übergangszuständen zwischen Wachsein und Schlaf vor und sind rasch korrigierbar – Einschätzung 5 bis 6.

ad c) Das Identitätsgefühl ist deutlich instabil: Es gibt eine klare Diskrepanz zwischen dem Selbstbild und dem Ich-Ideal. Das kann z. B. in unstillbarem Bedürfnis nach äußeren Erfolgen resultieren, insbesondere schulischem Ehrgeiz. Die Patientin fühlte sich sehr oft verletzt und extrem abhängig von externem Feedback, um ihre Identität aufrechtzuerhalten. Weiters hatte sie starke Gefühle von Wertlosigkeit und eine deutlich pathologische Selbstwertregulierung, d. h. das Selbstwertgefühl schwankte zwischen extremer Selbstüberschätzung und dem Gefühl absoluter Nichtigkeit. Bellak-Skala 3 bis 4.

ad d) Weiters sind Selbst- und Objektrepräsentanzen keineswegs und immer klar abgegrenzt: So hat die Patientin unglaubliche Ängste vor ihren eigenen Verschmelzungsphantasien vor allem die Mutter betreffend, und ein Rückzug oder aber besondere Aggressivität treten vor allem dann auf, wenn diese Verschmelzungswünsche von ihr als zu bedrohlich empfunden werden: Bellak-Skala 3 bis 4.

4. Regulierung und Kontrolle von Trieben, Affekten und Impulsen (regulation and control of drive, affect and impulses)

ad a) Starke Zwänge kontrollieren die Triebbefriedigungen. Während des stationären Aufenthaltes pflegte die Patientin mehrmals am Tag in langen abgezählten Schritten den Gang hastig auf- und abzugehen; ein weiteres Zwangsritual übte sie bei der Morgentoilette aus. Das „acting out" war also vor allem motorisch orientiert.

ad b) Die Kontrollen scheinen mäßig gut zu funktionieren. Manchmal ist die übertriebene Kontrolle von einem Triebdurchbruch (heimliches Ausplündern des Eiskastens) unterbrochen. Diese Effektivität der Triebkontrolle könnte auf der Bellak-Skala etwa mit 4 eingeschätzt werden.

5. Objektbeziehungen (object relations)

ad a) Ausmaß und Art der Objektbeziehungen: Die Patientin hat auffällig anhängliche, oberflächliche Beziehungen, die stark sado-masochistisch geprägt sind, so z. B. terrorisiert sie ihre Freundin. Einschätzung auf der Bellak-Skala zwischen 3 und 4.

ad b) Reife der Beziehungen: Hier zeigt die Patientin klar übermäßige Versuche, ihre Selbstgenügsamkeit unter Beweis zu stellen. Im Reagieren auf andere zeigt sie vorwiegend Selbstbezüge, d. h. sie reagiert eigentlich immer nur auf die eigene Phantasie von jeweils anderen Personen. Macht über andere ist besonders wichtig; Macht und die Möglichkeit, andere zu verändern, zu beeinflussen, andere werden genützt und ausgenützt. So z. B. organisierte sie auf der Station einen „Schulunterricht" für jüngere Patienten. Es ist ihr sehr wichtig, im Mittelpunkt zu stehen. Wenn sie nicht klar fokussiert in der Aufmerksamkeit anderer ist, fühlt sie sich sehr schnell im Stich gelassen und einsam. Einschätzung auf der Bellak-Skala: 4.

6. **Denkprozesse**
   ad a) Konkurrierende Reize (z. B. aggressive Impulse, Neid) können kurzfristige Entgleisungen in Gedächtnis, Konzentration und Aufmerksamkeit bewirken. Dann war mitunter große Anstrengung erforderlich, um diese Funktionen wieder effektiv auszuüben. Bellak-Skaleneinschätzung zwischen 5 und 6.

   ad b) und c) Gelegentlich kann es aufgrund sich aufdrängender Assoziationen zu Unklarheiten oder der Unfähigkeit kommen, einem Gedankengang zu folgen. Auch die Rigidität betreffend der Zwangsrituale kann leicht störend wirken, trotzdem kam sie nie zu spät zu einer Therapiesitzung. Einschätzung auf der Bellak-Skala: 5.

7. **Adaptive Regression im Dienste des Ich (adaptive regression in the service of the ego)**
   Regressionsneigungen sind mitunter bedrohlich, aber im großen und ganzen kontrollierbar.

8. **Abwehrfunktionen (defensive functioning)**
   Die Abwehrmechanismen zeigen Hinweise auf Rationalisierung, Reaktionsbildung, vorübergehend auch Projektionen. Überhaupt steht das Abwehrverhalten ziemlich klar im Vordergrund. Bellak-Skala: 4.
   ad b) Es bestanden häufige Durchbrüche von Angst, Depressivität sowie ein durchgängiges Gefühl von Verletzlichkeit.

9. **Reizschutz (stimulus barrier)**
   Grundsätzlich hat die Patientin eine durchschnittlich hohe sensorische Schwelle für die meisten Modalitäten, nur sehr zentrale oder fokale Reize waren störend, wie z. B. die Schwester, die im gemeinsamen Schlafzimmer über Mitternacht hinaus ein sehr starkes Leselicht brennen läßt.
   ad b) Die Reaktion ist aber oft gekennzeichnet von Reizbarkeit, Irritierbarkeit. Sie ist häufig mürrisch oder verärgert, kann aber, wenn sie sich von der Erschöpfung erholt hat, auch manchmal gute Miene zum bösen Spiel machen. Bellak-Skala: 4 bis 5.

10. Autonome Funktion

ad a) Die primäre Autonomie, d. h. Aufmerksamkeit, Konzentration, Gedächtnis, Lernen, Wahrnehmung, motorische Funktion und Intention, ist grundsätzlich nicht gestört, leidet nur vorübergehend durch das Eindringen bestimmter aggressiver oder sexueller Gefühle und Phantasien.

ad b) Die sekundäre Autonomie – darunter versteht man die alltäglichen Gewohnheiten wie Arbeitsroutine, Hobbys und Interessen – ist dann gestört, wenn es um Routineaufgaben geht, die mit bestimmten Konfliktbereichen verknüpft sind. Bei der Patientin zeigte sich dies z. B. durch körperliche Unbeholfenheit oder Ungeschicklichkeit im Zusammenhang mit dem Bekleidungsritual: Da sie sich in der Regel zu weite und zu große Bekleidung kaufte, mußte dann auch verhindert werden, daß diese allzusehr an ihrem Leib herunterhängt. Für die an sich manuell geschickte Patientin waren dann einfache Korrekturen schwierig.

11. Synthetisch-integrative Funktionen (synthetic integrative functioning)

Wurden bei diesem Fall nicht erhoben.

12. Aktive Lebensbewältigung und subjektive Kompetenzeinschätzung

Es besteht eine deutliche Diskrepanz zwischen den tatsächlichen Fähigkeiten der Patientin (z. B. der schulischen Leistungsfähigkeit) und den subjektiven Fähigkeitsgefühlen. In manchen Bereichen ist die Patientin tatsächlich autonomer und fähiger, als sie dies von sich selbst annimmt, während sie sich in anderen Bereichen zweifellos überschätzt. Auch ist dieses Überschätzen ondulierend, d. h. von der Intensität, der Labilität des Selbstwertgefühls abhängig. Außerdem zeigt sie eine deutliche Neigung, andere dazu zu bewegen, für sie etwas zu erreichen: So schickt sie z.B. jüngere Geschwister vor, die bei den Eltern etwas für sie durchsetzen sollen, und wirkt dabei sehr überzeugend. Bellak-Skala: 4 bis 5.

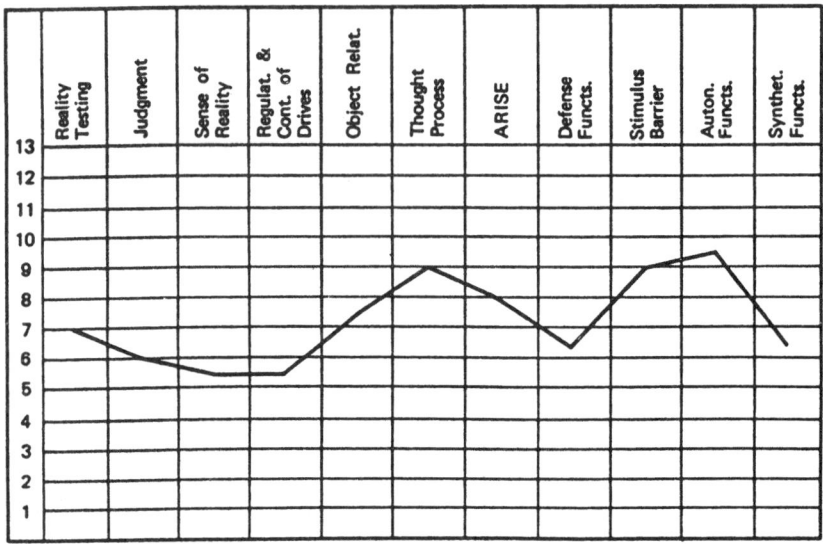

Profile 22.4

Abb. 2: *Beispiel einer Skalierung einer neurotischen Persönlichkeit*

2. Vorlesung

Psychoanalytisches Verständnis der Symptombildung

Lehrziel

Symptombildung als pathologische Kompromißbildung; die Komponenten der Kompromißbildung: Triebabkömmlinge, Überich, Angst/ depressiver Affekt, Abwehrmanöver; Entwicklung und Verlauf der Symptombildungen

Weiterführende Literatur

CH. BRENNER: Elemente des psychischen Konflikts, Fischer

O. FENICHEL: Psychoanalytische Neurosenlehre, Walter

S. FREUD: Hemmung, Symptom und Angst, 1926, Fischer, Ges. W. XIV

B. D. LEWIN: Das Hochgefühl, Suhrkamp Verlag

Stichworte

Normale und pathologische Kompromißbildung; Fixierungen; Oralität; orale Trias; kannibalistische Phantasien; Gefahrensituationen der Kindheit; Angst und depressiver Affekt; psychischer Konflikt; Überich und Moral; Überich und Masochismus; Überich und Selbstbestrafung/Selbstschädigung; Bedingungen der Symptombildung; Psychodynamik der Spontanheilungen; „Heilung durch Verführung"; „Heilung durch Liebe"

Kompromißbildungen

Definition: Als **Kompromißbildung** bezeichnet man das (bewußtseins-fähige) Resultat einer Interaktion bzw. Verschmelzung der verschiedenen Komponenten eines unbewußten Konflikts.

Die Komponenten des unbewußten Konflikts sind:

- Triebabkömmlinge (Es) bzw. Überichkomponenten (Überich),

- mit diesen Triebabkömmlingen bzw. diesen Überichkomponenten assoziierte „Signalaffekte" (Angstaffekte / depressive Affekte: bestehend aus einem Vorstellungsinhalt und aus der diesen Vorstellungsinhalt begleitenden Unlust) und
- Abwehroperationen (Ich), die die entstandene Unlust ausschalten oder zumindest vermindern sollen.

Symptome (pathologische Kompromißbildungen)

Definition: Mit **Symptom** wird ein pathologisches Phänomen bezeichnet, das als Ausdruck eines krankhaften Vorgangs gesehen wird und das entweder in einer ungewöhnlichen Abänderung einer an sich normalen Funktion oder in einer neuen Leistung besteht.

Für die Psychoanalyse stellt jede Symptombildung den Versuch einer Kompromißbildung zwischen den verschiedenen psychisch gerade wirksamen Kräften dar. Drei Faktoren sind bei der Symptombildung regelmäßig nachweisbar:
- Das Symptom ist **Anzeichen und Ersatz einer unterbliebenen Triebbefriedigung.**
- **Das Symptom ist Ausdruck des gegen diesen Triebanspruch sich wehrenden Ichs.** Die Abwehr eines verpönten Wunsches ist nur teilweise erfolgreich, sodaß der Kompromiß einer Symptombildung, in der wenigstens eine Modifikation und hinreichende Entstellung des ursprünglichen Triebabkömmlings erreicht wurde, eingegangen werden muß. In der Symptombildung selbst, im manifesten Beschwerdebild, lassen sich sowohl die Auswirkungen bestimmter Abwehrstrategien wie auch die Spuren der diese Abwehrmanöver auslösenden Unlustaffekte (der Angst oder des depressiven Affekts) nachweisen.
- In der Symptombildung kommen auch die **moralischen Aspekte** der Persönlichkeit zum Tragen, die sich entweder nur indirekt aus der Symptombildung erschließen lassen oder sich direkt als Tendenzen zur Selbstbestrafung oder zur Selbstschädigung äußern.

Da jedes psychische Endergebnis unbewußter Konflikte eine solche Kompromißbildung darstellt, entscheidet über die Einstufung als Symptom aus psychoanalytischer Sicht, ob das Resultat, die **pathologische Kompromißbildung**, durch eines oder durch mehrere der folgenden Merkmale charakterisiert werden kann:

- Erhebliche **Einschränkungen in den Möglichkeiten der Triebbefriedigung**, sowohl was den Bereich der libidinösen Wünsche betrifft als auch bezogen auf den Bereich der Aggression („Arbeits- und Liebesfähigkeit")
- Erhebliche **Beeinträchtigungen durch das Auftreten von „bewußter Angst" oder „bewußter Depression"**
- Erhebliche **Einschränkungen vorhandener Begabungen und Fähigkeiten** („Mangel an Kreativität")
- Erhebliche **Tendenzen, sich selbst oder anderen Schaden zuzufügen** („Selbst- und Gemeingefährlichkeit")
- Erhebliche **Schwierigkeiten mit der Umwelt** im Sinne von „Anpassungsschwierigkeiten"

Das Symptom in seiner Beziehung zu den Triebabkömmlingen (Fixierungen)

Freud hatte die kindliche Sexualität als lose Aufeinanderfolge von Partialtrieben beschrieben, die erst beim Eintritt ins Erwachsenenalter, und auch dann nur teilweise, zur Genitalität verschmelzen und in deren Rahmen organisiert werden können:

„Die volle Organisation wird erst durch die Pubertät in einer vierten, genitalen, Phase erreicht. Dann hat sich ein Zustand hergestellt, in dem
1. manche frühere Libidobesetzungen erhalten geblieben sind,
2. andere in die Sexualfunktion aufgenommen werden als vorbereitende, unterstützende Akte, deren Befriedigung die sogenannte Vorlust ergibt,
3. andere Strebungen von der Organisation ausgeschlossen werden, entweder überhaupt unterdrückt (verdrängt) werden oder eine andere Verwendung im Ich erfahren, Charakterzüge bilden, Sublimierungen mit Zielverschiebungen erleiden."
(S. Freud: Abriß der Psychoanalyse; 1940. Ges. W. XVII/77)

Die Psychoanalyse geht davon aus, daß sich die Wunschregungen (Triebabkömmlinge, die in Form unbewußter Phantasien organisiert werden), die Anlaß zu (neurotischen) Symptombildungen geben, aus den Konflikten der ödipalen Phase herleiten oder zumindest mit diesen in einem direkten Zusammenhang stehen und organisiert werden.

Die Inhalte der Wunschvorstellungen, die in den Symptomen ihren entstellten Ausdruck finden, können sich auf unterschiedliche Entwicklungsphasen beziehen, auch dann, wenn das manifeste Erscheinungsbild seinem Inhalt nach eindeutig auf eine Entwicklungsphase hinzuweisen scheint, in der ein bestimmter Partialtrieb als vorherrschend angesehen wird.

**Beispiel: „Orale" Wünsche (Beteiligung der Oralität an der Symptom-
bildung)**

1. B. D. Lewin konnte zeigen, daß ganz am Beginn des Lebens als psychischer Ausdruck oraler Wünsche das Erstreben eines spannungsfreien Zustandes wohliger Sattheit begleitet von einem Verlust der Wahrnehmung
des bedürfnisbefriedigenden Objektes und dem Gefühl einer Verschmelzung von Selbst und Objekt vorzustellen ist:

„orale Trias": „… der Wunsch des Verschlingens oder Auffressens – in Verbindung mit seinen passiven Gegenstücken – dem Wunsch verschlungen oder aufge-
fressen zu werden und dem Wunsch einzuschlafen … Diese Wünsche entspringen
der Stillsituation, und für zumindest zwei dieser Wünsche liegt ihr Aussagewert auf
der Hand: wir können mit Sicherheit sagen, daß der Säugling den Wunsch hat, zu
essen, und wir wissen, daß er, was für den größten Teil der ersten Lebensmonate
gilt, nach dem Stillen mehr oder weniger rasch einschläft … Mit einer gewissen
Freiheit des Ausdrucks kann man sagen, daß der Säugling, wenn er seine eigenen
Körperteile belutscht und bekaut, in einem autokannibalistischen Akt schwelgt. So
wird, wenn wir dieses Geschehen theoretisch formulieren, jedes Objekt, das geges-
sen wird, wie das Subjekt behandelt. Das Subjekt identifiziert sich selbst mit dem
Objekt und übernimmt damit die Phantasiemöglichkeit des Gegessenwerdens." (B.
D. Lewin: Das Hochgefühl; 1961. Suhrkamp Verlag, 1982/100–104)

2. Bei Erreichung des Stadiums der Objektkonstanz werden orale Wünsche
als abhängige orale Befriedigung durch ein ganz bestimmtes Objekt erlebt
und ausgedrückt; die diesen Wünschen entsprechenden Angstsituationen
sind typische Bedrohungen durch Verhungern und Trennungsängste. Diesen oralen Wünschen aber ist auf der psychosexuellen Entwicklungsskala
am ehesten die **anale Entwicklungsebene** zuordenbar.

3. Auch auf dem eigentlichen ödipalen Niveau der psychosexuellen Entwicklung finden sich recht **typische „orale" Äußerungsformen ödipaler
Wunschregungen:**

Ein kleiner Bub, der allem Anschein nach Probleme mit seinen ödipalen Wünschen
hat, erklärt auf die situativ begründete Frage, warum er sich denn derart mit Mar-
morkuchen vollstopfe: „Ich esse eine Menge ‚marble cake', dann werde ich ‚Cap-
tain Marvel'." Damit brachte er die (unbewußte) klassisch-kannibalistische Vorstellung zum Ausdruck, sich seinen Vater (d. h. dessen Phallus als Symbol für magi-
sche Tapferkeit und männliche Potenz) einzuverleiben, um so seinen ödipalen Zielen ein Stück näher zu kommen.
Im Falle einer Symptombildung kann eine solche Phantasie die Grundlage für verschiedene („orale") Symptome abgeben: Globus hystericus, anorektische Symptombildungen etc. (J. Arlow: Konflikt, Regression und Symptombildung, 1963;
Psyche 17/23–43)

Symptom und Angst/Depression

„Die Angst entstand als Reaktion auf einen Zustand der Gefahr, sie wird nun regelmäßig reproduziert, wenn sich ein solcher Zustand wieder einstellt",

formuliert S. Freud 1926 in seiner Schrift „Hemmung, Symptom und Angst" (S. Freud, 1926, Ges. W. XIV/164) und legt damit den Grundstein für eine noch heute gültige Theorie der Angst und deren Bedeutung für die Symptombildung.

„Wenn also das Individuum in eine neue Gefahrsituation gerät, so kann es leicht unzweckmäßig werden, daß es mit dem Angstzustand, der Reaktion auf eine frühere Gefahr, antwortet, anstatt die der jetzigen adäquate Reaktion einzuschlagen. Die Zweckmäßigkeit tritt aber wieder hervor, wenn die Gefahrsituation als herannahend erkannt und durch den Angstausbruch signalisiert wird. Die Angst kann dann sofort durch geeignetere Maßnahmen abgelöst werden. Es sondern sich also sofort zwei Möglichkeiten des Auftretens von Angst: die eine, unzweckmäßige, in einer neuen Gefahrsituation, die andere, zweckmäßige, zur Signalisierung und Verhütung einer solchen." (S. Freud: Hemmung, Symptom und Angst; 1926. Ges. W. XIV/165)

Freud beschrieb damit **zwei Aspekte von Angst, einen ungewollten, automatischen,** wenn sich eine Gefahrensituation hergestellt hat, **und einen vom Ich produzierten,** wenn eine solche Situation nur droht, um zu ihrer Vermeidung aufzufordern. Dieser zweite Anteil ist der für das Verständnis der Symptombildung aus psychoanalytischer Sicht wichtigere und wird oft unter dem Titel der Signalfunktion der Angst oder kurz Signalangst/Angstsignal zusammengefaßt.

„[das Ich] stellte sich gleichsam die Gefahrsituation lebhaft vor, bei unverkennbarer Tendenz, dies peinliche Erleben auf eine Andeutung, ein Signal, zu beschränken." (S. Freud, 1926, Ges. W. XIV, 195)

Die **Vorstellungsinhalte von Gefahrsituationen** entwickeln sich aus den grundlegenden Angst-Erfahrungen des Kindes und umfassen zumindest die folgenden vier bekannten Kategorien (Katastrophen/Gefahrensituationen der Kindheit):

1. **Objektverlust;**
2. **Liebesverlust;**
3. **(Körperliche) Bestrafung/Vergeltung (Kastration);**
4. **Selbstbestrafung (Überich).**

„In beiden Hinsichten, sowohl als automatisches Phänomen wie als rettendes Signal, zeigt sich die Angst als Produkt der psychischen Hilflosigkeit des Säuglings, wel-

che das selbstverständliche Gegenstück seiner biologischen Hilflosigkeit ist … Intrauterinleben und erste Kindheit sind weit mehr ein Kontinuum, als uns die auffällige
Caesur des Geburtsaktes glauben läßt. Das psychische Mutterobjekt ersetzt dem Kinde
die biologische Fötalsituation. Wir dürfen nur nicht vergessen, daß im Intrauterinleben
die Mutter kein Objekt war und daß es damals keine Objekte gab … Mit der Erfahrung, daß ein äußeres, durch Wahrnehmung erfaßbares Objekt der … gefährlichen Situation ein Ende machen kann, verschiebt sich nun der Inhalt der Gefahr … auf die seiner Bedingungen, den Objektverlust. Das Vermissen der Mutter wird nun die Gefahr,
bei deren Eintritt der Säugling das Angstsignal gibt, noch ehe die gefürchtete … Situation eingetreten ist. Diese Wandlung bedeutet einen ersten großen Fortschritt in der
Fürsorge für die Selbsterhaltung, sie schließt gleichzeitig den Übergang von der automatisch ungewollten Neuentstehung der Angst zu ihrer beabsichtigten Reproduktion
als Signal der Gefahr ein … Wenn der Säugling nach der Wahrnehmung der Mutter
verlangt, so doch nur darum, weil er bereits aus Erfahrung weiß, daß sie alle seine Bedürfnisse ohne Verzug befriedigt. Die Situation, die er als „Gefahr" wertet, gegen die
er versichert sein will, ist also die der Unbefriedigung, des Anwachsens der Bedürfnis-
spannung, gegen die er ohnmächtig ist … Auch die nächste Wandlung der Angst, die
in der phallischen Phase auftretende Kastrationsangst, ist eine Trennungsangst und an
dieselbe Bedingung gebunden. Die Gefahr ist hier die Trennung von dem Genitale …
Die hohe narzißtische Einschätzung des Penis kann sich darauf berufen, daß der Besitz dieses Organs die Gewähr für eine Wiedervereinigung mit der Mutter (dem Mut-
terersatz) im Akt des Koitus enthält. Die Beraubung dieses Gliedes ist soviel wie eine
neuerliche Trennung von der Mutter, bedeutet also wiederum, einer unlustvollen Be-
dürfnisspannung … hilflos ausgeliefert zu sein … Mit dem Unpersönlichwerden der
Elterninstanz, von der man die Kastration befürchtete, wird die Gefahr unbestimmter.
Die Kastrationsangst entwickelt sich zur Gewissensangst, zur sozialen Angst … Allge-
meiner ausgedrückt, ist es der Zorn, die Strafe des Überichs, der Liebesverlust von
dessen Seite, den das Ich als Gefahr wertet und mit dem Angstsignal beantwortet." (S.
Freud: Hemmung, Symptom und Angst; 1926. Ges. W. XIV/167–170)

**Dieses (unbewußte) Unlustsignal als erste (unbewußte) Einschätzung
einer (phantasierten/vorgestellten) Wunschsituation (als psychische Konsequenz eines Triebabkömmlings)** kann weiterhin in zwei grundsätzliche
Kategorien unterteilt werden, je nachdem, ob die vorgestellte Unlustsituation
dem Inhalt nach die Bedeutung eines herannahenden Unglücks oder der bereits stattgefundenen Katastrophe hat:

- Im ersten Fall sprechen wir von einem **Angstaffekt (Unlust begleitet von
  Vorstellungen einer bevorstehenden Katastrophe),**
- im zweiten Fall von einem **depressiven Affekt (Unlust begleitet von Vorstellungen von einer stattfindenden Katastrophe oder einer, die sich
  bereits ereignet hat).**

Sobald die mit den Triebabkömmlingen einhergehenden unlustvollen Vorstellungen (Angstaffekt / depressiver Affekt) ein bestimmtes Ausmaß an Un-

lust erreichen, treten automatisch und unbewußt Maßnahmen in Kraft, um diese Unlust zu reduzieren.

Für den Umgang mit dem Angstaffekt kann die folgende (Abwehr-)Formel aufgestellt werden:

„Wenn ich diese Abwehrmaßnahme einsetze, wird diese gefürchtete Gefahrensituation nicht Wirklichkeit und damit die Situation des Angstaffekts beendet oder zumindest wird sie nicht noch zunehmen!"

Analog kann für den depressiven Affekt das folgende angenommen werden:

„Wenn ich diese Abwehrmaßnahme verwende, wird die (vorgestellte: reale oder phantasierte) Situation des depressiven Affekts verändert werden. Entweder sie wird dadurch überhaupt beendet oder ich werde zumindest aufhören, darunter zu leiden!"
(Ch. Brenner: Affects and psychic conflict; 1975. Psychoanalytic Quarterly 44/17)

Diese zur Vermeidung von Unlust eingesetzten Maßnahmen, die alle Aspekte der Ichtätigkeit (des Erlebens) umfassen und in ihrem Sinne ausnützen können, werden üblicherweise unter der Rubrik **„Abwehr"** zusammengefaßt und den folgenden beiden Gruppen subsumiert:

1. Am bekanntesten, und auch von S. Freud und A. Freud ausführlich beschrieben, sind diejenigen Ichtätigkeiten (Abwehrmechanismen), die sich **gegen die Triebabkömmlinge** selbst richten.
2. Abwehr kann sich aber genauso **gegen den** mit einem Triebabkömmling einhergehenden unlusterregenden **Affektzustand** (Vorstellung plus Unlustaffekt) richten und versuchen, nicht den Triebabkömmling zu verändern (abzuwehren), sondern den Vorstellungsinhalt des unlustvollen Affektzustandes (des Angstaffekts oder des depressiven Affekts) zu verschleiern oder darauf zu bestehen, daß man Lust und nicht Unlust empfindet (Affektumkehr).

Das im Bewußtsein sich abbildende Ergebnis dieser unbewußten Konflikte, das manifeste Symptom (die pathologische Kompromißbildung), darf nicht mit den dieses Ergebnis bedingenden unbewußten Vorgängen gleichgesetzt werden. Die (bewußte) Symptomausgestaltung setzt sich immer aus einer Mischung der am (unbewußten und intrapsychischen) Konfliktgeschehen beteiligten Komponenten zusammen, d. h. sie ist zugleich Ausdruck einer (entstellten) Triebbefriedigung, eines Gewissensaspekts und der (oft gegen beide gerichteten) Abwehrbemühungen des Ichs zur Verminderung von Unlustaffekten (Angst und/oder depressiver Affekt).

Diese pathologischen Kompromißbildungen (Symptome) sind niemals die Ursache der bewußten Angstaffekte / depressiven Affekte, die sie begleiten – wie das die davon betroffenen Menschen (gerne) glauben wollen (Rationalisierung) –, sondern sie sind als das mißlungene Endergebnis der unbewußten (Abwehr-)Bemühungen einzustufen, gerade diese unlustvollen Affekte von Angst und Depression zu vermeiden oder wenigstens in ihrer Stärke herabzusetzen.

Das bewußte Auftreten von Angst und Depression ist dementsprechend als eine durch Abwehrbemühungen bereits veränderte Version von Angstaffekten oder depressiven Affekten (entweder der Vorstellungsinhalte oder/und der dazugehörigen Unlustaffekte) zu verstehen, die Teil des dieses Symptom begründenden (unbewußten) Konflikts waren. Der Betroffene hat also nicht Angst/ Depression, **weil** er ein bestimmtes Symptom entwickelt hat, sondern er hat Angst/Depression, **obwohl** er durch die Bildung eines Symptoms (vergeblich) versucht hat, die Entwicklung von Angst/Depression hintanzuhalten.

Beispiel:
„Der Patient war ein Mann Anfang Fünfzig. Seine seit vielen Jahren bestehende Ehe drohte zu zerbrechen, doch über diese Tatsache verspürte er bewußt keine Unruhe. Er klagte vielmehr über die Angst, er könne die Kontrolle über sich verlieren und auf offener Straße einen Mann niederschlagen. Er erklärte, auf seinem Weg hätten ihn fremde Männer durch die Art, wie sie ihn angesehen hätten, beleidigt. Es fiel ihm nicht leicht, deutlicher zu werden, doch im Laufe der Zeit war er in der Lage, in Worte zu fassen, was ihn so in Wut versetzte. Aufgrund der Art, wie sie ihn ansahen, war es für den Patienten klar, daß die fremden Männer dachten, er sei kein richtiger Mann. Mit Hilfe weiterer vorsichtiger Analysearbeit war es dem Patienten möglich zu sagen, daß er von Zeit zu Zeit den Impuls verspürte, einen Mann zu küssen ... Selbst auf der Grundlage dieses unvollständigen Materials wird deutlich, daß die bewußte Angst, die zu dem Symptom des Patienten gehörte, nicht durch den Impuls, auf der Straße Männer anzugreifen, ausgelöst wurde, wie der Patient glaubte, als er mich das erste Mal aufsuchte. Im Gegenteil, eine der Funktionen, denen sein Wunsch, einen Mann niederzuschlagen, diente, war Abwehr. Der Wunsch verstärkte seine Angst nicht, sondern trug dazu bei, sie zu mildern, indem er dem Patienten die Gewißheit verschaffte, ein ganzer Mann zu sein. Die Kastrationsangst, die seinen Wunsch nach Verkehr mit einem Mann begleitete, war es vielmehr, die, wenn beim ersten Besuch auch unbewußt, den entscheidenden Grund für seine Angst bildete ... Seine Abwehrmaßnahmen waren nicht geeignet, die Angst auszuschalten, und so tauchten sie im Bewußtsein als Bestandteil seines Symptoms auf." (Ch. Brenner: Elemente des psychischen Konflikts, Fischer, 1986/197)

Die Beschreibung einer Symptombildung unter dem Titel des führenden Abwehrmechanismus kann zu einem weiteren häufig anzutreffenden Irrtum beitragen, der darin besteht, der Symptombildung ausschließlich Abwehrcharakter zuzuschreiben: Aus psychoanalytischer Sicht ist – das soll noch einmal betont werden – in jedem Symptom ein, wenn auch noch so sehr entstellter und für den Betroffenen nicht erkennbarer (weil nicht akzeptierbarer und deshalb unbewußter) Versuch einer Triebbefriedigung nachzuweisen.

Symptom und Überich

Definition: Unter dem **Überich** verstehen wir **diejenigen relativ stabilen Kompromißbildungen, die mit Moral und Idealvorstellungen zu tun haben** (Vorstellungen, wie man sein sollte und wie man sein möchte; im kindlichen Erlebnishorizont heißt das immer: Vorstellungen von „gut" oder „schlecht" im Sinne des Befolgens oder Überschreitens realer oder phantasierter elterlicher Verhaltensvorschriften und den daraus sich ergebenden Konsequenzen, Gefühlen/Erwartungen von Akzeptiertwerden, von Anständigkeit und moralischer Integrität bzw. von Schuld, Reue, Buße, Selbstbestrafung, Sühne und daraus abgeleiteten Vorstellungen von Vergebung, Versöhnung und wiedererlangter Zuneigung).

„Für ein kleines Kind bedeutet Moral im wesentlichen, zu empfinden, zu denken und sich zu verhalten, daß es die Katastrophen des Bestraftwerdens vermeiden kann. Mit Katastrophe ist die drohende Gefahr gemeint, eine oder alle Kindheitskatastrophen durchleiden zu müssen, nämlich Objekt-, Liebesverlust und Kastration. Die entscheidenden Fragen lauten: ‚Was verschafft elterliche Anerkennung, wodurch geht sie verloren?' und ‚Was erregt oder vertreibt den elterlichen Zorn?' Diese zwei Fragen sind der Prüfstein für die Entscheidung, ob ein Gedanke, ein Wunsch, eine Handlung, ein Gefühl oder eine körperliche Sensation gut oder schlecht ist im Sinne von moralisch oder unmoralisch."

„In der ödipalen Phase haben Moral und Strafvermeidung eine synonyme Bedeutung. Moralisch sein bedeutet, Maßnahmen zur Beseitigung oder Milderung der durch ödipale Triebabkömmlinge erzeugten Angst und/oder depressiven Affekte zu ergreifen, deren Vorstellungen zum Inhalt haben, daß die Eltern wütend, mißbilligend oder bestrafend sind oder es werden könnten." (Ch. Brenner: Elemente des psychischen Konflikts, Fischer, 1986/146)

Die üblichen Maßnahmen, zu denen Kinder greifen, sind:
* **Identifizierung mit den realen oder phantasierten elterlichen Verboten** (Identifizierung mit dem elterlichen Überich) mit folgenden zwei Konsequenzen:
* Wendung der Aggression des Kindes gegen sich selbst (das Kind wird wütend auf sich selbst und bestraft sich, während es zuvor wütend auf die Elternperson war, diese bestrafen/kastrieren oder ermorden wollte)

- gleichzeitige (unbewußte) Befriedigung eines (passiven) libidinösen (masochistischen) Wunsches (die unbewußte Phantasie, dem beneideten, gehaßten und geliebten Rivalen durch Identifizierung mit dessen moralischen Geboten nahe sein zu können und mit ihm zu verschmelzen, führt nicht nur zu einer Linderung der Angst / des depressiven Affekts und einer besseren Kontrolle über die beteiligten aggressiven Wünsche, sondern erlaubt auch gleichzeitig eine libidinöse Befriedigung; letztere kommt üblicherweise beim Knaben in der unbewußten Phantasie, ein Mädchen sein zu wollen, zum Ausdruck)
- **Intensivierung der Liebeswünsche gegenüber den Rivalen des Kindes**
- **Hemmung oder Ablehnung von Konkurrenzwünschen**
- **Ersetzung genitaler Wünsche durch weniger anstößige orale oder anale Triebabkömmlinge**
- **Übernahme von Einstellungen und Verhaltensweisen, die durch (sexuelle) Unterwürfigkeit gekennzeichnet sind**

Das Bedürfnis nach Beistand gegen angsterregende Triebimpulse in Form einer unterwürfigen Haltung Elternfiguren gegenüber entspricht nicht nur der Suche nach Sicherheit vor der gefürchteten – realen oder phantasierten – Feindseligkeit dieser Elternfiguren, sondern drückt auch den Wunsch aus, mit diesen Eltern vereinigt zu sein: insofern man Masochismus als das Akzeptieren von Unlust in Form von Schmerz oder Leid als einer Voraussetzung libidinöser Befriedigung definieren kann, ist in diesem Wunsch, der als Charaktereinstellung der Unterwürfigkeit bewußt wird, ein deutliches masochistisches Element enthalten. Reue, Selbstbestrafung und Unterwürfigkeit stellen demnach eine Möglichkeit für eine unbewußte masochistische Befriedigung dar, die als ganz normale und ständig vorhandene Konsequenz der psychischen Funktion des Überichs angesehen werden muß. Gleichzeitig hat diese unbewußte Befriedigung masochistischer Wünsche Abwehrcharakter, da dadurch aggressive, mörderische Impulse besser unterdrückt werden können.

Beispiel:
„Der Fall einer Patientin, die unter depressiven Episoden litt, die von quälenden Selbstbeschuldigungen geprägt waren, veranschaulicht ... eindeutig die Beziehung zwischen Überich-Funktion und masochistischer Befriedigung. Nach langer Analyse wurde sich die Patientin allmählich eines Umstandes bewußt, den weder sie noch ihr Analytiker erwartet hatten. Die Episoden der Selbstanklage und Selbstquälerei, Episoden, die sowohl abwehrende Funktion hatten als auch Ausdruck von Schuldgefühlen waren, die auf ihre ambivalenten und heftigen Ödipalwünsche zurückgingen, hatten für sie gleichzeitig eine sinnlich lustvolle Qualität. Sie wurden von genitalen Sensationen begleitet, die einer halbbewußten Stimmung sexueller Erregung angehörten." (Ch. Brenner: Elemente des psychischen Konflikts, Fischer, 1986/154)

Bedingungen und Auslöser der Symptombildung

Symptome bilden sich auf der Basis eines Konflikts, der durch einen regressiv reaktivierten Triebwunsch aus der Kindheit entstanden ist. Wenn das Ich diesen regressiv reaktivierten Triebwunsch ablehnt, gleichzeitig aber nicht imstande ist, dessen Ausdrucksformen zu beherrschen oder zu unterbinden, dann kommt es zwangsweise zur Symptombildung.

„Die verdrängte Triebregung kann von zwei Seiten her aktiviert (neu besetzt) werden, erstens von innen her durch Verstärkung des Triebes aus seinen inneren Erregungsquellen, zweitens von außen her durch die Wahrnehmung eines Objekts, das dem Trieb erwünscht wäre." (S. Freud: Hemmung, Symptom und Angst; 1926. Ges.W. XIV/190)

- **Prozeß der Inversion:** Der Reaktivierung eines verpönten Triebimpulses geht meistens eine den Prozeß der Symptombildung einleitende Inversion voraus: Angesichts einer von außen oder von innen auferlegten Versagung wird auf eine reale Wunschbefriedigung verzichtet und statt dessen eine Befriedigung in der Phantasie angestrebt. Die in den daraus resultierenden bewußten oder unbewußten Tagträumen aktivierten Phantasien enthalten bereits die anstößigen regressiv reaktivierten Triebwünsche der Kindheit.

- Noch häufiger allerdings als die vorhin genannte Bedingung ist die Entstehung eines Symptoms durch die **Entsprechung einer realen Situation mit einer früheren (meist infantilen), oft als traumatisch erlebten Konfliktsituation:** Das aktuelle, zur Symptombildung Anlaß gebende Erlebnis enthält Elemente, die vom Betroffenen bewußt oder unbewußt als Wiederholung einer ursprünglichen (inneren) Konfliktsituation aufgefaßt werden. Oft genügt es bereits, wenn die reale/aktuelle Situation in ihrer Struktur den Hauptzügen einer an sich unbewußten Phantasievorstellung entspricht, um die bis dahin ohne Symptombildung erfolgten Abwehrbemühungen zu dem „Kurzschluß" einer Symptombildung zu zwingen.

Spontanheilungen von Symptombildungen

Ein Symptom stellt an und für sich eine schmerzhafte, manchmal geradezu traumatische Erfahrung dar. Die Reaktion auf eine solche pathologische Kompromißbildung hängt von der psychischen Struktur (vom Entwicklungsstand des Ichs) und der jeweiligen psychischen Gesamtsituation des Betroffenen ab. Neben der Vermeidung von Unlust (Angstaffekt / depressivem Affekt) und der Erreichung einer wie immer entstellten und damit nur unvollständigen Triebbefriedigung und Spannungsminderung **(primärer Krankheitsgewinn)** können Symptome zu den mannigfaltigsten Vorteilen benützt werden **(sekun-**

därer Krankheitsgewinn). Letzterer kann gelegentlich so entscheidend sein, daß einer Veränderung infolge Behandlung größter Widerstand entgegengebracht wird.

Spontanheilungen sind nur dort zu erwarten, wo die Auseinandersetzung zwischen Symptombildungen und den Versuchen, diese in den Lebensstil, die psychische Organisation einer Persönlichkeit einzubauen, noch zu keinem allzu rigiden und für die Stabilität der bestehenden psychischen Organisation unabdingbaren Resultat geführt hat.

„Spontanheilungen können zuweilen scheinhaft und von nur geringer Dauer sein. Eine *wirkliche Heilung* würde eine Lösung des Konflikts voraussetzen. Theoretisch wäre dies entweder durch ein Verschwinden der Abwehrmotive zu erreichen, so daß die abgewehrte Triebregung nicht länger in Schach gehalten werden muß, oder durch eine Verschiebung der Triebenergie auf andere, nicht verpönte Ziele. Beides erscheint jedoch unmöglich, da die abgewehrte Triebregung einem vernünftigen Urteil unzugänglich geworden ist. Gewiß sind Dinge, die ein Kind durcheinandergebracht haben, für eine reife Persönlichkeit nicht weiter aufregend. Hier ist es aber gerade aufgrund der Abwehrmaßnahmen des frühkindlichen Ich unmöglich geworden, bestimmte Störungen rational zu verarbeiten." (O. Fenichel: Psychoanalytische Neurosenlehre, Walter, 1975, Bd. III/138)

„Spontane" Besserungen von Symptombildungen oder das Verschwinden von (flüchtigen) Symptomen lassen sich aber beobachten und stellen wohl eher die Regel als die Ausnahme dar: statistische Schätzungen gehen von einem Prozentanteil von 20 % bis 90 % aus, wenn die Auftrittswahrscheinlichkeit von Symptombildungen in der Allgemeinbevölkerung im Laufe eines Lebens angegeben werden soll. Das bedeutet, daß in unserer Kultur kaum jemand damit rechnen kann, nicht irgendwann während seines Lebens von einem psychischen Symptom heimgesucht zu werden. Freud vertrat sogar die Ansicht, daß die Prädisposition zur Neurose der Preis wäre, den wir für unsere Kulturentwicklung zu entrichten hätten.

Diese Spontanheilungen lassen sich im wesentlichen unter die folgenden psychodynamischen Grundkonstellationen subsumieren:

Besserung (Heilung) durch
- **relative oder absolute Abnahme der Kraft der Triebregungen bezogen auf das Kräfteverhältnis Triebanspruch/Abwehrkräfte**
  a) Absolute Abnahme der Triebkräfte:
     Dadurch kommt es zu einer für die Abwehr günstigeren (triebökonomischen) Situation und zu Spontanheilungen neurotischer Entwicklungen z.B. nach den Wechseljahren.

b) Relative Abnahme:

Eine relative Abnahme der Triebkräfte ist durch die Befriedigung von nicht abgewehrten Triebregungen möglich („Besserung durch Verführung"). Diese eventuell erst neu entdeckten Befriedigungsmöglichkeiten können auch eine manifest triebferne Betätigung darstellen, aber nicht den subjektiv als fremd und belastend erlebten Charakter einer Symptombildung aufweisen, d. h. anstelle des quälend erlebten Symptoms ist jetzt eine erwünschte (Ersatz-)Handlung/Vorliebe getreten, womit die Bildung bzw. Aufrechterhaltung eines Symptoms überflüssig geworden ist.

- **Abnahme der Verdrängungskräfte (Besserungen durch zunehmende innere Sicherheit im Abwehrkampf)**

Durch größeres Selbstvertrauen können manche Angstbedingungen ihren traumatischen Charakter einbüßen. Auch die Veränderung äußerer Bedingungen kann gelegentlich den Charakter einer Versicherung gegen (innere) Angstbedingungen annehmen. Ein wesentliches soziales Moment stellt die Herabsetzung von Gewissensansprüchen (und damit von im Konfliktgeschehen oft wesentlich zur Symptombildung beitragenden Schuldgefühlen) dar, wobei Phantasien von Buße oder der Erwerb neuer moralischer Standards eine große Rolle spielen können. Die Institution der Beichte kann sicherlich bei gläubigen Menschen eine ganz wesentliche Funktion in deren Psychohygiene übernehmen und gewisse neurotische Entwicklungen günstig beeinflussen.

- **Zunahme der Abwehrkräfte**

Eine verschärfte und – zumindest vorübergehend – erfolgreichere Unterdrückung der anstößigen Triebregungen kann gelegentlich durch Intensivierung von Angst und/oder depressivem Affekt (Schuldgefühl) erreicht werden. In diesen Fällen wird der Einfluß einer Lebenssituation oder einer zwischenmenschlichen Beziehung vom Betroffenen so interpretiert und erlebt, wie der Hypnotisierte (post-)hypnotische Befehle aufnimmt, die gegen eine Symptombildung eingesetzt werden; eine solche Besserung ist im allgemeinen nur von begrenzter Dauer, da der stärkeren Unterdrückung sehr bald eine verstärkte Auflehnung der Triebregungen folgt, der das Ich dann erst recht machtlos gegenübersteht.

- **Verstärkung der (abgewehrten) Triebregung**

Die aus der Verdrängung bzw. der Entstellung durch eine Symptombildung befreite Triebregung könnte ähnlich wie während einer psychoanalytischen Behandlung der rationalen Beurteilung durch das erwachsene Ich unterzogen und einer adäquaten Befriedigung zugeführt werden. In den meisten Fällen ist eine solche erfolgreiche Durchbrechung rigider Einstellungen nur

durch „Verführungen" zu erzielen (d. h. durch Situationen, in denen Triebbefriedigung ganz allgemein oder eine bestimmte Form bzw. Ausdrucks-
möglichkeit einer Befriedigung eine so hohe Bewertung erfährt, daß die infantilen Abwehrhaltungen aufgegeben werden können) und entspräche den
auch heute noch geäußerten Ratschlägen, sexuelle Beziehungen zur Besserung neurotischer Symptombildungen einzusetzen. Diese Überlegung geht
davon aus, daß eine Störung der Befriedigungsfähigkeit (wofür das Symptom ja steht) dadurch aufgehoben werden könnte, daß man den Betreffenden in eine Situation bringt, die für andere Menschen diese Befriedigung
ermöglichen könnte.

„Dennoch kann die Erfahrung einer neuen Art von Lust einen Menschen ermutigen,
seine Abwehr vielleicht zunächst nur vorübergehend herabzusetzen, einen Wechsel
seiner Lebensumstände herbeizuführen und sich andere Arten von Lust zu verschaffen,
die ihrerseits zu einer Herabsetzung der Abwehr führen können. Es gibt so etwas wie
eine ‚Heilung durch Verführung' oder ‚Heilung durch Liebe', bei der eine neue Luster-
fahrung die Mauern der Verdrängung einreißt." (O. Fenichel: Psychoanalytische Neurosenlehre, Walter, 1975, Bd. III/140)

Zuweilen und bei besonders günstigen Umständen ist sie mit dem wieder-
erwachten Vertrauen verbunden, von der Umgebung / vom Gewissen für die
sexuelle Befriedigung doch nicht bestraft worden zu sein.

3. Vorlesung

Angstneurosen und Angsthysterien

Lehrziel
Verständnis für neurotische Affektzustände (ängstliche und depressive neurotische Verstimmungen, neurotische Panikattacken) und Phobien

Weiterführende Literatur
CH. BRENNER: Elemente des seelischen Konflikts, S. Fischer
O. FENICHEL: Psychoanalytische Neurosenlehre, Walter
C. YORKE et al.: Development and Psychopathology, Yale University Press

Stichworte
Strukturelle Aspekte der Neurosen; Furcht, Angst; Angstneurose, Panikattacken, Phobien

„Über das dritte Moment, das der Ichveränderung, haben wir noch nichts geäußert. Wenden wir uns ihm zu, so empfangen wir den ersten Eindruck, daß hier viel zu fragen und zu beantworten ist und daß, was wir dazu zu sagen haben, sich als sehr unzureichend erweisen wird. Dieser erste Eindruck hält auch bei weiterer Beschäftigung mit dem Problem stand. Die analytische Situation besteht bekanntlich darin, daß wir uns mit dem Ich der Objektperson verbünden, um unbeherrschte Anteile ihres Es zu unterwerfen, also sie in die Synthese des Ichs einzubeziehen. Die Tatsache, daß ein solches Zusammenarbeiten beim Psychotiker regelmäßig mißlingt, leiht unserem Urteil einen ersten festen Punkt. Das Ich, mit dem wir einen solchen Pakt schließen können, muß ein normales Ich sein. Aber ein solches Normal-Ich ist, wie die Normalität überhaupt, eine Idealfiktion. Das abnorme, für unsere Absichten unbrauchbare Ich ist leider keine. Jeder Normale ist eben nur durchschnittlich normal, sein Ich nähert sich dem des Psychotikers in dem oder jenem Stück, in größerem oder geringerem Ausmaß, und der Betrag der Entfremdung von dem einen und der Annäherung an das andere Ende der Reihe wird uns vorläufig ein Maß für die so unbestimmt gekennzeichnete ‚Ichveränderung‘ sein.

Fragen wir, woher die so mannigfaltigen Arten und Grade der Ichveränderung rühren mögen, so ist die nächste unvermeidliche Alternative, sie sind entweder ursprünglich oder erworben. Der zweite Fall wird leichter zu behandeln sein. Wenn erworben, dann gewiß im Laufe der Entwicklung von den ersten Lebenszeiten an. Von allem Anfang an muß ja das Ich seine Aufgabe zu erfüllen suchen, zwischen seinem Es und der Außenwelt im Dienst des Lustprinzips vermitteln, das Es gegen die Gefahren der Außenwelt behüten. Wenn es im Laufe dieser Bemühungen lernt, sich auch gegen das eigene Es defensiv einzustellen und dessen Triebansprüche wie äußere Gefahren zu behandeln, so geschieht dies wenigstens zum Teil darum, weil es versteht, daß Triebbefriedigung zu Konflikten mit der Außenwelt führen würde. Das Ich gewöhnt sich dann unter dem Einfluß der Erziehung, den Schauplatz des Kampfes von außen nach innen zu verlegen, die innere Gefahr zu bewältigen, ehe sie zur äußeren geworden ist, und tut wahrscheinlich zumeist gut daran. Während dieses Kampfes auf zwei Fronten – später wird eine dritte Front hinzukommen – bedient sich das Ich verschiedener Verfahren, um seiner Aufgabe zu genügen, allgemein ausgedrückt, um Gefahr, Angst, Unlust zu vermeiden." (S. Freud: Die endliche und unendliche Analyse, 1937; Ges. W. XVI/79–80)

Definition: Die **(Symptom-)Neurosen** (Angstneurosen, Phobien und Konversionshysterien sowie Zwangsneurosen) sind ernste psychische Erkrankungen, die in vielen Fällen einer aufwendigen und intensiven Behandlung bedürfen. Im Gegensatz zu den häufigen passageren Symptombildungen, die eine hohe Tendenz zur Spontanheilung zeigen, nehmen neurotische Entwicklungen oft einen wesentlich ungünstigeren Verlauf, neigen zur Chronifizierung und enden nicht selten mit schwersten Einschränkungen des Betroffenen.

Definition: Unter **Charakter** versteht man die für eine Person typische habituelle Art, sich mit der Außen- und der Innenwelt auseinanderzusetzen, d. h. die habituelle Art des Ichs, mit den Ansprüchen der Außenwelt, des Es und des Über-Ich fertigzuwerden, ebenso wie die Art und Weise, in der diese verschiedenen Ansprüche miteinander verbunden werden.

Definition: Unter **Persönlichkeitsstörungen** werden alle Formen von Charakterpathologie zusammengefaßt. Unter Berücksichtigung struktureller Kriterien können drei große Gruppen von Persönlichkeitsstörungen unterschieden werden: neurotische (z. B: hysterischer, depressiv-masochistischer und Zwangscharakter), Borderline- (z. B: infantile, „Als-ob", narzißtische, schizoide, paranoide Persönlichkeiten) und psychotische Persönlichkeitsstörungen.

Definition: Die **Charakterneurosen** sind neurotische Störungen des Charakters, d. h. pathologische Kompromißbildungen als Konsequenz verinnerlichter psychischer Konflikte, Kompromißbildungen, die allerdings nicht die umschriebene Form von neurotischen Symptomen angenommen haben, sondern mehr oder weniger große Bereiche der ganzen Persönlichkeit durchziehen.

Strukturell sind psychische Erkrankungen nur dann zu der Gruppe der Neurosen zu rechnen,

- wenn sich eine **hinreichend konsolidierte Identität** nachweisen läßt (Selbst- und Objektvorstellungen sind voneinander scharf getrennt und in sich ausreichend gut integriert, d. h. Vorstellungen von einem selbst und von anderen enthalten „gute" und „schlechte" Aspekte, „gute" und „schlechte" Seiten können an ein- und derselben Person wahrgenommen werden und müssen nicht in zwei voneinander getrennt gehaltene Erlebnisbereiche aufgespalten werden, als handle es sich tatsächlich um zwei verschiedene Personen);
- wenn die hauptsächlich verwendeten Abwehrstrategien auf die **prinzipielle Möglichkeit/Fähigkeit zur Verdrängung** zurückgehen und einem Abwehrrepertoire entsprechen, das dem reiferen Spektrum psychischer Abwehrleistungen zuzuzählen ist (Fähigkeit zur Gegenbesetzung, reifere Formen der Projektion und der Externalisierung, Konversion, Rationalisierung, Isolierung, Verkehrung ins Gegenteil, Identifizierung, Reaktionsbildung etc.);
- wenn die **Fähigkeit zur Realitätsprüfung** auch unter Belastungen intakt bleibt.

Mit den Neurosen bewegen wir uns aber

„in einem Niemandsland zwischen Phantasie und Realität. Freud hat schon 1896 darauf hingewiesen, daß die Schwere einer neurotischen Erkrankung nicht davon abhängt, ob der Patient an die Realität seiner Schöpfung glaubt oder nicht. Auch 1907, noch einmal 1916/1917 wiederholt er, daß beim Neurotiker Glauben und Nichtglauben in dieser Beziehung gleichzeitig vorhanden sind; während der rationelle Teil des seelischen Apparats den imaginären Charakter seiner Manifestationen anerkennt, werden sie von dem irrationalen Unbewußten, in dem sie wurzeln, aufrechterhalten und beeinflussen sein Benehmen." (A. Freud: Furcht, Angst und phobische Phänomene, 1977, Die Schriften der Anna Freud, Band X/2815, Fischer Taschenbuch)

Definition: Furcht bezieht sich ausschließlich auf das Verhalten gegenüber realen Gefahren, die das Individuum aus der Außenwelt bedrohen.

Angst soll für Bedrohungen aus der Innenwelt, die aus dem Zusammenstoß von Triebwünschen mit ihnen entgegengesetzten inneren Kräften stammen, reserviert bleiben.

1. Die Angstneurosen

Motto: Beim (unbewußten) Nachdenken über die möglichen Konsequenzen (Angst/Depression) eines (unbewußten) Wunsches gelingt es dem Angstneurotiker nicht, die nötigen Vorkehrungen (Abwehrmanöver) zu treffen, um die (befürchteten) psychischen Katastrophen zu verhindern; im Gegenteil, gerade durch diese (unbewußten) Gedanken führt er die Katastrophe eines Angstanfalls / depressiven Stimmungsabfalls herbei. Diese seine Gedanken wirken wie ein brennendes Streichholz, das entflammt wurde, um lauernde Gefahren sehen zu können, das aber statt dessen die Lunte eines Pulverfasses entzündete und dadurch eine Explosion verursachte.

Definition: Als Angstneurose bezeichnet man Neurosen, bei denen **massive Angst ohne eindeutige Bindung an ein bestimmtes Objekt** (Situation, Person, Tier etc.) vorherrscht und bei denen aktuelle Faktoren eine wesentliche Rolle zu spielen scheinen.

„Krankheitstypus, den Freud isoliert und unterschieden hat:
a) symptomatisch von der Neurasthenie wegen des Vorherrschens der Angst (chronisch ängstliche Aufmerksamkeit, Angstanfall oder somatische Äquivalente).
b) ätiologisch von der Hysterie: Die Angstneurose ist eine Aktualneurose, speziell charakterisiert durch die Anhäufung einer sexuellen Erregung, die sich ohne psychische Vermittlung direkt in Symptome umwandelt." (Laplanche, J. und Pontalis, J. B.: Das Vokabular der Psychoanalyse, Suhrkamp, 1972/66)

Phänomenologie: Bei der Angstneurose zeigt sich die allgemeine innere Spannung zwischen Triebansprüchen und Abwehr in Form von **„frei flottierender"** Angst oder einer **ständig erhöhten Angstbereitschaft**. Einer der einfachsten Kompromisse zwischen Triebansprüchen und durch (unbewußte) Angst hervorgerufenen Abwehrmanövern besteht in dem Manifestwerden (Bewußtwerden) lediglich des den unbewußten Konflikt verursachenden Angstaffekts, während die Ursachen (verpönte Triebabkömmlinge) und die (Vorstellungs-)Inhalte (die jeweiligen phantasierten Katastrophen) dieser Angst weiterhin unbewußt bleiben („inhaltslose Angst").

Fixierungspunkte: phallisch-ödipale mit den unterschiedlichsten präödipalen Fixierungen

Abwehrmanöver: Verdrängung, eventuell Sexualisierung oder zusätzliche Regression

Verlauf: Angstneurosen nehmen einen unvorhersehbaren, oft chronifizierenden Verlauf, nicht selten entwickelt sich aus einer Panikstörung eine schwere Agoraphobie.

Sowohl im Fall der Angstneurose wie in dem der (Konversions-)Hysterie ist es

„... eine Art von Konversion ... nur ist es bei der Hysterie psychische Erregung, die einen falschen Weg geht, ausschließlich ins Somatische, hier [bei der Angstneurose] ist es physische Spannung, die nicht ins Psychische gehen kann und daher auf physischem Weg verbleibt. Das kombiniert sich enorm häufig." (S. Freud: Aus den Anfängen der Psychoanalyse, 1887–1902, 1950/104)

Schema des unbewußten Konflikts unter Berücksichtigung sowohl der Angst- wie auch der depressiven Affekte als Signalaffekte: Triebabkömmlinge – Vorstellungen von (Kindheits-)Katastrophen, die erst drohen (Angst) oder die bereits eingetroffen sind (depressiver Affekt) – Abwehroperationen zwecks Minimierung der entstehenden Unlust – Kompromißbildung, die aus den Elementen des unbewußten Konflikts entwickelt wird.

Neurotische Affektzustände sind je nach der Akuität des Auftretens der Affekte gekennzeichnet durch ein Kontinuum von depressiven Affekten (von der depressiven Stimmung bis zum akuten „Stimmungsverlust" mit seinen Übergängen zum Panikzustand) und/oder von Angstaffekten (ängstliche Stimmung bis hin zum akuten Angstanfall mit seinen Übergängen zum Panikzustand).

Panikattacken

Phänomenologie:

„Das wesentliche Kennzeichen sind **wiederkehrende schwere Angstattacken (Panik), die sich nicht auf eine spezifische Situation oder besondere Umstände beschränken und deshalb auch nicht vorhersehbar sind.** Wie bei anderen Angsterkrankungen variieren die Symptome von Person zu Person, typisch aber ist der plötzliche Beginn mit Herzklopfen, Brustschmerz, Erstickungsgefühlen, Schwindel und Entfremdungsgefühlen (Depersonalisation oder Derealisation). Fast stets entsteht dann sekundär auch Furcht, zu sterben, vor Kontrollverlust oder Angst wahnsinnig zu werden. Die einzelnen Anfälle dauern meistens nur Minuten, manchmal auch länger. Häufigkeit und Verlauf der Störung sind ziemlich unterschiedlich. Patienten erleben in einer Panikattacke häufig ein Crescendo der Angst und der vegetativen Symptome, was zu einem meist fluchtartigen Verlassen des Ortes führt. Kommt dies in einer besonderen Situation vor, z. B. in einem Bus oder in einer Menschenmenge, so wird der Patient möglicherweise in Zukunft diese Situation meiden. Auf ähnliche Weise können häufige und unvorhersehbare Panikattacken Angst vor dem Alleinsein oder vor öffentlichen Plätzen hervorrufen. Einer Panikattacke folgt meist die ständige Furcht vor einer erneuten Attacke.

Eine eindeutige Diagnose ist nur bei mehreren schweren vegetativen Angstanfällen zu stellen, die innerhalb eines Zeitraums von etwa einem Monat aufgetreten sind,

1. **in Situationen, in denen keine objektive Gefahr besteht,**
2. **die nicht auf bekannte oder vorhersagbare Situationen begrenzt sein dürfen, und**
3. **zwischen den Attacken müssen weitgehend angstfreie Zeiträume liegen (Erwartungsangst ist häufig)."** (H. Dilling et al.: Internationale Klassifikation psychischer Störungen: ICD-10; 1991/148–149, Huber)

Zugang zu einem psychologischen Verständnis der Panikzustände bekommt man bei eingehender psychoanalytischer Untersuchung der Auslöserbedingungen. Zwei Faktoren sind hervorhebenswert:

- Erstens bringt die (unbewußte) Bewertung der situativen Bedingungen, in denen der Panikanfall ausbricht, **frühere traumatische Situationen** in Erinnerung, die bisher erfolgreich verdrängt worden waren. Dabei handelt es sich sehr häufig um Erlebnisse aus der Kindheit mit den daraus resultierenden eingeschränkten (eben kindlichen) Möglichkeiten, mit Affektzuständen umzugehen und fertig zu werden. Die Überwältigung des Ichs ist weniger Ausdruck einer primären Ichschwäche als vielmehr Folge eines „Kurzschlusses", hervorgerufen durch die Wahrnehmungsidentität von aktueller Situation und verdrängtem kindlichen Trauma.

- Zweitens ist der bewußte Inhalt des Affektzustandes, den die Patienten oft schon bei der ersten Beschreibung darstellen, nicht allein den Angstaffekten zuzuordnen, vielmehr ist im Panikanfall beinahe **regelmäßig die Vorstellung vertreten, es sei bereits etwas Schreckliches geschehen oder geschehe soeben**, also eine Ausdrucksform eines **depressiven Affektäquivalents**.

Beispiel einer ersten Panikattacke: Eine etwa dreißigjährige Patientin berichtet, wie sie ihren ersten Panikanfall in einem Restaurant in Erwartung des Essens bekommen hatte. Sie befand sich die ganze Zeit über bereits in einer etwas beunruhigten Stimmung, da ihre über alles geliebte Tochter sich, wie alle Monate einmal, bei ihrem leiblichen Vater aufhielt, der sie am selben Morgen abgeholt hatte. Die Patientin befürchtete – wie sie gleich hinzufügte – grundlos, daß sich die Tochter doch noch eines Tages für den Vater entscheiden könnte. Plötzlich schoß der Patientin der Gedanke durch den Kopf, die Internisten könnten sich vielleicht geirrt haben: Gemeint war damit, daß sie während der letzten Monate mehrmals verschiedene Fachärzte für Innere Medizin aufgesucht hatte, um ihre hypochondrischen Befürchtungen, sie werde demnächst, wie eine enge Verwandte auch, an einem Herzinfarkt versterben, abklären und entkräften zu lassen. Die erstellten Befunde hatten übereinstimmend ergeben, daß ihr Herz gesund wäre und keinerlei Anzeichen für eine solche Erkrankung bestünden. Sie verspürte eine fürchterliche Bedrohung, als ob etwas Schreckliches schon eingetreten wäre (doch ein Infarkt?), ihr Bauch schmerzte und wurde bretthart, ein Hitzegefühl überkam sie, sie mußte plötzlich und unvermutet weinen und verließ das Lokal wegen eines übermächtig werdenden Gefühls von steigender Ungeduld, das sich in einem Gedanken so ähnlich wie „Ich muß hinaus!" auf der kognitiven Ebene äußerte.

Aus dem weiteren Gespräch sollen auszugsweise nur die Einfälle wiedergegeben werden, die zum Verständnis dieser Fallvignette beitragen können.

Weinen: in den Armen des eigenen Vaters oft über dessen Schicksal geweint, hatte er doch im Krieg ein Bein verloren und war er doch durch diese Behinderung oft nicht in der Lage, der geliebten Tochter entsprechenden Halt und Schutz zu vermitteln.

Bauchschmerzen: bestehen schon seit der beginnenden Pubertät (so ein Ziehen in den Eierstöcken, das sie auch von nächtlichen Sexualträumen kennt, in denen sie von gesichtslosen Männern aggressiv „genommen" wird und aus denen sie dann mit diesen Bauchschmerzen erwacht)

„Vatermädchen": Zum Vater bestand immer eine sehr zärtliche, den fünf Brüdern gegenüber sie deutlich bevorzugende Beziehung, die bis in die Pubertät aufrecht erhalten werden konnte. Heute fühlt sie sich dem Vater eher entfremdet.

Zur **Mutter** hingegen war die Patientin immer eher reserviert, manchmal sogar feindselig eingestellt, da diese immer bemüht war, unter dem Deckmantel pädagogischer Absichten der Tochter die Verwöhnung durch den Vater wieder auszutreiben und sie so für die Härte des Lebens besser vorzubereiten.

Trennungsprobleme: Sie hätte immer große Schwierigkeiten, sich aus einer Beziehung, auch wenn diese noch so ungünstig verlaufen würde, zu lösen. Allein zu sein, ängstigte sie fürchterlich, in der letzten Zeit vor dem Anfall sei sie ohne ersichtlichen Grund sehr darauf aus gewesen, sich in ständiger Begleitung zu befinden.

Aus dem vorgelegten Material (den spontanen „Einfällen" der Patientin) geht deutlich hervor, wie vielgestaltig und überdeterminiert bereits eine so umschriebene und zeitlich abgegrenzte Symptombildung, wie es ein Angstanfall ist, sein kann. Im Mittelpunkt der Symptombedeutung scheint gegenwärtig eine Identifizierung der Patientin mit deren Tochter zu stehen. An deren

Stelle hätte sie sich mit Sicherheit und ohne zu zögern für den Vater entschieden, den sie ja abgöttisch geliebt hatte. Mit dieser ödipalen Wunschkonstellation (die Eltern voneinander zu trennen und den Vater ganz für sich zu haben) sind offensichtlich gleich mehrere unlustvolle Vorstellungsinhalte verknüpft: Kastrationsängste (Vater mit dem abgenommenen Bein), Vergeltungsängste (herzphobische Befürchtungen, „pädagogische" Maßnahmen der Mutter) usw. Diese unterschiedlichen Unlustvorstellungen enthalten nicht nur Vorstellungen, die sich auf zukünftige Gefahren beziehen, sondern drehen sich ebenso um Katastrophen, die bereits eingetreten, also ein Faktum des Lebens geworden sind: Angst- und depressive Affektvorstellungen. Beide motivieren unterschiedliche Abwehroperationen, wobei Identifizierungen eine große Rolle zu spielen scheinen, aber auch Konversion, Projektion etc., die zu Modifikationen der ödipalen Triebabkömmlinge führen.

2. Die Phobien (Angsthysterien)

Motto: Der Phobiker versucht sich einer inneren, unerträglich erscheinenden Angst zu entziehen, indem er einer unbewußten psychologischen Gefahrensituation eine Situation oder ein Objekt der Außenwelt zuordnet, welche dann vermieden werden können; dadurch ist aus einer nicht (nicht mehr) vermeidbaren (innerpsychischen) Triebgefahr eine vermeidbare Situation der Außenwelt geworden, allerdings um den Preis, daß der Phobiker in einer ständigen Furcht leben muß, dieser Angst als einer von außen drohenden Gefahr wieder zu begegnen.

Definition: Unter Phobie ist eine **andauernde und regelmäßig wiederkehrende ängstliche Befürchtung vor einem bestimmten Objekt oder einer bestimmten Situation** zu verstehen, die objektiv nur ungenügend begründet ist und die durch die Erkenntnis, daß andere Menschen die fragliche Situation / das in Frage stehende Objekt nicht als gefährlich oder bedrohlich erachten, kaum gemildert wird. Subjektiv wird diese ängstliche Befürchtung als etwas Befremdendes erlebt, das unwillkürlich und unkontrollierbar auftritt und das zur **Vermeidung der gefürchteten Situation oder des gefürchteten Objekts auffordert**. Charakteristischerweise werden diese Situationen oder Objekte gemieden oder nur unter erheblicher Angstentwicklung ertragen, sodaß die Vorstellung allein schon genügt, um ein gewisses Maß an Erwartungsangst zu provozieren.

Phänomenologie: Der einfachste Kompromiß zwischen (verpöntem) Trieb und Abwehr besteht in einem Manifestwerden der Angst, durch die das Ich zur Abwehr motiviert wurde, während der Grund dieser Angst verdrängt bleibt. Bei der Phobie ist die (bewußte) Angst an eine besondere Situation, an ein spezifisches Objekt gebunden, die den neurotischen Konflikt repräsentieren:

a) **Angstauslösende Situationen, in denen jemand, der nicht neurotisch gehemmt ist, entweder mit sexueller Erregung oder mit Wut reagieren würde:** „Wovor sich einer fürchtet, das wünscht er sich unbewußt herbei!" (Diese einfache Formel stimmt nur für diesen Typus der Phobien.)

- **Sexualphobie**
- **Phobie vor (aggressiven) Auseinandersetzungen**

b) **Angstauslösende Situationen, die unbewußt eine (sexuelle/aggressive) Versuchung darstellen:**

- **Agoraphobie (Angst vor freien Plätzen; Platzangst):** Die offene Straße kann bei der Agoraphobie unbewußt als ein Ort erlebt werden, der einer Gelegenheit zu (unbewußt) verbotenen (aber gewünschten) sexuellen Abenteuern gleichgesetzt wird; die „Begleitpersonen", die die agoraphoben Patienten begleiten müssen, schützen sie vor den „Versuchungen", befriedigen aber meistens gleichzeitig unbewußte, häufig aggressive Impulse: Wenn ein Mädchen ständig von ihrer Mutter begleitet werden muß, so schützt sie diese Begleitung vor verpönten sexuellen Abenteuern (meist phantasiert als Prostitutionsphantasie); gleichzeitig wird dadurch die Mutter vom Vater ferngehalten, was wiederum tief verdrängten ödipalen Wünschen nach einer Trennung der Eltern entspricht; und – nicht zuletzt – kann sich das Mädchen durch die ständige Anwesenheit der Mutter vergewissern, daß ihre unbewußten Todeswünsche der Mutter gegenüber bisher keinen wirklichen Schaden angerichtet haben.

c) **Angstauslösende Situationen, die unbewußt einer Bestrafung für einen (unbewußten) sexuellen/aggressiven Impuls gleichgesetzt werden:**

- **Zoophobie (Tierphobie):** Die vom phobisch gefürchteten Tier angedrohte Verletzung stellt häufig eine Anspielung auf die im Unbewußten so sehr gefürchtete Kastration als Strafe für verbotene Handlungen dar;

d) **Angstauslösende Situationen, die unbewußt gleichzeitig für Bestrafung und Versuchung stehen:**

- **Akrophobie (Höhenphobie):** Die Angst, von einer hochgelegenen Stelle herunterzufallen, bedeutet wegen der damit verknüpften Vorstellung von körperlichem Schaden (Lebensgefahr) für etwas besonders hart bestraft werden zu müssen (häufig eine Bestrafung für unbewußte Todeswünsche). Andererseits entspricht die Empfindung des Fallens zugleich der einer sexuellen Erregung, oft einer solchen (sexuellen) Erregung, die infolge der mit ihr verknüpften Angst in ihrem natürlichen Ablauf bereits blockiert wurde. Die Angst abzustürzen kann durch das Konversionssymptom von Schwindelanfällen ersetzt werden, die einen überkommen, wenn man von einem hochgelegenen Ort in die Tiefe blickt. Diese körperbezogene Empfindung ist ein gutes Beispiel eines physischen Ausdrucks einer psychischen Vorstellung, die antizipatorisch das Abstürzen vorwegnimmt.

- **Messer- und Scherenphobien** weisen gleichzeitig auf die Angst vor der Kastration und die unbewußte Versuchung zu einer verdrängten Feindseligkeit hin.

- **Klaustrophobien (Raumangst, Angst vor geschlossenen Räumen):** Der physische Zustand sexueller/aggressiver Erregung, der üblicherweise Gleichgewichts- und Raumempfindungen einschließt, wird auf die deswegen gefürchteten äußeren Situationen projiziert: das Engegefühl eines Angstzustandes, das Zusammenschnüren der Kehle usw. wird als ausgehend von der räumlichen Situation und nicht als Ausdruck einer inneren Angst erlebt. Die Vorstellung, eingeschlossen zu sein (die oft einer unbewußten Phantasie eines Aufenthaltes im Mutterleib, in der Gebärmutter, entspricht), wird als weniger belastend erlebt, wenn es eine Fluchtmöglichkeit gibt. Die Angst steigert sich aufs äußerste, sobald die Vorstellung entsteht, daß man einen Raum nicht verlassen kann. Zumeist richtet sich die Angst darauf, plötzlich ersticken zu müssen, nicht mehr hinaus zu können, es nicht mehr aushalten zu können, verrückt zu werden etc. Menschen, die Angst vor Zügen und Flugzeugen haben, halten es für das Schlimmste, nicht aussteigen zu können. Manchmal lindert die Vorstellung, selbst am Steuer zu sein und damit jederzeit anhalten zu können, die Angst entscheidend.

„**Beispielsweise** hatte eine Frau in den Dreißigerjahren Angst davor, in einem Flugzeug zu fliegen. Besonders unangenehm war ihr der Gedanke, daß sie lediglich Passagier wäre, sollte es während des Fluges zu einem Zwischenfall kommen. Dann hätte sie überhaupt keine Möglichkeit, an das Armaturenbrett heranzukommen, um zu versuchen, die Situation zu retten. Nicht daß sie ein Flugzeug fliegen konnte, darin hatte sie nicht die geringste Erfahrung. Doch das Gefühl, nicht an die Steuerung herankommen zu können, war für sie mit höchster Angst verbunden, sofern sie es überhaupt fertigbrachte, einige Zeit bei der Vorstellung zu verweilen. Ihre weiteren Assoziationen förderten zutage, daß sie einmal keinerlei Angst verspürt hatte, als sie in einer kleinen Privatmaschine geflogen war. Dies erklärte sie sich damit, daß im Cockpit des kleinen Flugzeuges, wo sie gesessen hatte, für sie zumindest die Möglichkeit bestanden hätte, falls nötig ‚etwas zu tun'.

Den Mittelpunkt der schweren Konflikte dieser Patientin bildete die Tatsache, daß sie einen vier Jahre jüngeren Bruder hatte, daß er ein Junge war, sie hingegen ‚nur ein Mädchen'. Teils brennend eifersüchtig, teils hoffnungslos entmutigt, wurde sie angesichts ihres Zustandes, den sie unbewußt für minderwertig und für einen Beweis ihrer Kastration ansah, auch von ständigen Schuldgefühlen geplagt. Wer weiß, wie das Cockpit eines Flugzeugs mit seinen Instrumententafeln aussieht, kann sich leicht vorstellen, daß dort zu sitzen, mit dem Steuerknüppel – übrigens ‚Freudenknüppel' (‚joy stick'), also Penis, in der Umgangssprache der Piloten – zwischen den Beinen, für die Patientin eine unbewußte Befriedigung ihres Peniswunsches bedeutete. Ihr unbewußter Gedanke, nicht an die Flugzeuginstrumente herankommen zu können, wird verständlich, wenn man ihn als Abkömmling oder Repräsentant zweier unbewußter Vorstellungen begreift, zwischen denen eine enge Verbindung besteht. Zum einen der Vorstellung, daß es herrlich sein müsse, ein Mann zu sein und einen Penis zu besitzen. Dann brauchte sie sich nicht mehr zu sorgen, die Gefahr sei vorbei, es könne etwas Schreckliches geschehen. Der zweite unbewußte Gedanke war der Wunsch, ihren Bruder zu töten und zu kastrieren und das gleiche auch ihrem Vater anzutun, und dieser Wunsch versetzte sie in starke Angst. Der Sachverhalt wird durchsichtiger, wenn man das Symptom der Patientin wie folgt interpretiert. In einem Flugzeug zu fliegen hieß für die Patientin symbolisch, ein Mann mit einem Penis zu sein. ‚Lediglich Passagier' zu sein symbolisierte für sie, ‚nur ein Mädchen' und damit minderwertig und kastriert zu sein. Die Angst, die sie verspürte, entsprach den Gefahren – Bestrafung und Vergeltung in Form genitaler Verletzung – in Zusammenhang mit ihrer Eifersucht, mit ihren Mord- und Kastrationswünschen, und diese Wünsche wurden immer dann geweckt, wenn sie Passagier sein sollte, während ein Mann mit einem dicken Knüppel zwischen den Beinen die Maschine flog. Zu dem Zeitpunkt, als die Patientin zum erstenmal von ihrer Angst vorm Fliegen berichtete, war sie sich ihrer Eifersucht auf den Bruder kaum bewußt, weit weniger jedenfalls als ihrer Wut auf ihn und ihres Wunsches, seinen Penis zu besitzen. Sie war sich allerdings einiger Gedanken bewußt, die damit in Verbindung standen, beispielsweise ihrer Verbitterung darüber, daß wir in einer Männerwelt leben, in der Frauen Bürger zweiter Klasse sind; doch sie war sich dabei nicht der Verbitterung bewußt, die sie gegenüber ihrem Bruder verspürte. Wenn überhaupt, so verhielt sie sich ihm gegenüber eher fürsorglicher und beschützender, als ihm lieb zu sein schien. Mit fortschreitender Analyse rückten die verschiedenen Elemente des Penisneides deutlich in ihr Bewußtsein: die depressiven Affekte, die Eifersucht auf Bruder und Vater, die Wut auf sie und auf ihre Mutter, Schuldgefühle und Angst vor dem Verlassenwerden, vor genitaler Verletzung und Liebesverlust. Da war von ihrer Flugangst nicht mehr die Rede, und als sie einige Monate später wieder einmal mit dem Flugzeug flog, ließ sie keinerlei Bemerkung fallen, sie habe dabei Angst empfunden. Das Symptom verschwand, als der Konflikt sich wandelte. Die Tatsache, daß es verschwand, ist eine Bestätigung dafür, daß es tatsächlich zu dem Konflikt gehörte, dem es angelastet worden war.

Dieser kurze Fallbericht verdeutlicht nebenbei auch einen Aspekt neurotischer Symptome, der in gewisser Weise selbstverständlich ist, aber dennoch nicht häufig genug betont werden kann. Wenn ein Analytiker einen Patienten als einen ‚Fall von Phobie' betrachtet, in dem genannten Beispiel von ‚Flugangst', erweist er weder sich noch seinen Patienten einen guten Dienst. Das ist eine unvollständige und folglich nicht zutreffende Feststellung, und da sie dem Symptom des Patienten nicht gerecht wird, behindert sie unter Umständen sogar die analytische Arbeit. Schauen wir uns den Fall der oben erwähnten Patientin an. Eine vollständige zutreffende Aussage über ihr Symptom lautet: Die Patientin wurde immer dann von Angst erfüllt, wenn sie in einem Flugzeug fliegen sollte, ohne daß sie etwas zwischen den Beinen spürte, während ein junger Mann, zu dem sie keinen Kontakt hätte, als Leiter des gesamten Unternehmens vorn im Cockpit säße, einen dicken Knüppel zwischen seinen Beinen. Wenn sie hingegen neben dem Piloten säße und ebenfalls etwas zwischen den Beinen hätte, würde sie nicht die geringste Angst verspüren." (Ch. Brenner: Praxis der Psychoanalyse, 1979/136–137, Fischer)

Eine Reihe sogenannter Phobien sind bei genauerer Betrachtung allerdings keine Phobien, sondern neurotische Störungen mit mehr oder weniger umschriebenen Ängsten. So beziehen sich die sogenannten **„Schulphobien"** häufig eher auf Ängste, die Mutter zu verlassen, als auf Ängste vor der Schule. **„Herzphobien"** reichen von einfachen Konversionssymptomen, die dem Herz sexuelle (Funktions-)Bedeutung zuschreiben (das Herz wird dann z. B. als ein Organ erlebt, das immer größer und größer wird, um dann irgendwann in einem Schwall zu platzen), bis zu komplizierten Identifizierungen mit Personen, die einem ans Herz gewachsen sind und die man verloren hat, oder mit Personen, die an einer Erkrankung des Herzens leiden oder daran verstorben sind. Wieder andere Phobien entsprechen eher hypochondrischen Körperängsten mit Übergängen zu körperbezogenen Wahnvorstellungen (z. B. die heute so häufigen Kanzerophobien, Angst vor einer unheilbaren Krebserkrankung).

Fixierung: Phallisch-ödipale Fixierungspunkte überwiegen andere, begleitend vorkommende präödipale Fixierungen (besonders häufig orale).

Abwehrmanöver: Verdrängung, Verdichtung, Symbolisierung, Verschiebung, Projektion (Externalisierung) und Vermeidung.

Schema der Symptomgestaltung: Durch den Mechanismus der **Symbolisierung** und der **Verschiebung** (z. B. vom gefürchteten Vater auf das gefürchtete Pferd) und infolge **Projektion** (Externalisierung: ein innerer sexueller oder aggressiver, verpönter Impuls, der Angst provoziert, wird durch ein Objekt der Außenwelt vertreten, z. B. durch das Ticken einer Uhr, das diese sexuellen Erregungsvorgänge und die damit einhergehende Beschleunigung des Herzschlages repräsentiert; eine innere Gefahr wird dadurch in eine Wahrnehmungsgefahr umgewandelt) wird der Versuch unternommen, die Angst einer inneren Gefahrensituation zu mildern oder ganz zum Verschwinden zu bringen. Soweit dieses Abwehrmanöver glückt und zu einer derartigen „Bewältigung" dieses Konflikts ausreicht, kann für den Augenblick die Entstehung von Angstaffekten oder depressiven Affekten unterbunden werden. Die Spezifizierung und Eingrenzung auf die angstauslösende Situation kann auch als eine Art sekundärer Bindung der primären diffusen Angst an einen besonderen Inhalt verstanden werden.

Phobien sind außerdem nicht das einzige Mittel, mit dem Angsthysteriker versuchen, mit ihrer unbewußten Angst/Depression fertig zu werden. Andere Methoden der Abwehr bestehen u. a. darin,

- die Angst zu sexualisieren,
- andere so einzuschüchtern, daß diese die Angst zu haben scheinen, und nicht die Patienten selbst,
- und sich durch Bestätigungen von außen zu beruhigen und sicher zu fühlen.

Verlauf:
- Wenn die Triebgefahr erfolgreich und vollständig in eine Wahrnehmungsgefahr umgewandelt werden kann, kommt die Krankheit zu einem Stillstand, wobei der Patient mit entsprechenden Einschränkungen seines Lebensraumes bezahlt.
- In anderen Fällen verläuft die Entwicklung ungünstiger. Eine Neurose kann bei ihnen in den Anfangsstadien dadurch kompliziert werden, daß der erste Angstanfall wie ein Trauma erlebt wird.

„Viele Angsthysteriker entwickeln aus einer solchen Erfahrung heraus eine ‚Angst vor der Angst', d. h. eine Bereitschaft, sehr schnell verängstigt zu sein. Aus ihr entsteht dann ein Circulus vitiosus. Bei einigen Phobien gelingen die Projektionsversuche nicht, so daß sie sich immer weiter entwickeln. Die Projektionen werden inadäquat und die phobischen Zustände nehmen an Umfang zu. So kann z. B. ein Patient zunächst nicht in der Lage sein, einen bestimmten Platz zu überqueren, späterhin nicht, auf die Straße zu gehen, und schließlich sogar nicht einmal, sein Zimmer zu verlassen. Die Vermeidung bestimmter Situationen hat in einem solchen Fall die Wirksamkeit von Triebregungen nicht herabgesetzt, die durch die vermiedene Situation in Aufruhr versetzt worden sind. Daß sie keine Abfuhr finden können, erhöht ihre Intensität und macht eine Ausweitung der Phobie nötig." (O. Fenichel, Psychoanalytische Neurosenlehre, Band II/31, 1975, Walter)

4. Vorlesung

Hysterien und Zwangsneurosen

Lehrziel

Verständnis für die Entstehung von Hysterien und Zwangsneurosen aus psychoanalytischer Sicht; Kenntnisse über die unbewußten Determinanten der hysterischen und zwangsneurotischen Symptombildungen und Charakterstrukturen; Unterscheidung von Hysterie und Zwangsneurose

Weiterführende Literatur

O. FENICHEL: Hysterien und Zwangsneurosen, Wissenschaftliche Buchgesellschaft Darmstadt

S. FREUD und J. BREUER: Studien über Hysterie, 1895

S. FREUD: Bruchstücke einer Hysterie-Analyse, 1905, Ges. W. V

S. FREUD: Charakter und Analerotik, 1908, Ges. W. VII

S. FREUD: Hysterische Phantasien und ihre Beziehung zur Bisexualität, 1908, Ges. W. VII

S. FREUD: Allgemeines über den hysterischen Anfall, 1909, Ges. W. VII

S. FREUD: Bemerkungen über einen Fall von Zwangsneurose, 1909, Ges. W. VII

S. FREUD: Über Neurotische Erkrankungstypen, 1912, Ges. W. VIII

S. FREUD: Die Disposition zur Zwangsneurose, 1913, Ges. W. VIII

A. GREEN: Die Hysterie, in: Die Psychologie des 20. Jahrhunderts, Band II, Kindler

A. KROHN: Hysteria: The Elusive Neurosis, Int. Univ. Press

H. NAGERA: Obsessional Neuroses, Jason Aronson

Stichworte

Hysterien, Konversionssymptome, hysterische Persönlichkeitsmerkmale, Persönlichkeitsvarianten der Hysterikerin, hysterische Identifizierungen, psychogene Ohnmachtsanfälle (Synkopen), Zwangsneurosen, Zwangssymptome, Regression auf anal-sadistische Fixierungspunkte, anale Charakterzüge, Zwangscharakter, Unterschiede der Zwangsneurose zur Hysterie

1. Die (Konversions-)Hysterien

Motto: Der (Konversions-)Hysteriker kann für seine unbewußten Sehnsüchte nach sexueller/aggressiver Befriedigung keine seinen inneren und äußeren Standards als Erwachsener entsprechenden Ausdrucksformen finden. Deshalb räumt er ihnen die Möglichkeit ein, ohne sein bewußtes Wissen seinen Körper so zu benutzen (ein „Theater der Seele" körperlich zu inszenieren), daß dadurch doch noch ein wenn auch entstelltes Befriedigungserlebnis zustande kommt.

Definition: Konversionshysterien werden jene **Neurosen** genannt, bei denen sich psychische Konflikte in verschiedenen körperlichen, anfallsartig auftretenden **(Konversions-)Symptomen** äußern und bei denen eine bestimmte **Persönlichkeitsstruktur** und typische **Identifizierungsmuster** nachweisbar sind.

Phänomenologie: Die **Konversionssymptome im Rahmen einer Hysterie** können die Form von **hysterischen Anfällen** (Konvulsionen, Lach-, Schrei-, Wein-, Hunger-, Durstanfälle, anfallsartiges Auftreten von Stuhlverstopfung, von Erbrechen, Durchfällen etc.), von **hysterischen Schmerzen**, von **hysterischen Identifizierungen**, von **hysterischen „Halluzinationen"** (hysterische Halluzinationen wiederholen eine Erfahrung, in der die Halluzinationen tatsächliche Wahrnehmungen waren, dann aber der Verdrängung anheimfielen), von **motorischen Störungen** (Lähmungen, Krämpfe, „arc de cercle"), von **hysterischen Traumzuständen und Bewußtseinsstörungen** (Schlafwandeln, hysterische Absencen [kurze, nicht epileptische Bewußtseinspausen]) oder von **hysterischen Störungen spezieller Sinneswahrnehmungen** (hysterische Sehstörungen, hysterische Sensibilitätsstörungen) annehmen.

Abwehrmanöver: Verdrängung, Symbolisierung, Konversion, Verleugnung, Rationalisierung, Identifizierung.

Verlauf: Einerseits versucht der Patient, die Bedeutung seiner Symptome, die ihm relative Angstfreiheit garantieren, zu verleugnen, sodaß er sich auch schwersten Beeinträchtigungen gegenüber als relativ indifferent erweist und wenig motiviert für eine tiefergehende und langfristige Psychotherapie erscheint. Zum anderen versucht er aus den Symptomen, wenn sie schon nicht mehr zu verleugnen/vermeiden sind, das beste im Sinne eines sekundären Krankheitsgewinnes zu machen; daraus entwickeln sich in ungünstigen Ver-

läufen recht hartnäckige, durch Psychotherapie kaum beeinflußbare Renten-
neurosen.

Konversionssymptome

Definition: Konversionssymptome sind **symptomatische Veränderungen physischer (motorischer oder sensibler) Funktionen**, die Triebregungen, die sich zuvor im Status der Verdrängung befanden, einen unbewußten und verzerrten Ausdruck verleihen. Konversionssymptome sind als Resultat eines Prozesses **(Konversionsprozesses)** zu verstehen, der unter Zuhilfenahme verschiedenster Abwehrmanöver **(Verdrängung, Identifizierung, Symbolisierung, plastische Darstellbarkeit, Verdichtung, Verschiebung, Wendung gegen das Ich etc.) zu einer körperlichen Ausdrucksform verdrängter (szenischer) Vorstellungen** führt.

Prädisponierende Faktoren: Die folgenden Bedingungen erleichtern die Bildung von Konversionssymptomen:
- Durch eine **allgemeine Erogenität des Körpers**, die es ermöglicht, daß sexuelle Erregung von jedem Organ und von jeder Körperfunktion Besitz ergreifen kann, können spezifische Körperteile im Unbewußten die (sexuelle) Bedeutung und Funktion übernehmen, die normalerweise im Erwachsenenalter nur den Genitalien zukommt.
- Durch den **Prozeß der Introversion** werden die realen Sexualobjekte der Hysteriker durch infantile Objekte bzw. deren Stellvertreter in der Phantasie ersetzt. Diese Phantasien, oft in Form von Tagträumen teilweise bewußt und lustvoller Ersatz für eine schmerzlich zurückweisende Realität, finden leicht in den Veränderungen der Körperfunktionen plastischen Ausdruck.

Hysterische Persönlichkeitsmerkmale

Definition: Unter **hysterischer Persönlichkeit** versteht man einen Persönlichkeitsstil, der nicht notwendigerweise eine Psychopathologie impliziert.

Hysterie / hysterische Neurose bezieht sich auf ein neurotisches Geschehen innerhalb einer hysterischen Persönlichkeit, sodaß massive Psychopathologie wie Störungen des Wirklichkeitssinnes (Halluzinationen und Wahnideen) oder der anhaltende Verlust der Triebkontrolle von dieser diagnostischen Kategorie ausgeschlossen bleiben müssen.

Hysterische Charakterstörung (hysterischer Charakter) bezieht sich auf eine hysterische Persönlichkeit mit neurotischen (Charakter-)Zügen, deren

Erscheinungsbild aber ichsynton (ichnahe) ist und die in vielen Lebensbereichen (und nicht umschrieben in einem Symptom) nachweisbar sind.

„Hysterisch" wiederum beschreibt eine spezifische Konstellation von Charakterzügen und pychologischen Prozessen einschließlich bestimmter Ichfunktionen wie spezifischen Denkstilen, Beziehungsstilen, Umgang mit Trieben, Affekten und Impulsen usw.

Typische Züge hysterischer Persönlichkeiten:
- Neigung zur **Unterdrückung von Vorstellungsinhalten** infolge von Verdrängung.
- Charakteristischer **kognitiver Stil:** Durch das Vorherrschen von Verdrängung als Abwehr ist das Denken stereotypisiert, selten reich an Ideen oder Phantasien; durch die kontinuierlich andrängenden unbewußten Wünsche herrscht eine sehr allgemeine, vage, impressionistische Erfahrung und Erfassung der Wirklichkeit vor; anstelle eines logischen, induktiven Ursache- und Wirkungsdenkens wird ein intuitiver Zugang zu aktuellen Problemen gesucht, wobei ein Schleier von Affekten und ein Sichabwenden von spezifischen Details zu einer Verzerrung und ungenauen Wahrnehmung der Realität führen kann; wirkliche Kreativität ist selten und verborgen unter einer Neigung zu Attitüden und fassadenhaftem Künstlertum.
- Die **Identität des Hysterikers** ist oft definiert durch ausgeprägte Passivität, die das Streben nach persönlicher Erfüllung stark einschränkt und die mit Vorstellungen von Hilflosigkeit und Schwäche gegenüber äußeren Mächten, die im Gegensatz zur Paranoia aber als beschützend erlebt werden, einhergeht. Diese identitätsbildende Vorstellung von Passivität unterstützt auch den Mythos von der eigenen Unschuld, mit dem wiederum aggressive und selbstzerstörerische Tendenzen verleugnet werden können.
- **Objektbeziehungen:** Hysteriker gehen leicht Beziehungen ein. Schwierigkeiten treten typischerweise als Reaktion auf die sexuellen Forderungen des Partners auf. Aufgrund neurotischer Konfliktverarbeitungen erwarten sich Hysteriker romantische Beziehungen, in denen infantile Triebziele und infantile, ödipale Objektbeziehungsmuster verwirklicht werden sollten. Die konfliktträchtigen Anteile der Objekte werden üblicherweise verleugnet, ist diese Verleugnung nicht mehr aufrecht zu erhalten, kommt es zu Enttäuschung und Depression. Eine ausgeprägte Neigung, sich mit den Werten und moralischen Forderungen der Partner zu identifizieren, erweckt den Eindruck von Unselbständigkeit und gelegentlich auch von Unterwürfigkeit (Hörigkeit).
- In Belastungssituationen, besonders wenn es sich um sexuelle Themen (bewußt oder unbewußt) handelt, kann das Bewußtsein verändert sein, sodaß

milde Bewußtseinstrübungen und leichte Vernebelungen von inneren Erfahrungen sowie Wahrnehmungsverzerrungen der Umweltereignisse vorkommen können.

E. R. Zetzel (E. R. Zetzel: Die Fähigkeit zu emotionalem Wachstum, 1974/230–247, Ernst Klett) untersuchte hysterische Frauen in Hinblick auf deren Analysierbarkeit und kam zu folgender, dem Schweregrad der Psychopathologie entsprechender vierstufiger Einteilung:

1. Die **„wirklich gute Hysterikerin" (true good hysteric)** ist weit über das erste Jugendalter hinaus, hat ein Studium abgeschlossen, ist aber entweder noch Jungfrau oder hat ein unbefriedigendes Sexualleben oder einen Ehemann, der seinen ehelichen Pflichten nur ungenügend nachkommt. Sie ist sich bewußt, daß ihre Schwierigkeiten aus ihr selbst kommen. Sie war das älteste oder das begabteste Kind und hat eine ödipale Situation nicht gelöst, wobei äußere Ereignisse (plötzliche Abwesenheit des Vaters, Trennung von der Mutter) eine nicht unwesentliche Rolle spielten.

2. Die **„potentiell gute Hysterikerin" (potential good hysteric)** ist jünger und hat das Studium meist noch nicht abgeschlossen. Sie war oft ein Einzelkind oder das jüngste Kind. Wegen einer Neigung zu raschen und unvorhersehbaren Regressionen oder wegen einer Neigung zur „Flucht in die Gesundheit" ist die Herstellung eines therapeutischen Bündnisses für eine psychoanalytische Behandlung problematisch.

3. Die **„sogenannte gute Hysterikerin" (so-called good hysteric) in ihrer benignen Variante** kann nur durch eine überdurchschnittlich lange psychoanalytische Behandlung analysiert werden. Sie zeigt depressive Charakterzüge mit entsprechenden Problemen in der Selbstwertregulierung. Sie kommt meist zu spät in die Behandlung, ist sehr passiv und erlebt vordergründig Abhängigkeitsprobleme. Sie hat oft erhebliche Schwierigkeiten, zwischen Übertragungsneurose und „realer" Beziehung zum Analytiker zu unterscheiden, sodaß die Beendigung der Analyse in Frage gestellt ist und die Analyse leicht zu einer „unendlichen" zu pervertieren droht.

4. Die **maligne Variante der „sogenannten guten Hysterikerin" (hysteroide Charakterstruktur)** ist das, was man eine „blühende Hysterie" zu nennen pflegt. Sie ist unfähig, eine Dreieckssituation zu ertragen oder auch nur psychisch zu erleben. Der Vater wurde als Objekt in seiner infantilen Bedeutung nie aufgegeben, die Mutter als Rivalin und bedeutsames Objekt psychisch ausgeschlossen. In der Kindheit dieser Patientinnen findet man häufig die reale Abwesenheit oder den tatsächlichen Verlust eines Elternteiles oder beider Eltern während der ersten vier Lebensjahre, Krankheit der Eltern oder eines Elternteiles, unglückliche Ehe sowie lange Krankheit

in der Kindheit oder eine feindselig-abhängige Beziehung zur Mutter. In der Therapie haben diese Patientinnen größte Schwierigkeiten, die „als-ob"-Situation der Psychoanalyse und der Übertragung zu akzeptieren: dementsprechend können sie nur schwer zwischen innerer und äußerer Realität unterscheiden und neigen zu massiven Sexualisierungen der Übertragungssituation.

In unserem, von Kernberg übernommenen Schema fällt der Typus der „sogenannten guten Hysterikerin" in die Kategorie der Borderline-Persönlichkeitsstörungen.

Hysterische Identifizierungen

Neben den direkten Gefühlsbeziehungen zu anderen Menschen in Form von Liebe oder Haß (bzw. – am häufigsten – eine Mischung von beiden, wobei die eine der beiden Komponenten völlig unbewußt bleiben kann) bestehen ebenso jene Beziehungsformen aus den Anfangsstadien der Objektbeziehungen fort, die die Psychoanalyse unter dem Titel der Identifizierung darstellen konnte. Freud schreibt der Identifizierung überhaupt eine konstituierende Rolle sowohl bei der Ichbildung wie auch bei der Entwicklung der (Ich-)Funktion der Objektbeziehung zu:

„Die primäre Identifizierung ist die allererste Art der Reaktion auf ein Objekt, die ursprünglichste Form der Gefühlsbindung an ein Objekt ..." (S. Freud, Massenpsychologie und Ich-Analyse, 1921, Ges. W. XIII/118)
und: „... Uranfänglich in der primitiven oralen Phase des Individuums sind Objektbeziehungen und Identifizierung wohl nicht voneinander zu unterscheiden". (S. Freud, Das Ich und das Es, 1923, Ges. W. XIII/257)
und: „Haben und Sein beim Kind. Das Kind drückt die Objektbeziehungen gern durch die Identifizierung aus: ich bin das Objekt. Das Haben ist die spätere, fällt nach . Objektverlust ins Sein zurück. Muster: Brust. Die Brust ist ein Stück von mir, ich bin die Brust. Später nur: ich habe sie, d. h. ich bin sie nicht ..." (S. Freud, Ergebnisse, Ideen, Probleme, 1938, Ges. W. XVII/151)

Identifizierungen, die in der Angleichung des eigenen Ich an das Vorbild eines anderen in dem einen oder anderen Merkmal bestehen – wobei nochmals hervorgehoben werden muß, daß es sich dabei um eine konsolidierte psychische Struktur handelt und dadurch die eigene basale Identität nicht verändert wird –, spielen bei der Symptombildung der Hysterie und bei hysterischen Charakterzügen eine besonders große Rolle.

Ganz allgemein drücken **hysterische Identifizierungen** den Wunsch aus, an die Stelle eines anderen Menschen zu treten. Folgende Formen lassen sich unterscheiden:

- **Identifizierungen aufgrund des gleichen ätiologischen Anspruchs**
  Bei dieser Form von Identifizierung, die zu den häufigsten zählt, hat das Objekt für das Subjekt keinerlei Bedeutung, außer daß diesem Objekt ein Wunsch in Erfüllung gegangen ist, nach dessen Befriedigung das Subjekt ebenfalls strebt (gemeinsames ätiologisches Bedürfnis). Den abwehrenden Kräften ist es zuzuschreiben, daß die daraus resultierenden Verhaltensweisen bewußt regelmäßig einen deutlichen Unlustcharakter aufweisen (eben Symptombildungen darstellen).
  Formel für die Symptombildung: „Du wolltest glücklich sein wie X (Objekt), dann sei zur Strafe so unglücklich wie X!"
  Beispiel: Hysterische Epidemie in einem Mädchengymnasium.
  Ein Mädchen reagiert mit einem hysterischen Anfall auf einen Brief, den sie von einem geheimen Geliebten bekommen hat. Eine Reihe von weiteren Mädchen, die alle ebenfalls gerne einen Liebesbrief bekommen hätten, entwickeln im weiteren Verlauf ebenfalls (infolge von Identifizierung mit diesem Mädchen) ähnliche hysterische Anfälle: „Wenn man von einem solchen Anlaß, bei der Erfüllung eines solchen Wunsches, Anfälle bekommen kann, dann bekommen wir auch welche, denn wir wollen den gleichen Anlaß haben!"

- **Identifizierungen mit dem glücklichen Rivalen**
  Diese Form der Identifizierung erfolgt nicht mit irgendeiner gefühlsindifferenten Person, sondern mit einer, an deren Stelle zu sein oft einem früheren, tief verdrängten Triebwunsch entspricht. Die Person, die beneidet wird und an deren Stelle man zu sein wünscht, entspricht so der Rivalin / dem Rivalen (der Mutter / dem Vater) aus dem Ödipuskomplex. Auch hier folgt die manifeste Symptomgestaltung einer Formel, die im Bewußten den Einfluß der Kräfte des Überich deutlich werden läßt.
  Formel: „Du wolltest den Platz deiner Rivalin / deines Rivalen einnehmen, nun gut, dein Wunsch sie/er zu sein, soll dir erfüllt werden, aber nur dort, wo sie/er leidet!"
  Beispiel: Freuds Patientin Dora bekommt denselben Husten, den ihre (unbewußte) Rivalin, Frau K. , hatte. Dora beneidet Frau K. um ihre sexuelle Erfahrung (in ihren unbewußten seelischen Strebungen liebte sie ihren Vater und wünschte sich an die Stelle der Geliebten ihres Vaters); aufgrund ihrer Schuldgefühle wegen dieser Rivalität vermochte sie sich aber nicht in Frau K's Position zu versetzen, die sie gern eingenommen hätte, sondern mußte als Identifizierungsmerkmal Frau K's kleines Gebrechen auswählen.

- **Identifizierungen mit dem begehrten Objekt**
Anstelle mit dem Rivalen identifiziert sich das Subjekt mit dem Objekt. Diese Form der Identifizierung erinnert am stärksten an manche Identifizierungsvorgänge bei der Melancholie und enthält deutliche narzißtische Anteile: Wird man gezwungen ein Objekt aufzugeben, versucht man den Verlust dadurch auszugleichen, daß man sich mit ihm identifiziert, d. h. daß man ihm selbst in einzelnen Anteilen möglichst ähnlich wird. Im Unterschied zur Melancholie werden im Falle der Hysterie lediglich spezifische Merkmale des Objekts übernommen, bei Bewahrung und Aufrechterhaltung der eigenen Identität.

Psychogene Ohnmachtsanfälle (Synkopen)

Mit einer Synkope, einer kurzdauernden Bewußtseinssperre verbunden mit einem entsprechenden Tonusverlust, erreicht der psychische Apparat gleichzeitig zwei Absichten: sowohl die (innere und äußere) Wahrnehmung wird ausgesetzt als auch die Ausbildung von (Unlust-)Affekten wird unterbrochen. Darüber hinaus wird zusätzlich noch durch die Ausschaltung der Motorik eine mögliche Handlungsgefahr unterbunden, ein Schritt, der als ein wesentlicher Inhalt vieler Symptombildungen angesehen werden muß.

Die psychogene Ohnmacht kann dergestalt als ein Notprogramm bezeichnet werden, das dem psychischen Apparat zur Verfügung steht und das automatisch in Kraft tritt, wenn seine Aufgabenstellungen vital bedroht werden.

Welche sind nun die Situationen, die ein solches Hilfsprogramm abrufen, unter welchen psychischen Umständen kommt es zum Einsatz?

Primär psychogene Ohnmachten sind grundsätzlich als Folgen und Ausdruck unbewußter seelischer Konflikte zu betrachten:

- Diese Konflikte können erstens auf den Lebensstil Einfluß nehmen und damit auch die notwendigen Voraussetzungen von psychischer und körperlicher Gesundheit unterminieren. In diesen Fällen sind Synkopen als unspezifische Folgen einer im großen und ganzen als selbstdestruktiv einzuordnenden Lebensführung anzusehen.
- Zweitens können Synkopen als Ausdruck und Folge unerträglicher innerseelischer Konflikte betrachtet werden, die bei entsprechend prädisponierten Individuen die Ausgestaltung der Schablonen vagovasaler Ohnmachtsanfälle annehmen können. Diese als psychosomatisch zu interpretierenden Synkopen unterscheiden sich von den Konversionssynkopen in ihrer primären psychischen Inhaltslosigkeit, sie sind Notprogramm und Entglei-

sung zur gleichen Zeit bei dem Versuch einer Aufrechterhaltung psycho-
physischer Funktionsfähigkeit.

• Die Konversionssynkopen im engeren Sinn können sich jeglicher körperlicher Schablonen bedienen, sie werden von der psychosomatischen Synkope durch den Nachweis einer symbolischen Umsetzung psychischer Vorgänge in eine Körpersprache unterschieden.

1. **Die Schrecksynkope:** Es scheint einen Übergangsbereich zu geben, in
dem nicht mit Sicherheit nachweisbar ist, ob die obengenannte psychische
Voraussetzung wirklich gegeben ist, oder ob der gesamte Verlauf nicht
eher auf ein neurophysiologisches Reflexgeschehen zurückzuführen ist.
Diese als Schrecksynkope bekannte Ohnmacht mit ihrer „Knock-out-Sym-
ptomatik" (gleichzeitiges Auftreten von bradykardem Blutdrucksturz, Bewußtseinssperre und motorischer Atonie) zeigt zumindest deutlich die phy-
siologisch vorgeformten Muster, die im Rahmen psychischer Prozesse ihre
Verwendung finden können.

2. **Die vagovasale Ohnmacht:** Typischerweise empfindet der Betroffene
Schwäche, Schwindel und ein Übelkeitsgefühl, die Atmung wird seufzerar-
tig, Blutdruck und Herzfrequenz sinken ab, dementsprechend ist die Ge-
sichtsfarbe auffallend blaß; Schweißausbruch ist häufig. Innerhalb von 1–5
Minuten tritt Bewußtlosigkeit ein, bleibt der Betroffene in aufrechter Position. Selbst in dieser aufrechten Haltung erlangt der Betroffene spätestens
nach 20–40 Sekunden wieder sein Bewußtsein zurück. Dieser Ablauf ist
stereotyp, kann aber prinzipiell zu jedem Zeitpunkt z. B. durch Hinlegen
unterbrochen werden. Allgemein gelten als Anlässe überfüllte Räume
(„Kirchenohnmacht"), der Anblick des eigenen Blutes („Metzgerohn-
macht") etc. Ihnen gemeinsam ist die Exposition mit einer neuen Situation
– wiederholte Exposition vermindert üblicherweise die Auftrittswahrscheinlichkeit einer solchen Ohnmacht –, die in ihrer psychologischen Bedeutung ein Übermaß an Angst oder depressivem Affekt mobilisiert. In
diesem Sinne ist die vagovasale Synkope „situationsbedingt" und wird wesentlich durch die affektiv-bedeutsame Erwartung des Betroffenen mitbe-
stimmt. Für die Verwendung einer Ohnmacht als Bewältigungsstrategie ist
noch ein weiterer situativer Faktor wesentlich: Die subjektive Beurteilung
muß davon ausgehen, daß eine aktive Bewältigung der Bedrohung ausgeschlossen bleibt, daß vordergründig ein Zwang zur Untätigkeit erlebt wird
und daß die affektive Perzeption ein Gefühl von Wehrlosigkeit in Situationen betont, die aggressive Phantasien provozieren, wobei aber keine anderen Abwehrmethoden in Betracht kommen als die Notlösung der Ohnmacht.

3. **Die Konversionssynkope** („konversionsneurotische Synkope"): Derartige Erscheinungen sind nicht auf das Spektrum der Neurosen und der ihnen entsprechenden Charakterstörungen beschränkt, deshalb wäre der Ausdruck „Konversionssynkope" vorzuziehen. Vielmehr sind Konversionssynkopen ebenso bei verschiedenen psychotischen Verläufen feststellbar, so z. B. am Beginn von depressiven Phasen oder während akuter schizophrener Erkrankungen. Es wäre also fatal, lediglich aus dem Vorliegen einer Konversionssynkope auf das Vorhandensein einer Hysterie zu schließen und möglicherweise die akute Suizidgefahr zu übersehen, die mit einer depressiven Phase verbunden sein kann. Das Konversionsgeschehen, durch das eine Ableitung oder Verschiebung psychischer Erregungen in den Bereich körperlicher Innervationen stattfindet und dort seinen symbolischen Ausdruck findet, wird durch seelische Konflikte in Gang gesetzt. Es ist ein aktiver Vorgang in Richtung auf eine Symptombildung, der von all den unspezifischen körperlichen Folgeerscheinungen seelischer Spannungszustände, unterdrückter Affekte und chronisch unbefriedigender psychischer Lebenssituationen unterschieden werden muß. Die psychischen Reize, die im Konversionssymptom ihren Ausdruck suchen, sind unbewußte libidinöse oder aggressive, genitale oder prägenitale verpönte Triebwünsche, die nicht mehr unterdrückt werden können. Die psychogene Ohnmacht ist nicht nur Ausdruck von Abwehr, sondern sie enthält auch Abkömmlinge der verpönten Triebwünsche, die aber als solche wegen der weitgehenden Entstellung nicht erkennbar sind. Vom Gelingen dieser Maßnahme hängt die subjektive Betroffenheit und das Vorhandensein oder Fehlen der unlustvollen Affekte der Angst oder des depressiven Affekts ab. Die relative Unberührtheit und Gleichgültigkeit des Patienten seinen schwerwiegenden Symptombildungen gegenüber ist für die im Rahmen von hysterischen Neurosen auftretenden Konversionssymptome („belle indifférence") geradezu charakteristisch. Im Gegensatz zur typischen vagovasalen Synkope tritt die Konversionssynkope unabhängig von der körperlichen Lage auf. Der Verlauf unterliegt keinen vorgegebenen Schablonen. Die Betroffenen können zu Boden sinken oder auch fallen. Sind ernstere körperliche Verletzungen auch selten, kommen sie immerhin vor und können ebensowenig wie das Symptom des Harnverlustes oder des Zungenbisses als verläßliches differentialdiagnostisches Kriterium gegenüber anderen (z. B. epileptischen) Anfallsformen angesehen werden. Ist die Konversionssynkope Teil einer szenischen Umsetzung unbewußter Phantasien, so entsteht beim Zuschauer häufig der Eindruck des Künstlichen oder der Theatralik, die oft im Sinne des sekundären Krankheitsgewinns durch die verbundene Aufmerksamkeitszuwendung mißdeutet werden oder gar zum Vorwurf der Si-

mulation führen können. Konversionssynkopen sind nicht ausschließlich
an die Gegenwart anderer Personen gebunden, wenn auch die Entwicklung
dieses Typs einer Ohnmacht ohne die entsprechenden „Zuschauer", die
dem Ausdruckscharakter der „Inszenierung" als „Publikum" Rechnung tragen, eher zu den Ausnahmen gehören dürfte. Hervorhebenswert ist die sehr
unterschiedliche Dauer, die von mehreren Minuten bis zu Stunden evtl. sogar länger reichen kann.

Beispiel einer langanhaltenden hysterischen Ohnmacht: Eine junge
Frau, Mitte Zwanzig, alleinstehend, mittlere Angestellte, wird in ihrer Woh-
nung in einem deutlich bewußtseinsgetrübten Zustand gefunden und mit der
Rettung auf eine interne Abteilung transferiert. Dort kann trotz invasiver Abklärung des Zustandsbildes keine ernste körperliche Störung festgestellt werden, sodaß die Patientin nach Behebung einer Elektrolytentgleisung, offenbar
war sie schon längere Zeit ohne entsprechende Nahrungs- und Flüssigkeitszu-
fuhr gewesen, auf eine neurologische Abteilung überstellt wird. Auch die
sorgfältige neurologische Abklärung erbringt keinen ernstzunehmenden pathologischen Befund. Statt dessen wird – zufällig – bei einer der neurologi-
schen Untersuchungen durch eine Berührung der Nackengegend ein offensichtlich hysterischer Anfall ausgelöst, der sich bis zu einem Arc de cercle
steigert. Anschließend schläft die Patientin für zwei Stunden, erwacht etwas
erstaunt darüber, sich auf einer medizinischen Station wiederzufinden und
verlangt entlassen zu werden; es ginge ihr doch gut! Der Vorschlag einer stationären psychiatrischen Behandlung wird ausgeschlagen, eine sorgfältige
psychiatrische Exploration bleibt relativ unergiebig: sie leide an gelegentli-
chen Ohnmachtszuständen, irgendwelche Auslöser können von ihr nicht angegeben werden, außer ihrer Beobachtung, daß ein Blick nach oben, z. B.
beim Duschen, unmittelbar von dem üblichen Schwarzwerden vor den Augen
gefolgt würde, eine entsprechende neurologische Untersuchung der Halswir-
belsäule und der Durchblutungsverhältnisse der Arteria Vertebralis hätten für
die Erklärung dieser Beschwerden kein zufriedenstellendes Ergebnis gebracht. Im Privatleben sei alles in Ordnung, insbesondere werden Schwierigkeiten im Beziehungsbereich oder im Bereich der Sexualität vollkommen negiert. Da keine Selbst- oder Fremdgefahr zu bestehen scheint, wird dem sehr
bestimmt vorgetragenen Wunsch der Patientin nach Entlassung entsprochen.

Wenige Monate später bricht die Patientin neuerlich bewußtlos zusammen
und wird abermals wegen Verdachts einer internen Erkrankung auf eine entsprechende Abteilung eingeliefert, von wo sie nach Ausschluß einer körperlichen Ursache direkt in eine psychiatrische Institution gebracht wird. Wegen
der Akuität des Zustandsbildes wird der Versuch einer Hypnose unternom-

men, der auch insoweit gelingt, als ein hypnotischer Rapport tatsächlich herstellbar ist und die Patientin auf die Frage, was denn in ihr vorginge, zu erzählen beginnt: Sie habe auf ihrem Nachhauseweg von der Schule, als sie zehn Jahre alt war, entgegen dem ausdrücklichen Verbot der Eltern einen Bekannten aufgehalten, damit er sie mitnehme, nachdem sie den Schulbus verpaßt hatte. Dieser Bekannte sei aber bei der Fahrt durch ein Waldstück plötzlich von der Straße abgebogen und sei dann über sie hergefallen. Sie hätte sich mit aller Kraft zu wehren versucht, sei aber überwältigt und von dem Mann zu Boden geworfen worden. Dabei sei sie mit dem Nacken auf einen spitzen Gegenstand aufgeschlagen, bevor sie das Bewußtsein verloren hatte.

Nach dieser Hypnose war die Patientin wieder bei klarem Bewußtsein und konnte ohne Schwierigkeiten innerhalb der nächsten Tage aus der stationären Behandlung entlassen werden. In der anschließenden ambulanten Psychotherapie konnten diese Erinnerungen ohne den Einfluß von suggestiven Maßnahmen bestätigt und ergänzt werden. So stellte sich heraus, daß die Patientin entgegen ihrer ursprünglichen Angabe unter erheblichen Beeinträchtigungen ihrer Liebes- und ihrer Beziehungsfähigkeit litt. Die ominösen Anfälle beim Blick nach oben entpuppten sich als typisch hysterische. Als auslösender Reiz stellte sich das Gewahrwerden des aus der Brause strömenden Wasserstrahls heraus, der von der Patientin in assoziativem Zusammenhang mit ihren Vorstellungen vom männlichen Geschlechtsorgan stand.

Aus dieser kurzen Fallvignette können eigentlich alle typischen Merkmale von Konversionssymptomen und deren Ursachen abgeleitet werden. Auf Basis eines inneren Konflikts wird für den in diesem inneren Konflikt verwickelten Triebwunsch – in unserem Fall verschiedene sexuelle Wünsche, die unter normalen psychischen Bedingungen keinerlei Einwände zu gewärtigen hätten –, ein Kompromiß gefunden, der es ermöglicht, den verpönten Triebwunsch in einer modifizierten, d. h. in einer entstellten und damit in einer weder der Patientin selbst noch einem unvoreingenommenen Beobachter erkenntlichen Form in eine Symptom-Handlung umgesetzt. Mit dieser Symptombildung gelingt eine zumindest vorübergehende Ermäßigung einer psychischen Erregungs- und Spannungssituation (primärer Krankheitsgewinn), der (unbewußte) Wunsch wird teilweise befriedigt und die moralischen Einwände gegen diese an sich verpönte Befriedigung kommen ebenfalls auf ihre Kosten, indem das Symptom nicht als lustvoll, sondern ganz im Gegenteil als Leiden erlebt wird.

An dieser Fallvignette wird ebenfalls deutlich, daß sich Konversionssymptome als szenische Darstellung einer unbewußten Phantasie verstehen lassen (der Arc de cercle als pantomimische Darstellung der Vergewaltigung), als szenische Darstellung des ursprünglichen Traumas, indem nur ein Teil des gesamten traumatischen Erlebnisses (das Ohnmächtigwerden) für die Symptombildung herausgegriffen wird, als symbolische Umsetzung von semantischen Formulierungen von Handlungsbruchstücken in eine Körpersprache („Beim Gedanken an das männliche Geschlechtsorgan wird mir schwindlig!"), daß aber alle diese Möglichkeiten durchaus auch mit der körperlich vorgegebenen Schablone einer vagovasalen Synkope realisiert werden können. Die vagovasale Synkope ist dann als bereitstehende präformierte Endstrecke zu verstehen, die quasi einem Anspielen einer komplexen Melodie entspricht, die schon aus wenigen Tönen erkannt werden und ihre affektive Wertigkeit aus der Erinnerung heraus entfalten kann.

„Die Erforschung der Kindergeschichte Hysterischer lehrt, daß der hysterische Anfall zum Ersatze einer ehemals geübten und seither aufgegebenen autoerotischen Befriedigung bestimmt ist. In einer großen Zahl von Fällen kehrt diese Befriedigung (die Masturbation durch Berührung oder Schenkeldruck, die Zungenbewegung u. dgl.) auch im Anfalle selbst unter Abwendung des Bewußtseins wieder. Das Auftreten des Anfalles durch Libidosteigerung und im Dienste der primären Tendenz als Tröstung wiederholt auch genau die Bedingungen, unter denen diese autoerotische Befriedigung seinerzeit vom Kranken mit Absicht aufgesucht wurde. Die Anamnese des Kranken ergibt folgende Stadien:
a) autoerotische Befriedigung ohne Vorstellungsinhalt,
b) die nämliche im Anschlusse an eine Phantasie, welche in die Befriedigungsaktion ausläuft,
c) Verzicht auf die Aktion mit Beibehaltung der Phantasie,
d) Verdrängung der Phantasie, die sich dann, entweder unverändert oder modifiziert und neuen Lebenseindrücken angepaßt, im hysterischen Anfalle durchsetzt und
e) eventuell selbst die ihr zugehörige, angeblich abgewöhnte Befriedigungsaktion wiederbringt; ein typischer Zyklus von infantiler Sexualbetätigung – Verdrängung – Mißglücken der Verdrängung und Wiederkehr des Verdrängten.
Der unwillkürliche Harnabgang darf gewiß nicht für unvereinbar mit der Diagnose des hysterischen Anfalls gehalten werden; er wiederholt bloß die infantile Form der stürmischen Pollution. Übrigens kann man auch den Zungenbiß bei unzweifelhafter Hysterie antreffen; er widerspricht der Hysterie so wenig wie dem Liebesspiele; sein Auftreten im Anfalle wird erleichtert, wenn die Kranke durch ärztliche Erkundigung auf die differentialdiagnostischen Schwierigkeiten aufmerksam gemacht worden ist. Selbstbeschädigung im hysterischen Anfall kann (häufiger bei Männern) vorkommen, wo sie einen Unfall des kindlichen Lebens (z. B. den Erfolg einer Rauferei) wiederholt.
Der Bewußtseinsverlust, die Absence des hysterischen Anfalles geht aus jenem flüchtigen, aber unverkennbaren Bewußtseinsentgang hervor, der auf der Höhe einer jeden intensiven Sexualbefriedigung (auch der autoerotischen) zu verspüren ist. Bei der Entstehung hysterischer Absencen aus den Pollutionsanwandlungen junger weiblicher Individuen ist diese Entwicklung am sichersten zu verfolgen. Die sogenannten

hypnoiden Zustände, die Absencen während der Träumerei die bei Hysterischen so häufig sind, lassen die gleiche Herkunft erkennen. Der Mechanismus dieser Absencen ist ein relativ einfacher. Zunächst wird alle Aufmerksamkeit auf den Ablauf des Befriedigungsvorganges eingestellt, und mit dem Eintritte der Befriedigung wird diese ganze Aufmerksamkeitsbesetzung plötzlich aufgehoben, so daß eine momentane Bewußtseinsleere entsteht. Diese sozusagen physiologische Bewußtseinslücke wird dann im Dienste der Verdrängung erweitert, bis sie all das aufnehmen kann, was die verdrängende Instanz von sich weist." (S. Freud: Allgemeines über den hysterischen Anfall, 1909, Ges. W. VII/238–239)

2. Die Zwangsneurosen

Motto: *Der Zwangsneurotiker ist hinsichtlich seiner unbewußten Sehnsüchte und Leidenschaften gespalten in ein Kind, das schlimm sein, aber auch seinen strengen Erzieher durch freiwillige Vorwegnahme von Bußen wieder versöhnen will, und in den strengen Erzieher, der das Kind mit Strafen bedroht und es immer wieder zwingt, solche, oft recht grausame Strafen auf sich zu nehmen bzw. sich selber anzutun.*

Definition: Als Zwangsneurose werden jene **Neurosen** bezeichnet, bei denen durch **Zwangssymptome** Denken (Zwangsdenken, Zwangszweifel, Grübeln) und Handeln (Zwangsgedanken, Zwangsimpulse, Zwangshandlungen) erheblich beeinträchtigt sind, eine **zwanghafte Persönlichkeitsstruktur** im Vordergrund steht und eine **Regression auf anal-sadistische Fixierungen** ausschlaggebend sowohl für die Symptombildung wie auch für die Charakterausformung ist.

Fixierungspunkte: Phallisch-ödipale und anal-sadistische.

Abwehrmanöver: Verdrängung, Regression, Reaktionsbildung, Isolierung, Ungeschehenmachen, Verschiebung auf ein Kleinstes, Verleugnung, magisches Denken, Intellektualisierung, Rationalisierung.

Prädisponierende Faktoren: Die folgenden Bedingungen haben sich als wichtige Voraussetzungen für die Entstehung einer Zwangsneurose herauskristallisiert:
• eine **Entwicklungsdisharmonie:** Die zwangsneurotische Abwehr kommt dann zur Wirkung, wenn die Ichentwicklung der Triebentwicklung vorauseilt, d. h. wenn die Hochblüte der primitiven anal-sadistischen Strebungen

mit einer zu weit fortgeschrittenen Phase der Ich- und Überich-Entwicklung zusammentrifft.

* Eine **Regression der Libido** auf die dadurch entstandenen anal-sadistischen Fixierungspunkte, während aber Ich und Überich ihre moralischen und ästhetischen Maßstäbe beibehalten.

* Eine **allgemeine Disposition** zur Zwangsneurose entsteht durch eine Schädigung der synthetischen Funktion, einer Beeinträchtigung der Fähigkeit zur Legierung von Liebe und Haß sowie einer Verminderung der Fähigkeit, an Objektliebe im Gegensatz zur Selbstliebe festzuhalten.

„Ein Individuum, das überhöhte Aggressionsbeträge gegen das eigene Selbst wendet, wird innerlich zerrissen und beginnt, inneren Zwiespalt der gewöhnlich erstrebten inneren Harmonie vorzuziehen. Dadurch wird die normale Ambivalenz verstärkt, um innere Konflikte zu perpetuieren. So stellt sich der Zustand her, daß es für den Zwangsneurotiker ebenso natürlich ist, mit sich selbst im Widerspruch zu stehen, wie er sich regelmäßig im Widerspruch zu seinen Objekten befindet. Die Streitsucht und Feindseligkeit, die seine Einstellung zur Umwelt beherrschen, sind das Gegenstück zu den quälenden Auseinandersetzungen zwischen seinen inneren Instanzen." (A. Freud: Theorien über Zwangsneurosen, 1966, Die Schriften der Anna Freud, Band VI/1843, Fischer Taschenbuch)

Zwangssymptome

Definition: Im Gegensatz zu den Symptomen der Hysterie, bei denen das Ich einfach überrannt wird, beherrscht bei neurotischen Zwangssymptomen das Ich durchaus den Zugang zur Motilität. Allerdings ist es nicht ständig und jederzeit in der Lage, diese Herrschaft auch wirklich auszuüben, sondern muß sich in den Dienst übergeordneter Instanzen (Überich) stellen und Handlungen auch entgegen dem eigenen Willen ausführen: Bestimmte Dinge müssen getan, gedacht oder unterlassen werden, um fürchterliche Bedrohungen abzuwenden. Das Ich folgt einem inneren Zwang, die daraus resultierenden Handlungen (Gedanken) werden allerdings als ichfremd (ichdyston) erlebt. Ein Zwangsneurotiker fühlt sich gezwungen, etwas zu tun, das ihm keinen Spaß macht, d. h. er ist gezwungen, seinen Willen gegen sein eigenes Verlangen einzusetzen. Der verpönte Triebwunsch drückt sich im Vorstellungsinhalt des Symptoms, das Überich dadurch aus, daß der ursprüngliche Triebimpuls in einen Befehl, dem ungern Folge geleistet wird, umgewandelt wurde. Ein Perverser hingegen fühlt sich gezwungen, etwas, sogar gegen seinen eigenen Willen, gern zu tun. Was dem Perversen zugrunde liegt, ist die ungehinderte Kraft eines Triebes, nicht die reaktive abwehrende Kraft des Ichs.

Phänomenologie:

1. **Zwangshandlungen:** stereotyp ablaufende Verhaltensmuster;
a) Waschzwänge (säubern, reinigen, wegwischen müssen ...)
b) Kontrollzwänge (nachschauen, sich vergewissern müssen etc.)
2. **Zwangsgedanken:** Bewußtseinsinhalte, die sich dem Patienten aufdrängen und die bei ihm Unruhe, Erregung auslösen und zum Teil von Angst begleitet sind. Als Hauptthemen der gedanklichen Beschäftigung sind Aspekte der Schuld, der Versündigung, der Aggressivität und sexuelle Themen zu nennen. Als spezielle Varianten von Zwangsgedanken sind zu unterscheiden:

a) Zwangszweifel, die sich in einer Unsicherheit über die Faktizität und die Bedeutung verschiedener Ereignisse ausdrücken (z. B.: „... ich habe ein Geräusch gehört, möglicherweise habe ich jemanden mit dem Auto überfahren ...")

b) Zwangsimpulse, d. h. ein innerer Drang, bestimmte Dinge zu denken oder zu tun (z. B.: „... ich sehe ein Messer in der Küche liegen, ich könnte damit mein Kind verletzen – um Himmelswillen, ich werde es doch hoffentlich nicht tun ...")

c) Zwangsvorstellungen, d. h. lebhafte, allerdings sehr unangenehme gedankliche Vorstellungen (z. B.: „. . . ich sehe, wie ein Kind vom Balkon stürzt und in der Luft fliegt ... und fällt ...")

Neben den beiden basalen Möglichkeiten, einen unbewußten Konflikt, dessen Auswirkungen auf die Anpassung des Individuums zunehmend außer Kontrolle zu geraten drohen, zu entschärfen,
• indem ein für die Entlastung der angesammelten Spannung ausreichendes Maß an Angstaffekt im Bewußtsein erscheint (Angstanfall) und damit eine (Not-)Spannungsabfuhr gelingt oder
• indem der archaische Mechanismus der Bewußtlosigkeit zum selben Zweck eingesetzt wird (Konversionssynkope), steht dem Ich
• noch eine dritte einfache Möglichkeit zur Verfügung, einen ohnehin zum Bewußtsein durchzubrechen drohenden Triebimpuls dadurch zu entstellen, daß lediglich das „Vorzeichen" verändert wird: Der Vorstellungsinhalt bleibt völlig unverändert, nur der Wunschcharakter ist zu etwas geworden, das jetzt gegen den Willen des Ichs getan werden muß, eine bewußte Befriedigung durch die ausgeführte Handlung stellt sich nicht mehr ein. Dennoch wird, wie mit jeder Symptombildung, auch mit den Zwangssymptomen unbewußt eine gewisse Befriedigung und damit auch eine gewisse Entspannung erreicht.

Wir unterscheiden:

Zwangssymptome, bei denen die entstellte Befriedigung im Vordergrund steht:
- rhythmisch wiederholte Zwangshandlungen, wie Klopfen, Muskelspiele etc. die sich bei der psychoanalytischen Untersuchung als Onanieäquivalente herausstellen.
- Ein Patient entwickelte jedesmal, wenn er auf einen Mann traf, der ihm sympathisch sein könnte, den Zwangsgedanken, dieser Mann werde ihn zum homosexuellen Geschlechtsverkehr verführen; daraufhin mußte er sich zwanghaft vergewissern, daß ihm ohnehin kein Sekret aus dem Penis als Beweis für eine homosexuelle Erregung geflossen war. Seiner eigenen homosexuellen Erregungen und Wünsche war er sich dabei in keiner Weise bewußt.

Zwangssymptome, die häufig dadurch gekennzeichnet sind, daß sich nach einiger Zeit der abgewehrte Impuls wieder stärker durchsetzt und damit das Symptom deutlicher einen Befriedigungscharakter annimmt:
- Ein Patient war in der Lage, die Angst, die bei ihm nach der Masturbation auftrat, durch eine Anspannung seiner Beinmuskeln zu vertreiben. Diese Anspannung wurde später, da inzwischen insuffizient geworden, durch rhythmisches Schlagen auf die Schenkel ersetzt. Zuletzt wurde das ganze Ritual noch mit einer weiteren, zwanghaft ausgeführten und deshalb lustlosen Onanie abgeschlossen.
- Patienten, die sich mehrmals vergewissern müssen, daß sie den Gashahn auch wirklich abgedreht haben, sind oft gezwungen, zu ihrer Überzeugung den Gashahn auch anzufassen, sodaß die Handlung, die eine Gefahr abwehren soll, sie leicht tatsächlich erst auslösen könnte.

Zwangssymptome mit überwiegendem Buß- und Strafcharakter:
Diese Symptome, die für die Zwangsneurose charakteristischer sind als die mit überwiegender Befriedigungsbedeutung, können als Ausdruck der gegen die Triebwünsche gerichteten Drohungen des Überichs bzw. als Umsetzung eines inneren Befehls, den der Vater / das Überich von innen heraus erteilt, verstanden werden. Ursprünglich hatten die Autoritätspersonen, die zur Überich-Bildung beigetragen haben, mit ähnlich lautenden Befehlen und Einstellungen versucht, die Triebansprüche des Patienten in dessen Kindheit zu unterdrücken bzw. zu verbieten.

„Ein Patient mit einem Waschzwang, der den Befehl empfindet ‚Geh und wasch dich', wiederholt einfach, was er als Kind gehört hat. Es ist nicht von Bedeutung, daß ihm die Eltern diesen Befehl gaben, damit sein Körper sauber sei, während er als Zwangsneurotiker den Befehl als Abwehr ‚schmutziger Gedanken' verwendet; denn als Kind hatte der Patient die Vorstellung, daß die Eltern ihm, wenn sie von seinen schmutzigen Gedanken gewußt hätten, befohlen haben würden, sich waschen zu gehen."

„Das Gleiche gilt für Zwänge, die nicht als Befehle, sondern eher als Drohungen empfunden werden. Der Patient entwickelt bei ihnen Zwangsvorstellungen darüber, was geschehen würde, wenn er der Versuchung nachgäbe. Er sagt sich z. B.: ‚Wenn du dies oder das unterläßt, mußt du sterben'; oder: ‚Wenn du dies oder das unterläßt, wirst du diese oder jene Buße tun müssen'; oder schließlich: ‚Wenn du dies tust oder das unterläßt, muß dein Vater sterben'. In der Analyse stellt sich heraus, daß die Handlungen, denen zuwidergehandelt werden muß oder die zu vermeiden sind, eine verpönte triebhafte Bedeutung besitzen. Im allgemeinen repräsentieren sie Bestrebungen des Ödipuskomplexes, der freilich in einer charakteristischen Weise verzerrt auftritt. Die drohenden Bestrafungen bedeuten entweder die Gefahr, von der der Patient einst annahm, sie sei mit der verbotenen Triebregung verbunden (Kastration oder Liebesverlust) oder sie bedeuten eine aktive Selbstbestrafung, die Kastration oder Liebesverlust abwehren (und an deren Stelle treten) soll. Die Drohung mit dem Tod des Vaters, die dieser Deutung sich nicht zu fügen scheint, kann als das plötzliche Bewußtwerden eines Angstsignals erklärt werden. Sie bedeutet: ‚Was du vorhast, ist nicht harmlos; in Wirklichkeit willst du deinen Vater töten; wenn du jetzt der Versuchung nachgibst, könnte das zum Mord an deinem Vater führen.'" (O. Fenichel: Psychoanalytische Neurosenlehre, 1975, Band II/111–112, Walter)

Zwangssymptome, die den Kampf zwischen den Triebansprüchen und dem Überich ausdrücken, sogenannte „zweizeitige Symptome" (Zwangshandlungen, bei denen der Kranke rasch hintereinander widersprechende Handlungen ausführen muß, deren zweite die erste wieder aufhebt):

Freuds berühmter „Rattenmann" (S. Freud: Bemerkungen über einen Fall von Zwangsneurose, 1909) sah sich veranlaßt, einen auf der Straße liegenden Stein auf die Seite zu räumen, weil ihm die Idee kam, jemand könne vielleicht an diesem Stein zu Schaden kommen, aber einige Minuten später fiel ihm ein, das sei doch ein Unsinn, und er mußte nun zurückgehen und den Stein wieder an seine frühere Stelle mitten auf die Straße legen.

Regression und ihre Bedeutung für die Zwangsneurose

„Bei der Zwangsneurose ist im Gegenteil die Regression der Libido auf die Vorstufe der sadistisch-analen Organisation das auffälligste und das für die Äußerung in Symptomen maßgebende Faktum. Der Liebesimpuls muß sich dann als sadistischer Impuls maskieren. Die Zwangsvorstellung: ich möchte dich ermorden, heißt im Grunde, wenn man sie von gewissen, aber nicht zufälligen, sondern unerläßlichen Zutaten befreit hat, nichts anderes als: ich möchte dich in Liebe genießen. Nehmen Sie dazu, daß gleichzeitig eine Objektregression stattgehabt hat, so daß diese Impulse nur den nächsten und den geliebtesten Personen gelten, so können Sie sich von dem Entsetzen eine Vorstellung machen, welches diese Zwangsvorstellungen beim Kranken erwecken, und gleichzeitig von der Fremdartigkeit, in welcher sie seiner bewußten Wahrnehmung entgegentreten. Aber auch die Verdrängung hat an dem Mechanismus dieser Neurosen ihren großen Anteil, ... Regression der Libido ohne Verdrängung würde nie eine Neurose ergeben, sondern in eine Perversion auslaufen ..." (S. Freud, Vorlesungen zur Einführung in die Psychoanalyse, Ges. W. XI/356)

„Die Erzwingung der Regression bedeutet den ersten Erfolg des Ichs im Abwehrkampf gegen den Anspruch der Libido ... Vielleicht noch klarer als bei normalen und hysterischen Fällen erkennt man bei der Zwangsneurose als den Motor der Abwehr den Kastrationskomplex, als das Abgewehrte die Strebungen des Ödipus-Komplexes. Wir befinden uns nun zu Beginn der Latenzzeit, die durch den Untergang des Ödipus-Komplexes, die Schöpfung oder Konsolidierung des Über-Ichs und die Aufrichtung der ethischen und ästhetischen Schranken im Ich gekennzeichnet ist. Diese Vorgänge gehen bei der Zwangsneurose über das normale Maß hinaus; zur Zerstörung des Ödipus-Komplexes tritt die regressive Erniedrigung der Libido hinzu, das Über-Ich wird besonders strenge und lieblos, das Ich entwickelt im Gehorsam gegen das Über-Ich hohe Reaktionsbildungen von Gewissenhaftigkeit, Mitleid, Reinlichkeit. Mit unerbittlicher, darum nicht immer erfolgreicher Strenge wird die Versuchung zur Fortsetzung der frühinfantilen Onanie verpönt, die sich nun an regressive (sadistisch-anale) Vorstellungen anlehnt, aber doch den unbezwungenen Anteil der phallischen Organisation repräsentiert. Es liegt ein innerer Widerspruch darin, daß gerade im Interesse der Erhaltung der Männlichkeit (Kastrationsangst) jede Betätigung dieser Männlichkeit verhindert wird, aber auch dieser Widerspruch ist in der Zwangsneurose nur übertrieben, er haftet bereits an der normalen Art der Beseitigung des Ödipuskomplexes. Wie jedes Übermaß den Keim zu seiner Selbstaufhebung in sich trägt, wird sich auch an der Zwangsneurose bewähren, indem gerade die unterdrückte Onanie sich in der Form der Zwangshandlungen eine immer weiter gehende Annäherung an die Befriedigung erzwingt." (S. Freud: Hemmung, Symptom und Angst, 1926, Ges. W. XIV/144)

„Beim Hysteriker haben wir angenommen, daß der verdrängte Gedanke zwar aus dem Bewußtsein schwindet, aber gerade aus der Neurose geschlossen werden kann, daß er im Unbewußten unverändert erhalten geblieben ist und von dort aus weiterwirkt. So weit uns bei der Analyse der Zwangsneurose im Unbewußten der Patienten der Ödipuskomplex begegnet, besteht hier kein Unterschied. Wenn wir aber neben dem Ödipuskomplex den Kampf gegenüber stark gewordenen prägenitalen Regungen aus der Zeit vor dem Ödipuskomplex auffinden, so liegt der Gedanke nahe, daß diese Regungen sich auf Kosten der abgewehrten Ödipusregungen breitmachen, daß die eigentlich phallischen Ödipusregungen tatsächlich um so viel geringer geworden sind, als die prägenitalen anal-sadistischen Regungen zugenommen haben. Wir können uns vorstellen, daß der Patient, als er seinen Ödipuskomplex abzuwehren suchte, partiell auf ältere anal-sadistische Regungen zurückgriff. Da auch diese anstößig waren oder das am Ödipuskomplex haftende anstößige Element durch die Regression nicht ganz ausgeschaltet werden konnte, mußte auch gegen diese anal-sadistischen Regungen ein weiterer Abwehrkampf durchgeführt werden, der zur Genese der Zwangsneurose führte. Vom Standpunkte des Ichs aus gesehen, wäre eine solche „Regression" eine Abwehrart, die koordiniert neben die Verdrängung träte. Sie schöbe sich zwischen Ödipuskonflikt und Symptombildung als gegenüber der Hysterie komplizierender Faktor neu ein ... Bei der hier in Betracht kommenden echten Regression werden die anstößi-

gen genitalen Ödipusregungen wirklich (wenn auch nicht gänzlich) aufgehoben und durch die gesamte prägenitale Wunschwelt, mit den an ihr haftenden Eigenschaften (Ambivalenz, Bisexualität, sadistische Sexualauffassung usw.) ersetzt ... Die unmittelbare Wirkung der Regression ist eine zweifache: Der starkwerdende Sadismus verdichtet sich mit dem ursprünglich aus dem Ödipuskomplex stammenden Haß gegen den gleichgeschlechtlichen Elternteil und fordert dadurch weitere Abwehr heraus, und die hervortretende Analerotik bringt ein Ausweichen aus der phallisch-aktiven in die anal-passive Haltung, beim Manne also ein Hervortreten der feminin-homosexuellen Züge, die dem Ich ebenfalls meist anstößig erscheinen. Das Schwanken zwischen dieser durch die Regression in die Höhe getriebenen femininen und der ursprünglichen, durch den Sadismus noch übertriebenen männlichen Haltung macht einen der typischen Konflikte des zwangsneurotischen Unbewußten aus ... Der typische Verlauf ist folgender: Eine aktiv-phallische Ödipuseinstellung wird durch die Vorstellung, die Befriedigung würde den Penis kosten, gehemmt. Die Regression erzwingt die feminine Einstellung. Alle (aktive) Sexualbefriedigung ist derart mit der Angstvorstellung der Kastration verlötet, daß schließlich die eine ohne die andere nicht mehr denkbar ist, der Sexualtrieb keine andere Möglichkeit mehr hat, als die Kastration selbst zu bejahen, sie zum Triebziel zu machen. (Kastration als Vorbedingung der Möglichkeit femininer Befriedigung). Eine solche Einstellung hebt aber nicht etwa die Kastrationsangst auf, sondern Kastrationsangst und Kastrationssehnsucht haben nebeneinander Platz. Die Kranken suchen unbewußt die Kastration nur etwa so auf, wie Kinder die Sensationen der Angst in der Freude an gruseligen Märchen aufsuchen. Die entsprechenden Wünsche, Phantasien oder Handlungen müssen den Charakter des Unernsten, Spielerischen behalten, sie müssen ‚Kastrationsersatzbildungen' anstreben und nicht die Kastration selbst. Oft werden nach kastrationssymbolischen Spielen und Handlungen Zeremoniells mit dem Sinn des ‚Ungeschehen-Machens' ausgeführt; auch dürfen solche Maßnahmen über eine gewisse Intensitätsgrenze nicht hinausgehen. Widrigenfalls die Lust in manifeste Angst umschlägt. Man muß sich auch vor Augen führen, daß man nicht jede passiv-feminine Strebung eines Mannes als ‚Kastrationslust' bezeichnen darf. Der Mann möchte in seinen Körper etwas eingeführt erhalten, nicht aber kastriert werden. Die Idee, daß die Erfüllung solchen Wunsches den Preis der Kastration kosten könnte, erregt nicht Erhöhung der Sehnsucht, sondern maximale Angst, die dann das Motiv zur Verdrängung der Sehnsucht abgibt."
(O. Fenichel: Hysterien und Zwangsneurosen, 1973/109–113, Wissenschaftliche Buchgesellschaft Darmstadt)

Der anale Charakter

Definition: Als typische anale Charakterzüge werden Ordentlichkeit, Sparsamkeit und trotziger Eigensinn beschrieben, die teils als Reaktionsbildungen gegen, teils als Sublimierungen von analerotischen Triebwünschen verstanden werden können.

„In der Schleimhaut, mit der After und Darmkanal ausgekleidet sind, kann ebenso wie in den Schleimhäuten der Mundhöhle durch einen entsprechenden Reiz sexuelle Erregung ausgelöst werden. Daß die Stärke der Erregung von der Stärke des auslösen-

den Reizes abhängt, macht sich schon der Säugling häufig zunutze, der gelegentlich
die Darmentleerung eigensinnig aufschiebt, um dadurch den Lustgewinn der Defäkation zu erhöhen; eine Gewohnheit, die in späteren Jahren leicht zu chronischer Stuhlverstopfung führen kann. Die auf solchen Wegen gewonnene Lust wird gewöhnlich schon
im zarten Alter so vollkommen verdrängt, daß die meisten Erwachsenen gar nicht
mehr imstande sind, aus Reizungen der Afterzone einen Lustgewinn zu ziehen; immerhin gibt es noch eine Anzahl von Menschen, die diese Fähigkeit beibehalten haben.
Die psychische Energie, die auf die mit der Afterzone zusammenhängenden Wünsche
und Erregungen verwendet wurde, wird fast vollständig in andere Richtungen gelenkt
und führt schließlich zu ... Sublimierungen und Reaktionsbildungen ... Wenn wir das
Verhalten des Kindes bei der Defäkation und dessen Einfluß auf die Charakterentwicklung ins Auge fassen, so fallen uns mit wechselnder Deutlichkeit zwei typische Züge
auf: erstens das Bemühen des Kindes, aus der Entleerung so viel Lust als möglich zu
gewinnen, zweitens seine Anstrengungen, im Gegensatze zu den Erziehungswünschen
seiner Umgebung, das Selbstbestimmungsrecht darüber zu bewahren." (E. Jones: Über
analerotische Charakterzüge, 1978/116–118, Ullstein)

 „Vor allem muß man die beiden grundlegenden Phasen des [Defäkations-]Vor-
gangs auseinanderhalten, nämlich die erste des ‚Zurückhaltens' und die zweite des
‚Hergebens', da jeder von ihnen gesondert eine Reihe von Eigenschaften entstammt.
Jeden äußeren Widerstand gegen das ‚Zurückhalten' oder ‚Hergeben' weist die betreffende Person mit Unwillen zurück; dieses Verhalten kann zu stark ausgeprägter Individualität, zu Eigenwillen, Eigensinn, Reizbarkeit und schlechter Laune führen. Schwer-
fälligkeit, Hartnäckigkeit und Konzentrationsfähigkeit, mit einem Streben nach Gründlichkeit und Vollkommenheit, sind Eigenschaften, zu denen beide Phasen gleichmäßig
ihren Beitrag liefern.

 Die spätere Charakterentwicklung hängt hauptsächlich von den Wechselbeziehungen der zu den verschiedenen Phasen gehörigen Einstellungen ab und von dem Ausmaß, in dem der Betreffende mit der Entwicklung von Sublimierungen und Reaktionsbildungen auf jede reagiert. Die Sublimierungen führen zu zwei einander entgegengesetzten Charaktertypen: einerseits Sparsamkeit von Dingen mit einer großen Fähigkeit
zur Zärtlichkeit, solange die geliebte Person unterwürfig bleibt; der andere Typus zeigt
mehr Produktivität und Schaffensfreude, die Neigung irgend jemandem oder etwas
den Stempel der eigenen Persönlichkeit aufzudrücken, eine Vorliebe für Modellieren
und Formen mit einer großen Freude am Schenken, besonders geliebten Personen gegenüber. Die Reaktionsbildungen führen zu Ordentlichkeit, Reinlichkeit, Pedanterie
und einer Abneigung gegen Vergeudung; sie leisten auch bedeutende Beiträge zum
Aufbau der ästhetischen Neigungen." (E. Jones: Über analerotische Charakterzüge,
1978/141, Ullstein)

Daraus lassen sich weitere, durchaus im Spektrum des Normalen liegende
Charakterzüge und Eigenheiten ableiten, die zumindest teilweise mit der Ana-
lität in Verbindung gebracht werden müssen:
- die Neigung, Aufgaben so lange wie nur möglich hinauszuschieben, mit
  der Erledigung praktisch bis zum letzten Augenblick zu warten,
- eine überstarke Empfindlichkeit gegen Einmischungen,

- ein unbeirrtes Beharren bei einmal begonnenen Unternehmungen,
- einen Hang zur Pedanterie,
- ein Streben nach Vollkommenheit,
- Wechsel von Phasen der Gründlichkeit, Beharrlichkeit und Tatkraft sowie Zeiten, in denen Hemmung, Zaudern und untätiges Brüten im Vordergrund stehen,
- eine überstarke Empfindlichkeit für jede Art von Ungerechtigkeit,
- eine besondere Reizbarkeit,
- eine scharf ausgeprägte Individualität,
- ein hervorstechendes Streben nach Selbstbeherrschung,
- eine auffallende Neigung, sich mit der Rückseite der Dinge zu beschäftigen,
- eine besondere Wertschätzung für Geld,
- ein ausgeprägtes Streben nach sammeln, Schätze anzuhäufen,
- stark ausgeprägte Herrschsucht dem geliebten Objekt gegenüber,
- Unduldsamkeit gegenüber Unordnung,
- Verläßlichkeit, Gründlichkeit, Pflichttreue.

Der Zwangscharakter

Definition: Als Zwangscharaktere können jene Personen bezeichnet werden, die nur wenige oder gar keine Symptome einer Zwangsneurose zeigen, aber dennoch ihr Leben so gestalten wie ein Zwangsneurotiker. Sie fühlen sich dementsprechend im engeren Sinne nicht krank, obwohl es sich um eine (Charakter-)Neurose handelt.

Unterschiede der Zwangsneurose zur Hysterie

In der Hysterie ist es der Körper, der sich eigenmächtig benimmt, in der Zwangsneurose die Psyche. In der Zwangsneurose tritt an die Stelle der Abwehr durch Motorik und Körpersprache eine Abwehr durch Denkarbeit.

1. **Bewußtwerden von Vorstellungsinhalten von an sich anstößigen Triebimpulsen.** Bei der Hysterie sind die veranlassenden Erlebnisse in der Kindheit verdrängt, bei der Zwangsneurose lediglich die Zusammenhänge mit den daraus resultierenden Symptombildungen, sodaß dem Zwangsneurotiker seine pathogenen Kindheitserfahrungen oft zur Gänze bewußt sind, während sie bei der Hysterie der typischen Kindheitsamnesie (dem „Vergessen") anheimgefallen sind.

2. Typischerweise **überwiegt bei den Symptomen der Abwehrcharakter,** Abwehrsymptome sind wesentlich häufiger als Befriedigungssymptome.

3. Eine wesentlich **ausgeprägtere narzißtische Komponente.**

4. Das **Überich spielt eine herausragende Rolle** im unbewußten Konfliktgeschehen, sodaß eine wichtige, selten zu vermissende Bedeutung der Symptome darin besteht, das Überich zu versöhnen: Wiedergutmachung, Versöhnung und Ungeschehenmachen als wichtige Abwehrmanöver.

5. **Zweizeitige Symptombildung,** d. h. der Patient muß rasch hintereinander einander widersprechende Handlungen ausführen, wobei die zweite die erste wieder aufheben soll.

6. **Vorherrschen von anal-sadistischen Regungen:**

„Ein Patient klagt über zweierlei Zwangsimpulse: Erstens hatte er beim Anblick einer Frau den Gedanken: Ich könnte diese Frau töten. Zweitens beim Anblick von gefährlichen Instrumenten (Messer, Hammer): Ich könnte mir damit mein Glied abschneiden oder abhacken. – Die nähere Befragung ergibt, daß der erste Impuls zuerst in der Form aufgetreten war: Ich könnte meine Mutter töten. Die Ausdehnung auf alle Frauen war bereits eine entstellende Verallgemeinerung. Wenn wir nun weiter erfahren, daß der Betreffende sexuell asketisch lebte und nur eine Form von Sexualbefriedigung kannte, Pollutionsträume mit der Vorstellung, daß er eine Frau erwürge oder sonstwie töte, so ist wohl kein Zweifel, daß die gegen Frauen gerichteten Mordimpulse nur ein entstellter Ausdruck für seine sexuellen Gelüste waren. Machen wir diese Entstellung rückgängig, so leidet also der Patient an den beiden Impulsen: Die Mutter sexuell zu vergewaltigen und sich das Glied abzuhacken, ein zweiseitiges Symptom, dessen erste Hälfte die Befriedigung des Ödipuswunsches, dessen zweite die dafür gefürchtete Strafe, die Kastration darstellt." (O. Fenichel, Hysterien und Zwangsneurosen, 1973/ 105, Wissenschaftliche Buchgesellschaft Darmstadt)

Das Beispiel zeigt, daß es sich inhaltlich nicht um irgendeine infantile Bindung an das inzestuöse Objekt (eine Elternfigur oder deren Vertreter) handelt, sondern um die spezifisch sadistische Form dieser Bindung. Daher kommt es, daß der Patient im Symptom sagt „die Mutter töten", wo er eigentlich zu meinen scheint, „mit der Mutter sexuell verkehren". Unverhüllte oder verhüllte Grausamkeitstendenzen oder Reaktionsbildungen auf solche anal-sadistischen Tendenzen sind dementsprechend regelmäßig bei Zwangsneurosen aufzudecken.

7. Es besteht eine **besonders innige Relation der meisten Zwangssymptome zur kindlichen Onanie,** deren Abwehr und dem Sich-dennoch-Durchsetzen.

8. **Typische anale/zwanghafte Charakterzüge** wie z. B. überkompensierende Güte, Unfähigkeit zu jeder, auch der praktisch notwendigen Aggression, Sinn für Gerechtigkeit, Ordnung und Reinlichkeit, Peinlichkeit in Geldangelegenheiten; das gesamte Denken nimmt eine trotzige, eigensinnige Ei-

genart an, durchsetzt von merkwürdigem Aberglauben, an den der Patient selbst nicht glauben kann und an dem er dennoch festhält.

Auszug aus den Originalnotizen, die S. Freud bei der Behandlung eines zwangsneurotischen Patienten anfertigte, der später als „Rattenmann" durch die Publikation seines „Falles" (S. Freud: Bemerkungen über einen Fall von Zwangsneurose, 1909) berühmt wurde:

„1. Oktober 07
Dr. Lorenz, 29 1/2 J. leide an Zw, seit 1903 besonders stark, datire aber seit Kindheit. Hauptinhalt Befürchtungen, daß zwei Personen, die er sehr liebe, etwas geschehe: dem Vater und einer Dame, die er verehre. Außerdem Zwangsimpulse z. B. sich mit dem Rasiermesser den Hals abzuschneiden, Verbote, die sich auch auf gleichgültige Dinge beziehen. Er habe Jahre in seinem Studium durch den Kampf gegen seine Idee verloren, sei darum erst jetzt Gerichtspraktikant. In seiner Berufstätigkeit machen sich die Gedanken nur geltend, wenn es sich um Strafrechtliches handle. Er leide auch unter dem Impulse der von ihm verehrten Dame etwas anzutun, der in ihrer Gegenwart meist schweige, in ihrer Abwesenheit hervortrete. Die Entfernung von ihr, die in Wien lebt, habe ihm aber immer wohlgetan. Genützt habe ihm nichts von den versuchten Kuren bis auf eine Wasserkur in München, die ihm aber darum so wohlgetan, weil er dort eine Bekanntschaft machte, die zu regelmäßigem Sexualverkehr führte. Hier habe er keine solche Gelegenheit, verkehre sehr selten und unregelmäßig, wenn sich einmal etwas ergäbe. Vor Prostituierten habe er Ekel. Sein Sexualleben sei kümmerlich gewesen, Onanie nur sehr geringe Rolle im 16.–17. Jahr, Potenz normal. Erster Coitus mit 26 Jahren.

Er macht den Eindruck eines klaren scharfsinnigen Kopfes. Nachdem ich ihm die Bedingungen genannt, meint er, er müsse mit seiner Mutter sprechen, kommt am nächsten Tag wieder und nimmt an.

Erste Sitzung [Mittwoch, 2. Oktober]
Nachdem ich ihm die beiden Hauptbedingungen der Behandlung mitgeteilt und ihm den Beginn freigestellt:
Er habe einen Freund, den er außerordentlich hochstelle, Dr. Springer, zu dem gehe er immer, wenn ihn ein verbrecherischer Impuls plage und frage ihn, ob er ihn als Verbrecher verachte. Der halte ihn aufrecht, indem er ihm versichere, daß er ein tadelloser Mensch sei, der sich wahrsch[einlich] von Jugend auf gewöhnt habe, sein Leben unter solchen Gesichtspunkten zu betrachten. Einen ähnlichen Einfluß habe früher einmal ein anderer auf ihn geübt, ein Herr Loewy, Mediziner, der etwa 19Jahre älter war als er selbst 14–15 war, Gefallen an ihm und seinem Bruder fand und sein Selbstgefühl außerordentlich hob, sodaß er sich als Genie vorkommen durfte. L. wurde später ein Hauslehrer und änderte dann sein Benehmen, indem er ihn zum Trottel herabsetzte. Als sie eines Tages mit einem Kollegen von L. spazieren gingen, veranlaßte L. diesen, ihm medizinische Bären aufzubinden, und als er sie glaubte, machten sich beide über seine Dummheit lustig. Er merkte später, daß L. sich für eine seiner Schwestern interessierte und sich mit den Brüdern nur eingelassen habe, um Zutritt ins Haus zu gewinnen. Es war dies die erste große Erschütterung seines Lebens.

Er fährt unvermittelt fort. Mein Sexualleben hat sehr früh begonnen. Ich erinnere mich einer Szene aus meinem 4.–5. Jahr (vom 6. Jahr ist meine Erinnerung überhaupt vollständig), die mir Jahre später klar aufgetaucht ist. Wir hatten eine sehr schöne junge Gouvernante, Frl. Peter [der Name fällt mir auf][1]. Die lag eines Abends leicht bekleidet auf dem Sofa und las, ich lag neben ihr und bat sie um Erlaubnis, unter ihre Röcke zu kriechen. Sie erlaubte es, wenn ich niemand etwas davon sagen würde. Sie hatte wenig an, und ich betastete sie an den Genitalien und am Leib, der mir ‚kurios‘ vorkam. Seitdem blieb mir eine brennende, peinigende Neugierde, den weiblichen Körper zu sehen. Ich weiß, mit welcher Spannung ich im Bad, wohin ich noch mit dem Fräulein und den Schwestern gehen durfte, darauf wartete, bis das Fräulein ausgekleidet ins Wasser stieg. Mehr erinnere ich mich vom 6. Jahr an. Wir hatten dann ein anderes Fräulein, auch jung und schön, die Abszesse am Gesäß hatte, welche sie abends auszudrücken pflegte. Ich lauerte auf den Moment, um meine Neugierde zu stillen. Ebenso im Bad, obwohl Fräulein Lina (er nennt auch den anderen Namen) zurückhaltender war als die erste. Auf Fragen: ich schlief nicht regelmäßig in ihrem Zimmer, meist bei den Eltern. Ich erinnere eine Szene, wo ich 7 Jahre gewesen [sein] muß (später gibt er die Wahrscheinlichkeit eines späteren Jahres zu). Wir saßen am Abend, das Fräulein, die Köchin Resi, ein anderes Mädchen, ich und mein um 1 1/2 Jahre jüngerer Bruder, beisammen. Ich vernahm plötzlich aus dem Gespräch der Mädchen, wie Fräulein Lina sagte, mit dem Kleinen könnte man das schon machen, aber der Paul (er) sei zu ungeschickt, er werde gewiß daneben fahren. Ich verstand nicht klar, was gemeint war, verstand aber die Zurücksetzung und begann zu weinen. Lina tröstete mich und erzählte mir dann, wie ein Mädchen, das etwas Derartiges mit einem Buben, der ihr anvertraut war, gemacht hatte, für mehrere Monate eingesperrt wurde. Ich glaube nicht, daß sie mich geschlechtlich mißbraucht hat, aber ich nahm mir viel Freiheit gegen sie heraus. Wenn ich zu ihr ins Bett kam, deckte ich sie auf und rührte sie an, was sie sich ruhig gefallen ließ. Sie war nicht sehr intelligent und offenbar geschlechtlich sehr bedürftig. Sie war 23 Jahre alt, hatte schon ein Kind gehabt und wenig Gelegenheit, ihren Geliebten zu sehen. Dieser hat sie später geheiratet, sodaß sie jetzt die Frau eines höheren Staatsbeamten ist. Ich sehe sie nicht oft.

Ich halte mich bei Fräulein Peter auf und will deren Vornamen wissen. Den weiß er nicht. Ob er sich nicht wundere, den Rufnamen, der ja ein Frauenzimmer so ausschließlich bezeichne, vergessen und den Familiennamen bemerkt zu haben. Er wundert sich nicht darüber; ich erkenne ihn aber nach seiner Einleitung und dem Kompromiß ‚Peter‘ als Homosexuellen.

Ich habe schon mit sechs Jahren Erektionen gelitten und weiß, daß ich einmal zur Mutter ging, um mich darüber zu beklagen. Ich weiß auch, daß ich dabei Bedenken zu überwinden hatte, denn ich ahnte den Zusammenhang mit meinen Vorstellungen und meiner Neugierde und hatte eine Zeitlang die krankhafte Idee, die Eltern wüßten meine Gedanken, was ich mir so erklärte, daß ich sie laut ausspreche, ohne es aber selbst zu hören. Ich sehe hierin den Beginn meiner Krankheit. Es gab Personen, Mädchen, die mir sehr gefielen und die ich mir dringendst nackt zu sehen wünschte. Ich hatte aber bei diesen Wünschen ein unheimliches Gefühl, als müßte etwas geschehen, wenn ich

---

1 Eckige Klammern von Freud. - Zur Bedeutung des Namens der Gouvernante s. unten, S. 511, vgl. auch Ges. W., Bd. 7, S. 386, Anm. 1; Studienausgabe, Bd. 7, S. 39, Anm. 2

das dächte und ich mußte allerlei tun, um es zu verhindern. Als Probe dieser ersten Befürchtungen gibt er an, ,z. B. mein Vater würde sterben' (das Beispiel ist die Sache
selbst). Gedanken an den Tod meines Vaters haben mich frühzeitig und durch lange
Jahre beschäftigt und sehr traurig gestimmt.
    Sein Vater ist (wann?) gestorben.
    Zweite Sitzung [Donnerstag, 3. Oktober]
    Ich denke, ich will heute mit dem Erlebnis beginnen, welches der direkte Anlaß für
mich war, Sie aufzusuchen. Es war im August während der Waffenübung in Galizien.
Ich war vorher elend und habe mich mit allerlei Zwangsgedanken gequält, die aber
während der Übung bald zurücktraten. Es hat mich interessiert, den Offizieren zu zeigen, daß man nicht nur etwas gelernt hat, sondern auch etwas aushält. – Eines Tages
machten wir von Spas[2] aus einen kleinen Marsch. Auf der Rast verlor ich meinen
Zwicker und obwohl ich ihn leicht hätte finden können, wollte ich doch den Aufbruch
nicht verzögern und verzichtete darauf. Telegraphierte dafür nach Wien an den Opti-
ker, er solle mir umgehend einen Ersatzzwicker schicken. Auf derselben Rast nahm ich
Platz zwischen zwei Offizieren, von denen einer ein Hauptmann mit czechischem Namen[3] aber Wiener für mich bedeutsam wird. Ich habe eine gewisse Angst vor dem
Manne gehabt, denn er liebte offenbar das Grausame. Ich will nicht behaupten, daß er
schlecht war, aber er war z. B. während der Offiziersmenage wiederholt für die Einführung der Prügelstrafe eingetreten und ich hatte Gelegenheit gehabt, ihm energisch
zu widersprechen. Auf der Rast kamen wir nun ins Gespräch und der Hauptmann erzählte, daß er von einer besonders schrecklichen Strafe im Orient gelesen habe …
    Hier unterbricht er sich, steht auf und bittet mich, ihm die Schilderung der Details
zu erlassen. Ich versichere, daß ich selbst gar keine Neugier zur Grausamkeit habe, ihn
gewiß nicht gerne quäle, daß ich aber ihm natürlich nichts schenken könne, worüber
ich keine Macht habe. Ebenso könne er mich bitten, ihm zwei Kometen zu schenken.
Die Überwindung von Widerständen sei ein Gebot der Kur, über das wir uns natürlich
nicht hinwegsetzen könnten [den Begriff Widerstand hatte ich ihm zu Anfang der
Stunde mitgeteilt, als er erwähnte, er habe vieles in sich zu überwinden, wenn er sein
Erlebnis mitteilen solle][4]. Ich fuhr fort, aber was ich tun könne, um etwas von ihm An-
gedeutetes voll zu erraten, solle geschehen. Ob er etwa die Pfählung meine? – Nein,
das nicht. Sondern der Verteilte werde angebunden – er drückte sich so undeutlich aus,
daß ich nicht gleich wußte, in welcher Stellung – über sein Gesäß ein Topf gestülpt
und in diesen Ratten eingelassen, die sich dann – er war wieder aufgestanden und gab
alle Zeichen des Grauens und Widerstandes – einbohrten. In den After, durfte ich er-
gänzen. Ich habe ja nach den Äußerungen der ersten Sitzung[5] die homosexuelle Komponente erkannt.
    Bei allen wichtigeren Momenten der Erzählung merkt man an ihm eine sonderbare
Miene, die ich nur als Grausen vor seiner ihm selbst unbekannten Lust[6] deuten kann.
Er fährt mit allen Schwierigkeiten fort. In dem Moment durchzuckte mich eine Vorstellung, daß dies mit einer mir teuern Person geschehe. [[7]Er sagt Vorstellung, das stär-

---

2 Ort in der früheren, österreichisch-ungarischen Provinz Galizien, heute Ukraine
3 Der unten, S. 516, erwähnte Hauptmann Novak
4 Eckige Klammern von Freud
5 Siehe oben, S. 511
6 Hierauf kommt Freud unten, S. 526, nochmals zurück
7 Eckige Klammer, die wohl nach „gedeckt" hätte geschlossen werden sollen, von Freud

kere und richtigere ‚Wunsch' ist offenbar durch Zensur gedeckt. Die eigen[tümliche] Unbestimmtheit seiner Ausdrucksweise kann ich leider nicht wiedergeben. Auf direkte Frage bestätigt er, daß nicht er selbst dieser Person die Strafe antue, sondern daß sie – unpersönlich – an ihr vollzogen werde. Nach kurzem Raten weiß ich, daß es die von ihm verehrte Dame ist, die er da meint.

Wir machen halt, um einiges über diese Zwangsideen im Gespräch auszutauschen. Er hebt hervor, wie fremd und feindselig sich diese Gedanken ihm gegenüber stellen und mit welch außerordentlicher Raschheit sie und alles, was sich weiter an sie knüpft, ablaufen. Mit der Idee selbst ist auch die ‚Sanktion' da; so heißt er die Abwehrmaßregel, das was er tun muß, damit sich eine solche Phantasie nicht wirklich erfülle. Er erwähnt nicht, welches die Sanktionen waren, die ihm gleichzeitig einfielen; aber es gelang ihm, sich beider mit seinen gewöhnlichen Formeln: ein ‚Aber' mit einer wegwerfenden Handbewegung, ein ‚Was fällt dir denn ein' für längere Zeit zu erwehren.

Am nächsten Abend überreichte ihm der Hauptmann ein mit der Post angelangtes Paket und sagte: Der Oberleutnant David hat die Nachnahme für dich ausgelegt, du mußt sie ihm zurückgeben. In dem Paket befand sich der bestellte Zwicker. In diesem Moment gestaltete sich ihm eine Sanktion: Nicht das Geld zurückgeben, sonst geschieht das; er meinte, seine Phantasie verwirkliche sich. Und nach einem ihm bekannten Typus bildete sich ein Gebot wie ein Eid zur Bekämpfung dieser Sanktion: Du mußt dem Oberleutnant David die 3 Kronen 80 zurückgeben, was er beinahe halblaut vor sich hinsagte.

Er unterbricht hier, um sich über das mangelnde Verständnis der Ärzte, die er konsultiert, zu beklagen. Als er Wagner von Jauregg[8] nur einige Andeutungen über den Inhalt seiner Zwangsgedanken machte, hatte dieser ein mitleidiges Lächeln, und als er das Beispiel anführte, es gebe bei ihm Ideen, die ihn nötigten, eine Prüfung zu einem bestimmten Termin abzulegen, obwohl er mit der Vorbereitung nicht fertig sei und gar nichts daran läge, sie zehn Tage später zu machen, sagte W.: ‚Eine wohltätige Zwangsvorstellung'. Nun, es gäbe keine wohltätigen Zwangsvorstellungen; jeder Zwang, auch wenn er zum Richtigen gezwungen werde, sei ihm als krankhaft verhaßt.

Er habe eine Zeit gehabt, in der er weit ärger als jetzt von gebieterischen Zwangsimpulsen gepeinigt wurde, z. B. du wirst dir jetzt im Moment ein Messer ins Herz stechen und wo ihn der Kampf mit diesen und den gegen sie gerichteten Abwehren aufs äußerste erschöpfte. Da kam ihm einmal die Idee, wenn einmal das Gebot zum Zwang würde: Du wirst nie einer Zwangsidee nachgeben [⁹Er läßt aus, daß dies die Erlösung für ihn hätte werden können]. Aber er wies sie sofort von sich, denn er wollte lieber kämpfen und leiden als zu etwas, auch zu einem Schutz, gezwungen werden. Einmal bemächtigte sich diese Idee seiner doch einmal in einem Zustand von Erschöpfung. Welche Änderung damit verbunden war, davon geht er ab.

Diese Einschaltung bezieht sich offenbar auf sein Sträuben gegen die letzte positive mit der gesunden Vernunft völlig übereinstimmende Zwangsidee. Er hat noch fortzusetzen, macht aber neue Schwierigkeiten, es sei ihm in der Tat wie durch ein Verbot erschwert von dem, was jetzt komme, zu reden; es [sei] als ob es, wenn er rede, geschehen müßte. Dieses Verbot bestand schon vor der Kur; als ich von den Bedingungen der Kur sprach, verschärfte es sich. Seine Idee war sofort, wie wirst du über diese Schwie-

---

8 Julius Wagner-Jauregg (1857-1940), Professor der Psychiatrie an der Universität Wien und
   Nobelpreisträger. Siehe auch unten, S. 708
9 Eckige Klammer von Freud; er hat sie wiederum nicht geschlossen

rigkeiten wegkommen. – Ich sage, das sei ein besonderes Raffinement der Krankheit, sich solcher Art vor dem Angriff durch seine Geisteskräfte zu schützen. „Schlau" ist das richtige Wort, meint er, aber manchmal hat es den Anschein, als ob auch die äußeren Verhältnisse schlau wären.

Ich bin zu meinem Rechnungsunteroffizier gegangen und habe ihm den Auftrag gegeben, Oberstleutnant David die 3 Kronen 80 zu bringen, habe mich dabei über das eidliche Gebot hinausgesetzt, denn das lautet: Du wirst dem David die 3.80 zurückgeben, also ich selbst, kein anderer. Er kam zurück und meldete, der David sei auf Vorposten. Da war mir also leicht, ich hatte die Eidverletzung gespart. Ein Offizier, der in die kleine Stadt ging, bot mir an, die Summe für mich bei der Post zu bezahlen, aber da widerstand ich, denn ich hielt mich an den Wortlaut (nicht klar, wie David zur Post geht). Ich traf endlich David und bot ihm die 3.80 die er für mich ausgelegt hat, an. Er lehnte ab: Ich habe nichts für dich ausgelegt. In dem Moment packte mich die Idee: es kommen Schwierigkeiten, daß ‚Alle' jener Strafe verfallen werden (weil er seinen Eid nicht halten könne). Alle bedeutet hauptsächlich: sein verstorbener Vater und jene Dame.

Er fühlt das Bedürfnis nach einer Aufklärung. Er müßte bemerken, daß er von Anfang an, auch bei allen früheren Befürchtungen, daß seinen Lieben etwas geschehen werde, er diese Strafen nicht in die Zeitlichkeit sondern ins Jenseits, in die Ewigkeit verlegt habe. Er war sehr gewissenhaft religiös bis zum 14./15. Jahr, von wo an er sich bis zum heutigen Freidenkertum entwickelte. Er gleiche den Widerspruch aus, indem er sich sage: Was weißt du vom Leben im Jenseits? Was wissen die Anderen davon! Man kann ja doch nicht wissen; du riskierst ja nichts, als tuís. Er nützt also die Unsicherheit der Vernunft aus. Nachdem ich ihn auf die Bedeutung des infantilen Moments in seiner Religiosität aufmerksam gemacht und ihm angedeutet habe, daß man eben in der Kindheit die Zusammenhänge seines unwillkürlichen Denkens mit seinem bewußt normalen finden werde, bemerkt er, die biblischen Geschichten hätten ihm als Kind sehr gefallen, aber alles, was von Strafe drin vorkäme, hätte schon damals den Zwangscharakter für ihn gehabt.

Er erwähnt noch, daß er nach der Mitteilung Davids folgenden Weg ausgeklügelt, wie er dem Wortlaut seines Eides gerecht werden könne. Er gehe mit David zur Post, dort zahle dieser die 3.80 am Schalter und er gebe sie ihm gleich darauf zurück.

Er reagiert einmal auf meine Bemerkung, daß ich selbst nicht grausam sei, indem er mich ‚Herr Hauptmann'[10] anspricht. Bei der Klage über das Unverständnis der Ärzte lobt er mich in diskreter Weise und erwähnt, daß er einen Auszug aus meiner Traumtheorie gelesen hat." (S. Freud: Originalnotizen zu einem Fall von Zwangsneurose, Ges.W. Nachtragsband, 1987/509–515)

---

10 Eine Bezugnahme auf den oben, S. 512, erwähnten Hauptmann, der „offenbar das Grausame" „liebte"

5. Vorlesung

Das Borderline-Syndrom

Lehrziel
Einführung in ein psychoanalytisches Verständnis von schweren Persönlich-
keitsstörungen und deren strukturellen Determinanten

Weiterführende Literatur
O. F. KERNBERG: Borderline-Störungen und pathologischer Narzißmus,
   Suhrkamp Verlag
O. F. KERNBERG: Objektbeziehungen und Praxis der Psychoanalyse, Klett-
   Cotta
O. F. KERNBERG: Innere Welt und äußere Realität, Verlag Internationale
   Psychoanalyse
O. F. KERNBERG: Schwere Persönlichkeitsstörungen, Klett-Cotta

Stichworte
Strukturelle Determinanten des Borderline-Syndroms, Strukturelles Interview,
Identität, Identitätsdiffusion, Fähigkeit zur Realitätsprüfung, primitive Ab-
wehrmechanismen (Spaltung, projektive Identifizierung, Idealisierung und
Entwertung, Omnipotenz), Differentialdiagnose von normalen/neurotischen,
Borderline- und psychotischen Strukturen

„Ich befinde mich einen Moment lang in der interessanten Lage nicht zu wissen, ob
das, was ich mitteilen will, als längst bekannt und selbstverständlich oder als völlig neu
und befremdend gewertet werden soll. Ich glaube aber eher das letztere.
   Es ist mir endlich aufgefallen, daß das jugendliche Ich der Person, die man Jahrzehnte später als analytische Patienten kennen lernt, sich in bestimmten Situationen
der Bedrängnis in merkwürdiger Weise benommen hat. Die Bedingung hierfür kann
man allgemein und eher unbestimmt angeben, wenn man sagt, es geschieht unter der
Einwirkung eines psychischen Traumas. Ich ziehe es vor, einen scharf umschriebenen
Einzelfall hervorzuheben, der gewiß nicht alle Möglichkeiten der Verursachung deckt.
Das Ich des Kindes befinde sich also im Dienste eines mächtigen Triebanspruchs, den
zu befriedigen, es gewohnt ist, und wird plötzlich durch ein Erlebnis geschreckt, das

ihn lehrt, die Fortsetzung dieser Befriedung werde eine schwer erträgliche reale Gefahr zur Folge habe. Es soll sich nun entscheiden: entweder die reale Gefahr anerkennen, sich vor ihr beugen und auf die Triebbefriedigung verzichten, oder die Realität verleugnen, sich glauben machen, daß kein Grund zum Fürchten besteht, damit es an der Befriedigung festhalten kann. Es ist also ein Konflikt zwischen dem Anspruch des Triebes und dem Einspruch der Realität. Das Kind tut aber keines von beiden, oder vielmehr, es tut gleichzeitig beides, was auf dasselbe hinauskommt. Es antwortet auf den Konflikt mit zwei entgegengesetzten Reaktionen, beide gültig und wirksam. Einerseits weist es mit Hilfe bestimmter Mechanismen die Realität ab und läßt sich nichts verbieten, andererseits anerkennt es im gleichen Atem die Gefahr der Realität, nimmt die Angst vor ihr als Leidenssymptom auf sich und sucht sich später ihrer zu erwehren. Man muß zugeben, das ist eine sehr geschickte Lösung der Schwierigkeit. Beide streitenden Parteien haben ihren Teil bekommen; der Trieb darf seine Befriedigung behalten, der Realität ist der gebührende Respekt gezollt worden. Aber umsonst ist bekanntlich nur der Tod. Der Erfolg wurde erreicht auf Kosten eines Einrisses im Ich, der nie wieder verheilen, aber sich mit der Zeit vergrößern wird. Die beiden entgegengesetzten Reaktionen auf den Konflikt bleiben als Kern einer Ichspaltung bestehen. Der ganze Vorgang erscheint uns so sonderbar, weil wir die Synthese der Ichvorgänge für etwas Selbstverständliches halten. Aber wir haben offenbar darin Unrecht. Die so außerordentlich wichtige synthetische Funktion des Ichs hat ihre besonderen Bedingungen und unterliegt einer ganzen Reihe von Störungen.

Es kann nur von Vorteil sein, wenn ich in diese schematische Darstellung die Daten einer besonderen Krankengeschichte einsetze. Ein Knabe hat im Alter zwischen drei und vier Jahren das weibliche Genitale kennen gelernt durch Verführung von Seiten eines älteren Mädchens. Nach Abbruch dieser Beziehungen setzt er die so empfangene sexuelle Anregung in eifriger manueller Onanie fort, wird aber bald von der energischen Kinderpflegerin ertappt und mit der Kastration bedroht, deren Ausführung, wie gewöhnlich, dem Vater zugeschoben wird. Die Bedingungen für eine ungeheure Schreckwirkung sind in diesem Fall gegeben. Die Kastrationsdrohung für sich allein muß nicht viel Eindruck machen, das Kind verweigert ihr den Glauben, es kann sich nicht leicht vorstellen, daß eine Trennung von dem so hoch eingeschätzten Körperteil möglich ist. Beim Anblick des weiblichen Genitales hätte sich das Kind von einer solchen Möglichkeit überzeugen können, aber das Kind hatte damals den Schluß nicht gezogen, weil die Abneigung dagegen zu groß und kein Motiv vorhanden war, das ihn erzwang. Im Gegenteile, was sich etwa an Unbehagen regte, wurde durch die Auskunft beschwichtigt, was da fehlt, wird noch kommen, es – das Glied – wird ihr später wachsen. Wer genug kleine Knaben beobachtet hat, kann sich an eine solche Äußerung beim Anblick des Genitales der kleinen Schwester erinnern. Anders aber, wenn beide Momente zusammengetroffen sind. Dann weckt die Drohung die Erinnerung an die für harmlos gehaltene Wahrnehmung und findet in ihr die gefürchtete Bestätigung. Der Knabe glaubt jetzt zu verstehen, warum das Genitale des Mädchens keinen Penis zeigte, und wagt es nicht mehr zu bezweifeln, daß seinem eigenen Genitale das Gleiche widerfahren kann. Er muß fortan an die Realität der Kastrationsgefahr glauben.

Die gewöhnliche, die als normal geltende Folge des Kastrationsschrecks ist nun, daß der Knabe der Drohung nachgibt, im vollen oder wenigstens im partiellen Gehorsam – indem er nicht mehr die Hand ans Genitale führt – entweder sofort oder nach längerem Kampf, also auf die Befriedigung des Triebes ganz oder teilweise verzichtet.

Wir sind aber darauf vorbereitet, daß unser Patient sich anders zu helfen wußte. Er schuf sich einen Ersatz für den vermißten Penis des Weibes, einen Fetisch. Damit hatte er zwar die Realität verleugnet, aber seinen eigenen Penis gerettet. Wenn er nicht anerkennen mußte, daß das Weib ihren Penis verloren hatte, so büßte die ihm erteilte Drohung ihre Glaubwürdigkeit ein, dann brauchte er auch für seinen Penis nicht zu fürchten, konnte ungestört seine Masturbation fortsetzen. Dieser Akt unseres Patienten imponiert uns als eine Abwendung von der Realität, als ein Vorgang, den wir gern der Psychose vorbehalten möchten. Er ist auch nicht viel anders, aber wir wollen doch unser Urteil suspendieren, denn bei näherer Betrachtung entdecken wir einen nicht unwichtigen Unterschied. Der Knabe hat nicht einfach seiner Wahrnehmung widersprochen, einen Penis dorthin halluziniert, wo keiner zu sehen war, sondern er hat nur eine Wertverschiebung vorgenommen, die Penisbedeutung einem anderen Körperteil übertragen, wobei ihm – in hier nicht anzuführender Weise – der Mechanismus der Regression zu Hilfe kam. Freilich bedarf diese Verschiebung nur den Körper des Weibes, für den eigenen Penis änderte sich nichts.

Diese, man möchte sagen, knifflige Behandlung der Realität entscheidet über das praktische Benehmen des Knaben. Er betreibt seine Masturbation weiter, als ob sie seinem Penis keine Gefahr bringen könnte, aber gleichzeitig entwickelt er in vollem Widerspruch zu seiner anscheinenden Tapferkeit oder Unbekümmertheit ein Symptom, welches beweist, daß er diese Gefahr doch anerkennt. Es ist ihm angedroht worden, daß der Vater ihn kastrieren wird, und unmittelbar nachher, gleichzeitig mit der Schöpfung des Fetisch, tritt bei ihm eine intensive Angst vor der Bestrafung durch den Vater auf, die ihn lange beschäftigen wird, die er nur mit dem ganzen Aufwand seiner Männlichkeit bewältigen und überkompensieren kann. Auch diese Angst vor dem Vater schweigt von der Kastration. Mit Hilfe der Regression auf eine orale Phase erscheint sie als Angst, vom Vater gefressen zu werden. Es ist unmöglich, hier nicht eines urtümlichen Stücks der griechischen Mythologie zu gedenken, das berichtet, wie der alte Vatergott Kronos seine Kinder verschlingt und auch den jüngsten Sohn Zeus verschlingen will, und wie der durch die List der Mutter gerettete Zeus später den Vater entmannt. Um aber zu unserem Fall zurückzukehren, fügen wir hinzu, daß er noch ein anderes, wenn auch geringfügiges Symptom produzierte, das er bis auf den heutigen Tag festgehalten hat, eine ängstliche Empfindlichkeit seiner beiden kleinen Zehen gegen Berührung, als ob in dem sonstigen Hin und Her von Verleugnung und Anerkennung der Kastration doch noch ein deutlicherer Ausdruck zukäme ..." (S. Freud: Die Ichspaltung im Abwehrvorgang, 1938, Ges. W. XVII/59–62)

1938 wurde auch von A. Stern (Psychoanalytic Investigation of and Therapy in the Borderline Group of Neuroses) zum ersten Mal die Aufmerksamkeit auf eine Gruppe von Patienten gelenkt, die in vielen Auffälligkeiten eine deutliche Ähnlichkeit mit schizophrenen Patienten aufzuweisen hatten (deshalb wurde auch vorübergehend die Bezeichnung „pseudoneurotische Schizophrenie" verwendet), die aber nie wirklich das Vollbild einer schizophrenen Erkrankung entwickelten. Seither wurde gerade auf diesem Bereich von Psychoanalytikern eingehend geforscht, um diese Patienten, die im allgemeinen mit klassischer Psychoanalyse nicht so erfolgreich behandelt werden können, von den neurotischen Patienten einerseits und von den echten Psychosen andererseits besser unterscheiden zu können. Otto F. Kernberg, einem aus Wien stammenden Psychoanalytiker, der lange Zeit an der Menninger Clinic in Amerika tätig war und jetzt in New York arbeitet, kommt ein wesentliches Verdienst in der klaren Beschreibung dieses Syndroms zu.

Klinische Verdachtsmomente für das Vorliegen eines Borderline-Syndroms

1. **Pan-Angst:** Schwere bis schwerste, diffuse, oft chronische Angstzustände
2. **Pan-Neurose:** Verschiedenartigste, oft schwer beeinträchtigende neurotische Symptome von Poliphobien, schwersten ichsynton gewordenen Zwangssymptomen oder multiplen, bizarren Konversionssymptomen
3. **Pan-Sexualität:** Polymorph perverse Tendenzen im erwachsenen Sexualverhalten
4. Vorliegen einer **klassischen präpsychotischen Persönlichkeitsstruktur:** Paranoide, schizoide, zyklothyme (hypomane) Persönlichkeiten
5. Vorliegen von **Impulsneurosen und Süchten**
6. Vorliegen von Charakterstörungen, bei denen sehr häufig ein Borderline-Syndrom im Hintergrund bei näherer Untersuchung nachweisbar wurde: **viele infantile Persönlichkeiten,** die meisten **narzißtischen Persönlichkeiten, Als-ob-Persönlichkeiten und antisoziale Persönlichkeiten**

Liegen bei einem Patienten eines oder gar mehrere dieser „Verdachtsmomente" vor, so ist es wahrscheinlich, daß diese manifeste Symptomatik auf einer Borderline-Struktur aufgebaut ist. Der Nachweis dieser psychischen Grundstruktur gelingt durch die Anwendung eines spezifisch zur Erfassung der Symptomatik ausgerichteten „strukturellen Interviews". Die strukturelle Diagnose, die ein solches Interview ermöglichen soll, sollte den Untersucher insbesondere über drei wesentliche diagnostische Kriterien ins Bild setzen:

1. **Erfassung einer Identitätsproblematik (Identitätsdiffusion),**
2. **Erfassung von primitiven Abwehrmechanismen und**
3. **Beurteilung der Funktionstüchtigkeit der Fähigkeit zur Realitätsprüfung.**

Identität: Unter Verwendung von psychoanalytischen Kriterien kann Identität definiert werden als der subjektive Ausdruck **eines integrierten Selbstkonzepts / einer integrierten Selbstrepräsentanz (in Verbindung mit integrierten Konzepten/Repräsentanzen von bedeutsamen Objekten).**

In Hinblick auf die Entwicklung der Identität sind zwei Aufgabenstellungen zu bewältigen:
1. die Differenzierung von Selbst- und Objektrepräsentanzen und
2. die Integration von libidinös und aggressiv besetzten Selbst- und Objektrepräsentanzen in ein umfassendes = integriertes Konzept von einem selbst und von den anderen.

Bei den Borderline-Störungen ist ersteres weitgehend gelungen, die Ichgrenzen sind hinreichend fest, sodaß die Ichfunktion der Realitätsprüfung (einer Trennung von Ich und Nicht-Ich, von Innen und Außen) prinzipiell funktionstüchtig ist. Die Integration von Selbst- und Objektrepräsentanzen, die Einbindung von „guten" und „schlechten" Seiten in ein gesamtheitliches Bild von einem selbst und wichtigen Bezugspersonen, sodaß diese und man selbst als EINE Person mit guten und schlechten Eigenschaften erlebt werden können, diese Form von Identität ist bei Borderline-Persönlichkeiten nicht gegeben.

Identitätsdiffusion: Unter Identitätsdiffusion versteht man ein klinisches Syndrom, das strukturell auf **mangelhaft integrierten Selbst- und Objektrepräsentanzen** beruht und das subjektiv gekennzeichnet ist durch in zentralen Aspekten **widersprüchlichen Selbstwahrnehmungen und widersprüchlichen Wahrnehmungen von wichtigen Bezugspersonen,** gefolgt von sozial grob auffälligen **Widersprüchlichkeiten im Verhalten,** meist verbunden mit einem **Nichtvorhandensein eines subjektiven Identitätsgefühls** (der subjektiv erlebten Gewißheit, über die Zeit hin ein und derselbe zu sein) und einem **chronischen Gefühl innerer Leere.**

Funktionsniveau der Abwehroperationen: Borderline-Persönlichkeitsstörungen zeichnen sich durch ein wesentlich primitiveres Niveau in der Abwehrorganisation aus, als es den neurotischen Persönlichkeiten zur Verfügung steht. Vorherrschend ist **Spaltung,** d. h. Selbst- und Objektrepräsentanzen werden in „absolut gute" und „absolut böse" Vorstellungen geteilt, um so das Ich vor Angstaffekten oder depressiven Affekten infolge widersprechender Erfahrungen des Selbst und wichtiger Bezugspersonen und der daraus folgenden emotionalen Konsequenzen zu bewahren. Im subjektiven Erleben und im Kontakt mit anderen Menschen führt Spaltung zu plötzlichen und vollständigen Umkehrungen aller bewußten Gefühle und Vorstellungen hinsichtlich des eigenen Selbst oder der Sicht einer bestimmten Person.
Zusätzlich zur Spaltung werden noch weitere, die Integration widersprüchlicher Aspekte verhindernde Abwehrmechanismen eingesetzt: primitive Idealisierung, Entwertung, Omnipotenz, Verleugnung, projektive Identifizierung.

Primitive Idealisierung: Durch diese Abwehrhaltung wird die Tendenz, (wichtige) Objekte (Bezugspersonen) als „gut" einzustufen, noch stärker betont, sodaß im subjektiven Erleben die idealisierte Person nur mehr über gute Eigenschaften verfügt, geradezu vollkommen zu sein scheint. Bei der unausweichlichen Enttäuschung bricht der positive Gefühlstonus, der bis dahin vorherrschend war, abrupt ab, eine gegensätzliche, „schlechte" Beziehungskonstellation tritt in Kraft und wird durch den Abwehrmechanismus der **Entwertung** getragen. Die aggressive Besetzung des anderen äußert sich nicht nur in einer oft fast vollständigen Entwertung des betroffenen Objektes, sondern auch dadurch, daß dieses Objekt als verfolgend und gefährlich erlebt wird. Sowohl Entwertung wie auch ein weiterer Abwehrmechanismus, der der **Omnipotenz**, zeigen ganz besonders deutlich die Aktivierung unterschiedlicher, nicht integrierter Ichzustände (Selbstrepräsentanzen) infolge Spaltung. Omnipotenz bezieht sich dabei auf ein extrem aufgeblähtes, grandioses Größen-Selbst (dem subjektiven Gefühl von – objektiv unrealistischer – extremer Macht und Größe, bis hin zu Allmachtsvorstellungen), das besonders für narzißtische Persönlichkeiten typisch ist. Um diese verschiedenen, einander widersprechenden Erfahrungen voneinander getrennt zu halten, bedarf es noch eines zusätzlichen Sicherungsschrittes, dem der **Verleugnung**. Durch diesen Mechanismus ist es möglich, daß dem typischen Borderline-Patienten durchaus bewußt sein kann, daß seine Wahrnehmungen und Gefühle bezogen auf ihn selbst oder eine wichtige Bezugsperson zu einem bestimmten Zeitpunkt völlig im Widerspruch zu jenen stehen, die zu einem anderen Zeitpunkt gegolten haben. Dieses sein Wissen führt infolge des Einsatzes von Verleugnung zu keinerlei psychischen Konsequenzen. Mittels **projektiver Identifizierung** werden anstößige aggressive oder libidinöse Impulse, die anders nicht verarbeitet werden können, auf andere Personen projiziert, ohne daß dadurch die Existenz dieses Impulses bei der projizierenden Person ganz aus der Welt geschafft werden könnte. Die andere Person wird jetzt zwar als Personifikation dieses Impulses – d. h. unter dessen Einfluß stehend – erlebt, eine gewisse Externalisierung scheint damit gelungen zu sein. Da der anstößige Impuls weiterhin wirksam ist, muß nun diese Person als Träger dieses Impulses kontrolliert werden: Dementsprechend wird sie gefürchtet und oft als verfolgend erlebt, wie auch die eigenen Triebwünsche als verfolgend eingestuft werden können. Borderline-Patienten haben im sozialen Rahmen oft eine hohe Kompetenz entwickelt, andere Personen dahin zu bringen, daß sie den projizierten Triebkonstellationen entsprechen, also daß bei ihnen Gefühlszustände wachgerufen, provoziert werden, die den abgewehrten, projizierten weitgehend entsprechen. Die sich daraus ergebenden primitiven (oft sadomasochistischen) Beziehungskonstellationen sind für diese Gruppe von Persönlichkeitsstörungen charakteristisch und derart durchgängig, daß sie sich meist schon im Erstgespräch andeuten und so zur Diagnose verwendet werden können.

Realitätsprüfung: Die Fähigkeit zur Realitätsprüfung wird als die Fähigkeit definiert,

„das Selbst vom Nicht-Selbst und intrapsychische Wahrnehmungen und Reize von solchen äußeren Ursprungs zu unterscheiden und die eigenen Affekte, das eigene Verhalten und die eigenen Gedankeninhalte im Rahmen üblicher sozialer Normen einzuschätzen. Der Verlust dieser Fähigkeit muß von Schwankungen im subjektiven Erleben der Realität unterschieden werden (wo der Patient die Dinge als fremdartig erlebt, sich der Realität jedoch vollkommen bewußt ist), wie sie unter psychischen Belastungen bei jedem Patienten auftreten können, und von einer Veränderung der Beziehung zur Realität (wo das Verhalten unangemessen ist, während die Einschätzung der Realität korrekt ist), wie sie bei allen Charakterpathologien, aber auch bei stärker regredierten, psychotischen Verfassungen anzutreffen ist." (O. F. Kernberg et al.: Psychodynamische Psychotherapie bei Borderline-Patienten, 1993/16)

Beispiel für eine Störung der Realitätsprüfung durch „Übertragung", obwohl die Fähigkeit zur Realitätsprüfung grundsätzlich erhalten ist:

„Oft stellt sich in fortgeschritteneren Stadien der Behandlung von Borderline-Patienten heraus, daß die früher vom Patienten als real geschilderten traumatischen Umstände gar nicht der Wirklichkeit entsprechen, wohingegen andere höchst reale und chronisch traumatisierende Eltern-Kind-Interaktionen tatsächlich stattgefunden haben, deren sich der Patient bis dahin noch nie bewußt geworden war. Dabei erweisen sich oft gerade solche Einflüsse aus der Kindheit als besonders schädlich, die der Patient bislang als selbstverständlich erachtet hatte, und umgekehrt wird der Fortfall solcher Einflüsse vom Patienten oft mit Überraschung als eine Eröffnung völlig neuer Lebensperspektiven erfahren. Das folgende Fallbeispiel einer Borderline-Patientin zeigt den Zusammenhang zwischen Entstellung der gegenwärtigen Realität und Entstellung der Vergangenheit in der Übertragung und unterstreicht damit noch einmal die Notwendigkeit, immer wieder die Wahrnehmungen dieser Patienten zu klären, insbesondere wie sie das Geschehen in der Behandlungssitutation erleben.
Eine Patientin berichtete als Erinnerung, sie habe mit ihren beiden Eltern intime sexuelle Beziehungen gehabt, und schilderte dies als eine Art sexuelle Orgie unter Beteiligung der ganzen Familie. Erst allmählich wurde sie sich darüber klar, daß es sich bei diesen Erinnerungen um Phantasien handeln müsse. Dafür erinnerte sie sich später an andere Erfahrungen, die sie bis dahin noch gar nicht erwähnt hatte, weil sie ihr belanglos und selbstverständlich erschienen. Die Patientin reagierte jedesmal wütend, wenn der Analytiker sagte, er habe irgendeine verbale oder averbale Mitteilung von ihr nicht verstanden. Es stellte sich heraus, daß sie ihm das einfach nicht glaubte, sondern überzeugt war, er könne in Wirklichkeit ihre Gedanken lesen und behaupte nur, er verstehe sie nicht, um sie zu ärgern. Nachdem sie erst einmal dahin gelangt war, diese Überzeugung in Frage zu stellen, erinnerte sie sich nun auch wieder, daß ihre Mutter in der Tat immer behauptet hatte, sie könne ihre Gedanken lesen. Wenn die Patientin in der The-

rapie Deutungen zurückwies, die sie als falsch empfand, so erlebte sie das jedesmal wie eine rebellische Auflehnung gegen ihre Mutter. Es erwies sich nun, daß die realen, wirklich traumatisierenden Aspekte ihrer Kindheit gerade hierin zu suchen waren, nämlich in der vermeintlichen Omnipotenz der Mutter und deren sadistischer Aufdringlichkeit sowie in der Art und Weise, wie die Patientin ihrerseits diesen Kommunikationsstil während ihrer Kindheit und Adoleszenz passiv-gläubig akzeptiert hatte und später selbst in ähnlich omnipotenter Weise mit der Realität verfuhr. Nachdem die Patientin ihre phantastischen Erlebnisse mit den Eltern und ihre Abwehr dagegen in der Übertragung durchgearbeitet hatte, vermochte sie allmählich auch die realistischeren Aspekte ihrer Beziehung zum Therapeuten besser wahrzunehmen. Zugleich konnte sie nun auch die wirklich pathogenen Aspekte ihrer Beziehung zu den Eltern erkennen, die ihr bisher als ganz natürlich und unbezweifelbar erschienen waren." (O. F. Kernberg: Borderline-Störungen und pathologischer Narzißmus, 1980/199–200, Suhrkamp)

Borderline-Zustände zeichnen sich aus durch:

1. das **Syndrom der Identitätsdiffusion,** wodurch sie sich am deutlichsten und für die Praxis am relevantesten von den neurotischen Strukturen abgrenzen lassen (Ausnahme: narzißtische Personen, die ein pathologisches Größen-Selbst entwickelt haben, das ihre zugrundeliegende Identitätsdiffusion verdecken kann),

2. das **Überwiegen von Spaltung u**nd den sie begleitenden Abwehrmethoden der **projektiven Identifizierung,** der **Verleugnung s**owie von **Omnipotenz** und **Entwertung** und

3. die **prinzipielle Funktionstüchtigkeit der Fähigkeit zur Realitätsprüfung,** wodurch eine scharfe Trennung von allen psychotischen Strukturen möglich sein müßte.

Zur Differentialdiagnose von normalen, neurotischen, Borderline- und psychotischen Strukturen im Erstgespräch (strukturelles Interview):

Beispiel einer normalen Persönlichkeitsstruktur
Frau B, eine 15jährige Gymnasiastin, wurde aufgrund einer jüngst eingetretenen dramatischen Persönlichkeitsentwicklung zur Konsultation überwiesen. Bis dahin war sie ihrer Familie eng verbunden, schüchtern in der Gegenwart anderer und sehr arbeitsam in der Schule gewesen. Ganz plötzlich hatte sie sich, nach Aussage ihrer Eltern, übertrieben betont im „Hippie-Stil" gekleidet, hatte eine stürmische und offensichtlich durch Unterwürfigkeit charakterisierte Liebesbeziehung mit einem mehrere Jahre älteren Jungen begonnen und an einer ‚Drogenszene' mit einer sozialen Subgruppe rebellierender, unkonventioneller Jugendlicher teilgenommen. Die ruhige Atmosphäre zu Hause war ständigem Streit und gegenseitigen Beschuldigungen gewichen. Häufige Lügen und das, was sie als manipulierendes und heimlichtuerisches – implizit unaufrichtiges – Verhalten ansahen, wie sie es bei ihrer Tochter nie zuvor beobachtet hatten, machten die Eltern betroffen. Das Mädchen war bei einem Psychotherapeuten gewesen, der die Eltern gedrängt hatte, in ihrer Haltung der Tochter gegenüber flexibler und

toleranter zu sein. Aus Gründen, die nicht deutlich wurden, hatten sich starke Spannungen zwischen ihm und den Eltern entwickelt, wobei die Patientin sich in der Rolle der ‚unschuldigen' Zuschauerin fand.

Obwohl der überweisende Arzt sich fragte, ob es sich hier um eine Patientin mit einer Borderline-Persönlichkeitsorganisation handelte, machte Fräulein B klinisch gesehen den Eindruck einer Persönlichkeit, die intellektuell und emotional reifer war, als man es bei ihrem Alter erwarten würde. Nachdem ich ihr anfängliches Mißtrauen mir gegenüber und ihre Angst vor mir, ihre Auffassung von mir als einem ‚Handlanger' ihrer Eltern aufgedeckt hatte, konnte ich ihr die Neutralität meiner Haltung in bezug auf ihren Lebensstil, ihre Ideologie und ihre Beziehung zu ihrem Freund klarmachen. Daraufhin begann sie sich mitzuteilen und beschrieb die Beziehung zu dem Jungen, die mir als tief und sinnvoll erschien – ein normales romantisches Sich-Verlieben und eine befriedigende sexuelle Beziehung. Fräulein B ‚rebellierte' in der Tat gegen die in ihren Augen überkonventionellen Werte ihres Zuhauses, schien aber gleichzeitig realistische Pläne für ihre Karriere und ihre Zukunft zu machen. Sie machte ihre Schulaufgaben, betrug sich recht verantwortungsvoll in bezug auf verschiedene Aufgaben und soziale Verpflichtungen und gab offen zu, daß sie gelegentliches Haschischrauchen und die Teilnahme an einer ‚Protest'-Gruppe genoß, aber sie machte nicht den Eindruck, drogensüchtig zu sein. Sie hatte weder ihr lange bestehendes Interesse an Kultur und Kunst noch ihre engen Beziehungen zu ein paar alten Freunden aufgegeben. Sie präsentierte sich selbst in durchaus integrierter Weise, hatte ein differenziertes Konzept von bedeutsamen anderen Menschen und reagierte nachdenklich und emotional offen auf meine Fragen nach den Konflikten mit ihren Eltern und der Beziehung zu ihrem Psychotherapeuten.

Meine Hauptsorge galt der plötzlichen Veränderung ihrer gesamten Erscheinung und Einstellung, und ich besprach dieses Problem mit ihr während einer Periode von neuen Sitzungen. Im Verlauf dieser Begegnungen erschien die Veränderung weniger pathologisch als am Anfang; sie schien ein im wesentlichen normaler Versuch zu sein, sich von zu eng und erdrückend empfundenen Familienbanden zu lösen. Ich kam zu dem Schluß, daß Fräulein B ein relativ **normales junges Mädchen** war. Mit ihr allein und gemeinsame mit ihren Eltern durchgeführte Sitzungen bestätigten die Empfehlung ihres Psychotherapeuten, diese sollten die Distanzierung der Patientin und ihre Entwicklung eines sozialen Lebens, das nicht den elterlichen Maßstäben entsprach, respektieren. Diese Eltern waren sogar ungewöhnlich verständnisvoll und flexibel. Eine follow-up-Untersuchung nach einem Jahr zeigte, daß die Schwierigkeiten in der Familie deutlich geringer geworden waren. Die Beziehung zu dem Freund war sechs Monate nach der ersten Konsultation beendet worden; sie hatte jetzt einen anderen und ging ganz normal ihrer Arbeit und ihrem sozialen Leben nach.

Beispiel einer neurotischen Persönlichkeitsstruktur
„Frau A, eine 18jährige College-Studentin im ersten Jahr, wurde mit der Diagnose mutmaßlicher Borderline-Persönlichkeitsorganisation und schwerer neurotischer Depression zu mir überwiesen. Frau A hatte schulisch versagt, hatte sich sozial isoliert und schwankte zwischen Perioden von Depressivität und Rückzug einerseits, von vehementem Streit mit Freunden und Familienmitgliedern andererseits. Sie hatte sowohl homosexuelle als auch heterosexuelle Affären gehabt, und der überweisende Arzt fand sie reserviert und distanziert. Vorherrschende Symptome waren der schwere Zusam-

menbruch ihres sozialen Lebens im College und das trotz ihrer hohen Intelligenz auf-
getretene Versagen im Studium.

Während der Untersuchung ihrer Schwierigkeiten zeigte sich, daß Frau A immer
sexuelle Hemmungen gehabt hatte. Sie manifestierten sich in schweren Schuldgefühlen in bezug auf jede sexuelle Aktivität und in Masturbationsphantasien, in denen
sie sich von mächtigen sadistischen Männern gedemütigt, geschlagen und unterworfen
sah. Obwohl sie sich in mehrere Männer verliebt hatte, hatte der eigentliche Geschlechtsverkehr mit ihnen sie immer abgestoßen. Da sie sich vor Frauen fürchtete, mit
denen sie nicht konkurrieren zu können meinte, versuchte sie, von Unterwürfigkeit geprägte Beziehungen mit dominanten Frauen einzugehen. Sie hatte ein paar sexuelle
Beziehungen mit Freundinnen gehabt, ohne dabei großen sexuellen Genuß zu empfinden. Im Gymnasium hatte sie immer geglaubt, gute Arbeit und intensives Studium
würden ihr gestatten, ihre eigene berufliche Identität zu finden, ohne sexuelle Beziehungen mit Männern aufnehmen oder mit anderen Frauen um Männer konkurrieren zu
müssen. Im College hatte sie das Gefühl, daß ihr alle Wege zu sexueller Intimität ver-
schlossen seien. Ihre zunehmende Verzweiflung über die Unfähigkeit, diese Schwierigkeiten zu überwinden, verbunden mit zunehmenden Schuldgefühlen über die Aufnahme ‚verbotener' sexueller Aktivitäten, löste die Depression aus, die sich so weit in-
tensivierte, daß sie ihr Studium ernsthaft beeinträchtigte.

Frau A konnte differenzierte und lebendige Beschreibungen von den wichtigsten
Menschen geben, mit denen sie umging, und von ihren Beziehungen zu ihnen. Sie hatte ein integriertes Selbstkonzept trotz – oder wegen – schwerer Veränderungen, und sie
zeigte recht typische Züge einer vorwiegend **hysterisch/masochistischen Persönlichkeitsstruktur**. Sie zeigte deutliches Engagement für Werte und Ideale, eindeutiges
und authentisches Interesse auf bestimmten kulturellen und politischen Gebieten und
funktionierte überraschend gut in zwischenmenschlichen Situationen, in denen erhebliche Altersunterschiede potentiell sexualisierte Beziehungen weniger bedrohlich
machten. Da sie freiwillig in einer sozialen Organisation gearbeitet hatte, in der sie das
bei weitem jüngste Mitglied war, konnte sie mehrere Monate lang „wie eine Nonne"
leben und dabei doch ausgezeichnet funktionieren. In ihrem Fall bewiesen ein integriertes Selbstkonzept und ein integriertes Konzept von anderen, daß keine Identitätsdiffusion vorlag; das scheinbar chaotische Sexualleben entsprach einer zugrundeliegenden sexuellen Gehemmtheit gegenüber Männern und schuldbestimmter Unterwer-
fung unter dominierende Frauen. Frau A war durchaus fähig, tiefe Objektbeziehungen
in Bereichen zu etablieren, die nicht durch sexuelle Konflikte ‚kontaminiert' waren.
Sie wies ein übermäßig sadistisches und strenges, aber entschieden integriertes Über-
ich auf. Die endgültige Diagnose lautete auf hysterische Persönlichkeit mit masochistischen Zügen, Frigidität und schwerer neurotischer Depression. Die Depression besser-
te sich durch eine kurzfristige, psychoanalytisch orientierte Psychotherapie. Danach
kam sie in ihrem College- und Sozialleben viel besser zurecht. Später wurde sie zur
Psychoanalyse überwiesen, um ihre tieferen zugrundeliegenden Persönlichkeitsproble-
me zu behandeln.

Beispiel einer narzißtischen Persönlichkeitsstruktur

Herr C, ein 19jähriger College-Student, wurde zu mir aufgrund eines Verhaltens
überwiesen, das dem überweisenden Arzt als fast psychotische Grandiosität, Selbstbe-
zogenheit und schwere Pathologie der Objektbeziehungen erschien. Dieser junge

Mann hatte sich seit langem für Geschichte und Kunst interessiert. Er hatte Essays geschrieben und versucht, stark divergierende Formen der Behandlung bestimmter Probleme in Geschichts- und Kunstkritik zu integrieren. Obwohl der überweisende Arzt die wirkliche Qualität dieser Arbeit nicht beurteilen konnte, war er doch von der hohen Intelligenz des Patienten beeindruckt. Er war allerdings über den grandiosen Ton des Patienten und seine etwas kindliche Haltung besorgt, mit der er sich gleichsam selbst beglückwünschte. Herr C äußerte sich auch allgemein abschätzig über die meisten ihm relativ nahestehenden Menschen. Die Welt seiner Objektbeziehungen schien aus sehr wenigen, stark idealisierten Vorbildern einerseits und zahlreichen entwerteten ‚mittelmäßigen Geistern' (Eltern, Familienmitglieder, die meisten Lehrer, Freunde und Bekannte eingeschlossen) andererseits zu bestehen. Der überweisende Arzt fragte sich manchmal, ob er einem Genie, einem Psychotiker oder einer Kombination aus beidem gegenüberstand.

Unmittelbarer Anlaß für die Konsultation war Herrn Cs wachsende Besorgnis über seine Unfähigkeit gewesen, eine befriedigende Beziehung mit einem Mädchen einzugehen. Frauen, die er bewunderte, schienen unnahbar oder heftig abweisend, und der Patient war im Umgang mit ihnen außerordentlich verlegen und gehemmt. Er konnte nur wenig Information darüber geben, wie seine innere Haltung seine Beziehungen zu diesen Mädchen beeinflußte. Zugleich machte er Mädchen, die Interesse an ihm gezeigt hatten und mit denen er eine Art von Beziehung entwickelt hatte, nach kurzer Zeit schlecht und wandte sich von ihnen ab, aus Angst, sie könnten Forderungen an ihn stellen. Er hatte gelegentlich ziemlich unbefriedigende sexuelle Affären mit Freundinnen gehabt, gelegentlich Impotenz und einige sich schnell verschiebende Idealisierungen unzugänglicher Frauen erlebt.

Da er sich aktiv von seinesgleichen fernhielt (er verachtete sie ja) und aufgrund seines Beziehungsmusters zu Frauen fühlte Herr C sich einsam. Seine Leistung im College war unbeständig; er machte sich einen Namen durch hervorragendes Wissen und Kenntnis auf bestimmten Gebieten, aber gleichzeitig bekam er (aus Gründen, die ihm nicht klar waren) in anderen Fächern schlechte Zensuren und wurde von einigen Professoren und Lehrern offen abgelehnt, die ihm gegenüber sehr kritisch wurden.

Es muß darauf hingewiesen werden, daß die Kombination von Schüchternheit und Gehemmtheit mit der ‚Bravado'-Haltung, mit der er seine intellektuelle Überlegenheit zum Ausdruck brachte, seine Schwierigkeiten mit Mädchen und seine starken Stimmungsschwankungen den Beobachter dazu hätte bringen können, ihn für einen eher typischen Adoleszenten zu halten. Seine Hingabe an intellektuelle und kulturelle Werte, seine intensive Arbeit auf bestimmten Gebieten, seine Kreativität auf seinem eigenen Gebiet weckten den Eindruck, daß er die Fähigkeit hatte, zur Überich-Integration hin zu sublimieren. Er besaß gute Impulskontrolle und Angsttoleranz und zeigte außer einer gelegentlich auftretenden milden Form von Impotenz keine neurotischen Symptome.

Bei vertiefter Evaluierung fiel mir besonders auf, wie unfähig Herr C war, die Natur seiner Schwierigkeiten mit Mädchen und die Gründe, aus denen bestimmte Lehrer und Gleichaltrige ihn ablehnten, adäquat zu beschreiben. Trotz seiner Intelligenz konnte er kein Bild seiner Eltern, der von ihm bewunderten Lehrer oder der Mädchen vermitteln, mit denen er zu diesem Zeitpunkt umging. Kurz, die Qualität seiner Objektbeziehungen schien erstaunlich dürftig, und er zeigte klare Anzeichen ausgeprägter Spaltung und fehlender Integration von Objektvorstellungen.

Im Gegensatz dazu erschienen sein Selbstbild und Selbstkonzept konsistent und integriert und reflektierten ein pathologisches Größen-Selbst. Er zeigte auf angemessene Weise, daß er den Widerspruch begriff, der einerseits zwischen seinem Konzept von sich selbst als einer Art Genie, einer Persönlichkeit, die, noch unerkannt, doch Wesentliches zur Gegenwartskultur auf einem bestimmten Gebiet beitrug, und andererseits seinem Gefühl der Verwirrung und Unsicherheit in bezug auf Mädchen und soziale Situationen bestand. Er erklärte, daß er durchaus ein emotionales Bedürfnis nach anderen Menschen empfand und daß er sich ohne sie notwendigerweise einsam fühlte. Insofern er andere brauchte und sich Sorgen über seine Unfähigkeit machte, Beziehungen zu ihnen zu etablieren, fühlte er sich unsicher. Aus diesem Grunde wollte er behandelt werden, um sich in seinen Beziehungen zu Frauen sicher und ruhig zu fühlen, so daß dieser Bereich der ‚Begrenztheit‘ seiner Selbstzufriedenheit grundlegend reduziert würde und er sich dann ohne Ablenkung weiterhin seinem Schreiben widmen könnte.

Seine Realitätsprüfung war intakt, und er konnte Äußerungen seines Überlegenheitsgefühls während des diagnostischen Interviews realistisch beurteilen. Er verstand mich sehr bald als freundlichen, aber etwas verwirrten, nicht allzu intelligenten, ziemlich unattraktiven, unmännlichen und alternden Psychiater. Da ich ihm sehr empfohlen worden war, war er bereit, ‚mir eine Chance zu geben‘, fragte sich jedoch ernsthaft, ob ihm ein Mann bei seinen Schwierigkeiten mit Frauen helfen könnte, der selbst nicht gerade wie jemand aussah, der für Frauen sehr attraktiv wäre.

Dieser Fall illustriert eine Oberflächenpathologie, die bestimmten, nicht schwerwiegenden Merkmalen der Adoleszenz ähnelt, und eine zugrundeliegende schwere Charakterpathologie: nämlich eine **narzißtische Persönlichkeit**, die nur besser funktioniert als eine narzißtische Persönlichkeit auf manifester Borderline-Ebene.

Herr C wurde zur Psychoanalyse überwiesen, und eine follow-up-Untersuchung nach zwei Jahren zeigte, daß er seine Behandlung bis dahin hatte fortsetzen können und eine typische Konstellation narzißtischer Übertragungswiderstände etabliert hatte. Zu diesem Zeitpunkt hatte sich an seinen Schwierigkeiten mit Frauen noch nicht viel geändert, obwohl ihm allmählich deutlicher bewußt geworden war, daß er selbst zu seinen Schwierigkeiten bei der Arbeit, besonders mit seinen Lehrern und Vorgesetzten, beitrug. (O. F. Kernberg: Schwere Persönlichkeitsstörungen, 1988/85–91, Klett-Cotta)

Beispiel einer Borderline-Persönlichkeitsorganisation
In der Klinik untersuchte ich einmal eine **College-Studentin** (ledig, Anfang zwanzig) mit eigenartig linkischem, fast bizarr anmutendem Verhalten, kindisch und theatralisch wirkenden Gesten, Affektausbrüchen und Suizidgedanken nach völligem Scheitern ihrer sozialen Beziehungen und Versagen im Studium. Die erste Verdachtsdiagnose lautete auf hysterische Persönlichkeit. Sie war sehr besorgt über verschiedene soziale und politische Probleme und weinte darüber, daß sie zunächst einmal in der Klinik bleiben sollte, aber als die Rede auf ihre Selbstmordphantasien kam, erschien sie völlig gleichgültig, tat so als sei sie schläfrig oder stünde unter Drogeneinfluß, zeigte wie sehr die Interviews sie langweilten und klagte darüber, daß sie nicht in der Lage sei, zu irgendeinem Entschluß zu kommen, was sie überhaupt wolle. Ich versuchte ihr daraufhin zu zeigen, wie sie, statt um sich selbst besorgt zu sein, diese Besorgnis auf soziale und politische Probleme verschob, wie abschätzig sie mit mir umging und wie sie es effektiv vermied, die Verantwortung für sich selbst zu übernehmen, indem sie

ihre ernsthafte, besorgte Haltung völlig dissoziierte von ihrem chaotischen, betont ‚wurschtigen' Verhalten, das darauf angelegt war, andere zum Eingreifen zu zwingen. Technisch gesprochen habe ich der Patientin ihre primitiven Abwehrformen (Spaltung, Verleugnung, Omnipotenzgebaren und Entwertung) im Kontext der ‚hier und jetzt' ablaufenden Interaktion mit mir gedeutet. Im Verlaufe weniger Interviews veränderte sich die Patientin, die zuerst ein fast psychotisches Bild geboten hatte, zu einer recht nachdenklichen und einsichtsvollen, allerdings hochgradig ängstlichen Person, die jetzt eher als neurotisch erschien. Die abschließende Diagnose lautete: **Infantile Persönlichkeit mit Borderlinezügen.**

Beispiel einer psychotischen Persönlichkeitsorganisation
Als Gegenstück hierzu möchte ich den Fall einer anderen, ebenfalls unverheirateten **College-Studentin von Anfang zwanzig** anführen, bei der zunächst eine ‚Zwangsneurose, wahrscheinlich auf Borderline-Niveau' diagnostiziert worden war. Das gesamte Interview wurde von der Patientin mit hochtheoretischen und philosophischen Erörterungen bestritten; auf jeden Versuch meinerseits, sie mehr auf persönlichere und gefühlhafte Inhalte zu bringen, folgten nur noch abstraktere Kommentare. Ich versuchte daraufhin der Patientin die Vermeidungsfunktion ihres Theoretisierens zu deuten und etwas von dem emotionalen Erleben, das sie nur indirekt in ihrer Theoriesprache ausdrücken konnte, aufzudecken. So fragte ich sie, ob nicht vielleicht die unmittelbar persönliche Gefühlbedeutung solcher Erlebnisse ihr zu nahe gehe und das Theoretisieren eben dazu diene, sich ein Stück weit davon zu distanzieren und zu schützen. Als wir beispielsweise auf ihre unglückliche Beziehung zu einem Freund zu sprechen kamen, verfiel sie in eine Diskussion über die theologischen Theorien der Schuld, worauf ich meinte, es falle ihr offenbar schwer, auf Schuldgefühle näher einzugehen, die sie möglicherweise im Zusammenhang mit dieser Freundschaft empfunden habe. Je mehr ich in dieser Weise die Patientin mit ihren Abwehrmanövern konfrontierte, desto gestörter, mißtrauischer und zugleich abstrakter wurde sie. Gegen Ende des Interviews gab es direkte Anhaltspunkte für formale Denkstörungen, und die Diagnose einer schizophrenen **Psychose** konnte schließlich als gesichert gelten." (O. F. Kernberg: Borderline-Störungen und pathologischer Narzißmus, 1980/ 201–202, Suhrkamp)

6. Vorlesung

Die endogenen Psychosen
(Gruppe der Schizophrenien und der Zyklothymien)

Lehrziel
Grundpositionen der psychoanalytischen Psychosenlehre; basale Kenntnisse über Schizophrenie und Zyklothymie

Weiterführende Literatur

K. ABRAHAM: Ansätze zur psychoanalytischen Erforschung und Behandlung des manisch-depressiven Irreseins und verwandter Zustände, Zentralblatt für Psychoanalyse 1911/2

K. ABRAHAM: Versuch einer Entwicklungsgeschichte der Libido

J. ARLOW & CH. BRENNER: Grundbegriffe der Psychoanalyse, Rowohlt

S. FREUD: Trauer und Melancholie, Ges. Werke V

S. FREUD: Neurose und Psychose, Ges. Werke XIII

S. FREUD: Der Realitätsverlust bei Neurose und Psychose, Ges. W. XIII

R. D. HINSHELWOOD: Wörterbuch der kleinianischen Psychoanalyse, Verlag Internationale Psychoanalyse

H. SEGAL: Melanie Klein, Eine Einführung in ihr Werk, Fischer

Stichworte
Grundpositionen der psychoanalytischen Psychosenlehre; Unterschiede zwischen Neurose und Psychose; Abkehr von der Realität (Realitätsverlust); Beeinträchtigung der integrativen Fähigkeiten; die paranoid-schizoide und die depressive Position; Wirklichkeitserfahrung und Wahrnehmungsapparat; Ichschwäche; Gruppe der Schizophrenien (Katatonie, Hebephrenie, Schizophrenia simplex); Regression auf den Narzißmus; Verfolgungswahn; Weltuntergangswahn; Zyklothymien (Melancholie, Manie); Selbstmord

„Die gemeinsame Ätiologie für den Ausbruch einer Psychoneurose oder Psychose bleibt immer die Versagung, die Nichterfüllung, die eines jener ewig unbezwungenen

Kindheitswünsche, die so tief in unserer phylogenetisch bestimmten Organisation wurzeln. Diese Versagung ist im letzten Grunde immer eine äußere; im einzelnen Fall kann sie von jener inneren Instanz (im Über-Ich) ausgehen, welche die Vertretung der Realitätsforderung übernommen hat. Der pathogene Effekt hängt nun davon ab, ob das Ich in solcher Konfliktspannung seiner Abhängigkeit von der Außenwelt treu bleibt und das Es zu knebeln versucht, oder ob es sich vom Es überwältigen und damit von der Realität losreißen läßt. Eine Komplikation wird in diese anscheinend einfache Lage aber durch die Existenz des Über-Ichs eingetragen, welches in noch nicht durchschauter Verknüpfung Einflüsse aus dem Es wie aus der Außenwelt in sich vereinigt, gewissermaßen ein Idealvorbild für das ist, worauf alles Streben des Ichs abzielt, die Versöhnung seiner mehrfachen Abhängigkeiten. Das Verhalten des Über-Ichs wäre, was bisher nicht geschehen ist, bei allen Formen psychischer Erkrankung in Betracht zu ziehen. Wir können aber vorläufig postulieren, es muß auch Affektionen geben, denen ein Konflikt zwischen Ich und Über-ich zugrundeliegt. Die Analyse gibt uns ein Recht anzunehmen, daß die Melancholie ein Muster dieser Gruppe ist, und dann würden wir für solche Störungen den Namen ‚narzißtische Psychoneurosen‘ in Anspruch nehmen. Es stimmt ja nicht übel zu unseren Eindrücken, wenn wir Motive finden, Zustände wie die Melancholie von den anderen Psychosen zu sondern. Dann merken wir aber, daß wir unsere einfache genetische Formel vervollständigen konnten, ohne sie fallen zu lassen. Die Übertragungsneurose entspricht dem Konflikt zwischen Ich und Es, die narzißtische Neurose dem zwischen Ich und Über-Ich, die Psychose dem zwischen Ich und der Außenwelt. Wir wissen freilich zunächst nicht zu sagen, ob wir wirklich neue Einsichten gewonnen oder nur unseren Formelschatz bereichert haben, aber ich meine, diese Anwendungsmöglichkeit muß uns doch Mut machen, die vorgeschlagene Gliederung des seelischen Apparates im Ich, Über-Ich und Es weiter im Auge zu behalten." (S. Freud: Neurose und Psychose, Ges. W. XIII/390–391)

Drei Grundpositionen einer psychoanalytischen Psychosenlehre

1. Anstelle des Vorurteils der Uneinfühlbarkeit von psychischen Erkrankungen und der Negierung jeder Analogie zum normalen Seelenleben, wie sie vor allem von Kurt Schneider, der eine ausschließlich organische Ursache der Psychosen annahm, gebracht wird, setzt die psychoanalytische Psychosenlehre die aus der Arbeit mit Patienten gewonnene Einsicht, daß das psychopathologische Verhalten auch bei schwerster psychischer Erkrankung als **Reaktionsform auf und Ausdruck/Konsequenz von unbewußt gewordenen Erfahrungen in der frühesten Kindheit** verstanden werden kann.
2. Eine **multikausale Entstehungstheorie,** welche körperliche, seelische und soziale Inhalte als verursachend annimmt, wird auch von der psychoanalytischen Psychosenlehre akzeptiert.
3. Die Struktur der Psychose, besonders die Art des Erlebens und deren Verarbeitung werden durch psychoanalytische Konzepte **verstehbar und einsichtig.**

Die einer solchen psychoanalytischen Psychosenlehre zugrundeliegenden Erkenntnisse wurden aus den folgenden drei Quellen gewonnen:
- **Rekonstruktion aus Erwachsenenanalysen** (auch aus Psychoanalysen mit psychotischen Patienten)
- **Kinderanalysen** (Melanie Klein)
- **direkte Kinderbeobachtungen** (R. Spitz, J. Bowlby, M. Mahler)

Die psychoanalytische Psychosenlehre unterscheidet **zwei Gruppen von pathogen wirksamen Faktoren**, nämlich äußere und innere.
- Die **äußeren pathogen wirksamen Faktoren** sind milieuabhängig und entsprechen dem sogenannten „psychosozialen Feld“: die Gestaltung der frühen Mutter-Kind-Dyade, die familiären Interaktionen („psychotische Familie“) wie auch noch später hinzukommende von „außen“ einwirkende psychische Traumatisierungen (Verlusterlebnisse, „Schicksalsschläge“).
- Unter den **inneren pathogen wirksamen Faktoren** verstehen wir hereditär verankerte Faktoren (Triebstärke, angeborene Ichdefekte usw.), enzymatische Besonderheiten, körperliche Traumen und Noxen (intrauterine Noxen, frühkindliche Erkrankungen, Encephalitis und deren Folgezustände etc.).

Freuds Erklärungsversuche von psychotischen Vorgängen eröffnen zwei unterschiedliche Möglichkeiten einer Theoriebildung:
1. eine für die Neurosen wie für die Psychosen in gleicher Weise gültige, einheitliche Theorie, wodurch eine grundsätzliche Übereinstimmung zwischen den seelischen Vorgängen bei Psychosen und Neurosen hervorgehoben wird
2. eine für die Psychosen spezifische Theorie, die den Unterschied der Psychosen von den Neurosen auch theoretisch faßbar zu machen versucht und ihn so noch unterstreicht

„Man könnte nun erwarten, daß sich bei der Entstehung der Psychose etwas dem Vorgang bei der Neurose Analoges ereignet, natürlich zwischen anderen Instanzen. Also daß auch bei der Psychose zwei Schritte deutlich werden, von denen der erste das Ich diesmal von der Realität losreißt, der zweite aber den Schaden wieder gutmachen will und nun die Beziehung zur Realität auf Kosten des Es wiederherstellt. Wirklich ist auch etwas Analoges an der Psychose zu beobachten; es gibt auch hier zwei Schritte, von denen der zweite den Charakter der Reparation an sich trägt, aber dann weicht die Analogie einer viel weiter gehenden Gleichsinnigkeit der Vorgänge. Der zweite Schritt der Psychose will auch den Realitätsverlust ausgleichen, aber nicht auf Kosten einer Einschränkung des Es, wie bei der Neurose auf Kosten der Realbeziehung, sondern auf einem anderen, mehr selbstherrlichen Weg durch Schöpfung einer neuen Realität, welche nicht mehr den nämlichen Anstoß bietet wie die verlassene. Der zweite Schritt wird also bei der Neurose wie bei der Psychose von denselben Tendenzen getragen, er dient in beiden Fällen dem Machtbestreben des Es, das sich von der Realität nicht zwingen läßt. Neurose wie Psychose sind also beide Ausdruck der Rebellion des Es gegen die Außenwelt, seiner Unlust oder wenn man will, seiner Unfähigkeit, sich der realen Not anzupassen. Neurose und Psychose unterscheiden sich weit mehr von einander in der ersten einleitenden Reaktion als in dem auf sie folgenden Reparationsversuch.

Der anfängliche Unterschied kommt dann im Endergebnis in der Art zum Ausdruck, daß bei der Neurose ein Stück der Realität fluchtartig vermieden, bei der Psychose aber umgebaut wird. Oder: bei der Psychose folgt auf die anfängliche Flucht eine aktive Phase des Umbaues, bei der Neurose auf den anfänglichen Gehorsam ein nachträglicher Fluchtversuch. Oder noch anders ausgedrückt: Die Neurose verleugnet die Realität nicht, sie will nur nichts von ihr wissen; die Psychose verleugnet sie und sucht sie zu ersetzen. Normal oder „gesund" heißen wir ein Verhalten, welches bestimmte Züge beider Reaktionen vereinigt, die Realität so wenig verleugnet wie die Neurose, sich aber dann wie die Psychose um ihre Abänderung bemüht. Dies zweckmäßige, normale Verhalten führt natürlich zu einer äußeren Arbeitsleistung an der Außenwelt und begnügt sich nicht wie bei der Psychose mit der Herstellung innerer Veränderungen; es ist nicht mehr *autoplastisch,* sondern *alloplastisch.*

Die Umarbeitung der Realität geschieht bei der Psychose an den psychischen Niederschlägen der bisherigen Beziehungen zu ihr, also an den Erinnerungsspuren, Vorstellungen und Urteilen, die man bisher von ihr gewonnen hatte und durch welche sie im Seelenleben vertreten war. Aber diese Beziehung war nie eine abgeschlossene, sie wurde fortlaufend durch neue Wahrnehmungen bereichert und abgeändert. Somit stellt sich auch für die Psychose die Aufgabe her, sich solche Wahrnehmungen zu verschaffen, wie sie der neuen Realität entsprechen würden, was in gründlichster Weise auf dem Wege der Halluzination erreicht wird. Wenn die Erinnerungstäuschungen, Wahnbildungen und Halluzinationen bei so vielen Formen und Fällen von Psychose den peinlichsten Charakter zeigen und mit Angstentwicklung verbunden sind, so ist das wohl ein Anzeichen dafür, daß sich der ganze Umbildungsprozeß gegen heftig widerstrebende Kräfte vollzieht. Man darf sich den Vorgang nach dem uns besser bekannten Vorbild der Neurose konstruieren. Hier sehen wir, daß jedesmal mit Angst reagiert wird, so oft der verdrängte Trieb einen Vorstoß macht, und daß das Ergebnis des Konflikts doch nur ein Kompromiß und als Befriedigung unvollkommen ist. Wahrscheinlich drängt sich bei der Psychose das abgewiesene Stück der Realität immer wieder dem Seelenleben auf, wie bei der Neurose der verdrängte Trieb, und darum sind auch die Folgen in beiden Fällen die gleichen. Die Erörterung der verschiedenen Mechanismen, welche bei den Psychosen die Abwendung von der Realität und den Wiederaufbau einer solchen bewerkstelligen sollen, so wie des Ausmaßes von Erfolg, das sie erzielen können, ist eine noch nicht in Angriff genommene Aufgabe der speziellen Psychiatrie.

Es ist also eine weitere Analogie zwischen Neurose und Psychose, daß bei beiden die Aufgabe, die im zweiten Schritt in Angriff genommen wird, teilweise mißlingt, indem sich der verdrängte Trieb keinen vollen Ersatz schaffen kann (Neurose) und die Realitätsvertretung sich nicht in die befriedigenden Formen umgießen läßt (Wenigstens nicht bei allen Formen der psychischen Erkrankungen). Aber die Akzente sind in den zwei Fällen anders verteilt. Bei der Psychose ruht der Akzent ganz auf dem ersten

Schritt, der an sich krankhaft ist und nur zu Kranksein führen kann, bei der Neurose hingegen auf dem zweiten, dem Mißlingen der Verdrängung, während der erste Schritt gelingen kann und auch im Rahmen der Gesundheit ungezählte Male gelungen ist, wenn auch nicht ganz ohne Kosten zu machen und Anzeichen des erforderten psychischen Aufwandes zu hinterlassen. Diese Differenzen und vielleicht noch viele andere sind die Folge der topischen Verschiedenheit in der Ausgangssituation des pathogenen Konflikts, ob das Ich darin seiner Anhänglichkeit an die reale Welt oder seiner Abhängigkeit vom Es nachgegeben hat.

Die Neurose begnügt sich in der Regel damit, das betreffende Stück der Realität zu vermeiden und sich gegen das Zusammentreffen mit ihm zu schützen. Der scharfe Unterschied zwischen Neurose und Psychose wird aber dadurch abgeschwächt, daß es auch bei der Neurose an Versuchen nicht fehlt, die unerwünschte Realität durch eine wunschgerechtere zu ersetzen. Die Möglichkeit hiezu gibt die Existenz einer Phantasiewelt, eines Gebietes, das seinerzeit bei der Einsetzung des Realitätsprinzips von der realen Außenwelt abgesondert wurde, seither nach Art einer ‚Schonung‘ von den Anforderungen der Lebensnotwendigkeit frei gehalten wird und das dem Ich nicht unzugänglich ist, aber ihm nur lose anhängt. Aus dieser Phantasiewelt entnimmt die Neurose das Material für ihre Wunschneubildungen und findet es dort gewöhnlich auf dem Wege der Regression in eine befriedigende reale Vorzeit.

Es ist kaum zweifelhaft, daß die Phantasiewelt bei der Psychose die nämliche Rolle spielt, daß sie auch hier die Vorratskammer darstellt, aus der der Stoff oder die Muster für den Aufbau der neuen Realität geholt werden. Aber die neue phantastische Außenwelt der Psychose will sich an die Stelle der äußeren Realität setzen, die der Neurose hingegen lehnt sich wie das Kinderspiel gern an ein Stück der Realität an – ein anderes als das, wogegen sie sich wehren mußte –, verleiht ihm eine besondere Bedeutung und einen geheimen Sinn, den wir nicht immer ganz zutreffend einen symbolischen heißen. So kommt für beide, Neurose wie Psychose, nicht nur die Frage des *Realitätsverlustes,* sondern auch die eines *Realitätsersatzes* in Betracht." (S. Freud: Der Realitätsverlust bei Neurose und Psychose, Ges. W. XIII/364–368)

Unterschiede zwischen Neurosen und Psychosen

1. **Stärker ausgeprägte Triebregression:** Regression stärker ausgeprägt und in stärkerem Maße **zu präphallischen (prägenitalen) Triebzielen.** Viele psychotische Patienten leiden aber auch unter schweren Konflikten phallischer Natur.
2. **Stärker ausgeprägte aggressive Triebregungen und in solchen aggressiven Triebregungen begründete Konflikte.**
3. **Stärker ausgeprägte und ausgedehntere Störungen der Ich- und Über-Ich-Funktionen**, zum Zwecke der Abwehr gegen auftretende oder sich entwickelnde Angst / depressive Affekte in intrapsychischen Konfliktsituationen. Bei den Psychosen kommt es oft zu derart ausgedehnten defensiven Veränderungen der Ichfunktionen, daß das Verhältnis des Patienten zu seiner äußeren Umgebung empfindlich gestört ist und sich eine **Abkehr von**

der Realität (Realitätsverlust) vollzieht. Sind entsprechend viele Ichfunktionen stark beeinträchtigt, so kommt es auch zu einer Beeinträchtigung der Anpassungsfähigkeit des Individuums an die gesellschaftlichen Normen seiner Umgebung. Darüber hinaus können die **integrativen Fähigkeiten** des Ichs, ebenfalls aus Abwehrgründen, so massiv geschädigt werden, daß die davon betroffenen Patienten nicht mehr in der Lage sind, einen sinnvollen, kausalen Zusammenhang herzustellen zwischen dem, was gerade um sie herum vorgeht, und dem, was kurz zuvor oder vor Stunden/Tagen geschehen ist. Die Kontinuität des seelischen Geschehens wird dergestalt unbewußt unterbrochen, um die Entbindung unerträglicher Angst (Gewissensangst) oder depressiver Affekte (Schuldgefühle) zu verhindern. Innerseelische und äußere Ereignisse werden in einem so hohen Maße voneinander getrennt gehalten, daß der Patient nicht das geringste Gefühl für einen Sinnzusammenhang in seinem Leben oder in seinem Denken entwickeln kann: Alles ist verwirrend für ihn, oft findet er sich nicht mehr zurecht, kennt sich einfach nicht mehr mit sich und der Welt aus. Neben diesen subjektiven Störungen können auch objektive zutage treten, indem der Patient in unmittelbarer zeitlicher Folge die widersprüchlichsten Handlungen vornehmen kann, ohne deren innere Widersprüchlichkeit nur im entferntesten zu bemerken.

Beispiel für „Rückzug von der Wirklichkeit" („Realitätsverlust"):
„Eine psychotische Patientin, die auf Grund ihrer gegen ihren Mann gerichteten ärgerlichen, sadistischen Impulse in einen Konflikt geriet, wehrte sich gegen diese Impulse dadurch, daß sie in einen trance- oder stuporähnlichen Zustand verfiel, in dem sie sich weder bewegte noch sprach, noch dachte. Sie verhielt sich so, als müßte sie ihre Hände und Füße in Fesseln legen, ja als müßte sie sogar ihre Zunge und ihren Verstand fesseln, um nicht in rasender Wut auf den Gegenstand ihres Zorns loszugehen, ihn zu zerstören und zu verschlingen ... Wir können sagen, daß es bei unserer psychotischen Patientin zu einem defensiv motivierten Zerfall bestimmter Ichfunktionen kam, die in innerseelischen Konfliktsituationen bei normalen oder neurotischen Individuen gewöhnlich erheblich weniger in Mitleidenschaft gezogen werden: nämlich der Funktionen der willkürlichen Bewegung, der äußeren Sinneswahrnehmungen und des bewußten Denkens. Dieser Zerfall führte zu einem schwerwiegenden, wenngleich vorübergehenden Rückzug von der äußeren Wirklichkeit." (J. Arlow & Ch. Brenner: Grundbegriffe der Psychoanalyse, Rowohlt 1976/129)

Beispiel für „Beeinträchtigung der integrativen Funktionen" (Anpassungsstörung im Bereich zwischenmenschlicher Beziehungen):
„Eine Patientin konnte nicht begreifen, weshalb gerade jene Menschen, denen sie am meisten zugeneigt war, sie so unfreundlich behandelten und sich sogar offen mit ihr zankten. Die Antwort auf diese wunderliche Frage begann sich erst abzuzeichnen, nachdem im Verlauf ihrer analytischen Sitzungen folgendes Verhaltenselement richtig

verstanden wurde: Es kam vor, daß die Patientin, offensichtlich aus Wut, den Analytiker eine Stunde lang anschrie. Sagte der Analytiker nichts dazu, so schien sie ihren Zorn zu unterdrücken und setzte die Unterhaltung gewöhnlich in einem normalen Ton fort. Während einer Sitzung, als sie sich wieder einmal beruhigt und das Gespräch in normalem Ton fortgesetzt hatte, bemerkte der Analytiker, daß sie wütend auf ihn sein müsse. Sie leugnete dies, wie es bei Patienten, die mit einer solchen Möglichkeit konfrontiert werden, oft der Fall ist; wichtiger ist jedoch noch, daß sie sich nicht vorstellen konnte, weshalb der Analytiker wohl auf die Idee gekommen war, daß sie wütend sein könnte. Nach weiteren Gesprächen stellte sich heraus, daß sie sich nicht einmal in dem Augenblick, in dem sie schrie, dessen bewußt wurde. Die proprioceptiven und auditiven Empfindungen wurden von ihrem Ich nicht integriert. Im Gegenteil, sie wurden aktiv durch das Ich voneinander isoliert. Es ist jetzt schon leichter zu verstehen, weshalb diese Patientin oft gerade von den Menschen unfreundlich behandelt wurde, denen sie besonders zugeneigt war. Sie zankte sich mit ihnen, manchmal sogar heftig, ohne sich dessen tatsächlich bewußt zu sein. Die Analyse zog sich über viele Monate hin, bevor das Motiv für die defensive Beeinträchtigung der integrativen Fähigkeiten ihres Ich während ihrer Zornausbrüche ausfindig gemacht werden konnte. Ihre unbewußten Kastrations- und kannibalischen Wünsche sowie ihre Mordgedanken ließen in ihr so starke Schuldkomplexe aufkommen, daß sie das Gefühl hatte, sie wäre gleich besser tot und sollte deshalb Selbstmord begehen. Dadurch, daß sie sich dessen nicht bewußt wurde, daß sie schrie und zankte, konnte sie die damit im Zusammenhang stehenden Schuldgefühle und selbstzerstörerischen Tendenzen abwehren oder zumindest in Grenzen halten." (J. Arlow & Ch. Brenner: Grundbegriffe der Psychoanalyse, Rowohlt 1976/131)

Unterschiede zwischen Neurose, Schizophrenie und Melancholie

Das Ich des Melancholikers ist mit seinem Über-Ich entzweit, das Ich des Neurotikers mit seinem Es, das Ich des Schizophrenen mit der Realität.

Beiträge Melanie Kleins zum Verständnis von Psychosen

Die paranoid-schizoide Position

Definition: Früheste, von M. Klein 1946 beschriebene Entwicklungsphase während der ersten Lebenswochen des Säuglings, die durch den Versuch gekennzeichnet ist, den Todestrieb dauerhaft abzulenken, um auf diese Weise die Zuversicht zu erlangen, durch die Auswirkungen des Todestriebes nicht in Stücke zu zerfallen. M. Klein geht von der Annahme aus, daß der Säugling

bereits über die Fähigkeit zu primitiven Objektbeziehungen („inneren Objekten"), zu primitiven Phantasien und zu primitiven Formen von Ängsten sowie
zu primitiven Abwehrleistungen (Spaltung, projektive Identifizierung) verfügt.

„Durch die von Geburt an vorhandene Aktivität des Todestriebes entstehen primäre
Ängste, die allen anderen Ängsten zugrunde liegen: ein Objekt im Inneren droht, das
Ich zu vernichten. Diese frühe Angst ‚wird als Furcht vor Vernichtung (Tod) in der
Form von Verfolgungsangst empfunden … als Furcht vor einem unkontrollierten,
überwältigenden Objekt … als Angst von innen zerstört zu werden.' (M. Klein: Das
Seelenleben des Kleinkindes, 1983/136). Das Ich kämpft gegen diese Fragmentierung,
subjektiv erlebt in der Erfahrung, daß das Innere in Stücke zerfallen ist, indem es sich
selbst aktiv spaltet. Diese Spaltungsprozesse führen in der Regel dazu, daß Teile des
Selbst oder des Ichs in Objekte projiziert werden (projektive Identifizierung), wodurch
eine Entleerung des Selbst entstehen kann.

Das Ich wird somit gespalten und – nicht nur in seiner eigenen, inneren Welt, sondern auch in der äußeren Welt – zerstreut. Dort gibt es nun Objekte, die dem Ich
ähneln, weil sie in der Phantasie die ausgestoßenen Selbstanteile in sich enthalten. Der
Haß, mit dem das Objekt angegriffen wird, vermittelt dem Ich das Gefühl, daß eigene
Anteile gefährdet sind, was seinen Angstzustand noch intensiviert. Als Folge seiner
Fragmentierung empfindet das Ich sich als schwächeren Teil. Obgleich diese Prozesse
in der Phantasie stattfinden, führen die Überzeugung, mit der an ihnen festgehalten
wird, und die mangelnde Fähigkeit des Säuglings, die eigene Realität und die der anderen irgendwie zu überprüfen, dazu, daß das Ich durch die Phantasie so beeinflußt wird,
als habe sie sich tatsächlich zugetragen – mit Freuds Worten: es findet eine ‚Ichveränderung' statt. Die in der Phantasie erfolgte Ich-Streuung wird auf diese Weise Realität,
psychische und emotionale Realität. Das Ich wird durch den Verlust seiner Anteile geschwächt. Dadurch bereiten ihm Introjektionen größere Schwierigkeiten, weil sie u. U.
so empfunden werden, als ob sie es in seiner eigenen inneren Welt vollständig beherrschen; das Ich kann das Gefühl haben, selbst nur eine Kapsel zu sein, in der sich ein
fremdes Objekt befindet, so daß es sich überwältigt und sogar dem guten inneren Objekt ‚zwangsweise unterworfen' fühlt.

Die Angst der paranoid-schizoiden Position ist in erster Linie eine Angst vor Fragmentierung und Verlust des Ichs. Sie ist aufs engste mit dem Schicksal des inneren Objekts verbunden – eines Partialobjekts, das höchst instabil ist und zwischen ‚gut' und
‚böse' hin- und herwechselt … [dadurch] werden in diesem frühen Lebensalter Objekte nicht objektiv wahrgenommen und verstanden – vielmehr werden ihnen häufig unnatürlich gute und unnatürlich böse Qualitäten zugeschrieben … [Von dieser] Objekt-
spaltung, die dem Objekt … nur gute (oder nur böse) Eigenschaften zuschreibt – idea-
lisiertes Objekt (oder Verfolger) – ist die Spaltung des Ichs abzugrenzen … [Durch die
Introjektion des guten und geliebten Objekts] wird ein inneres gutes Objekt geschaffen, das schließlich den Kristallisationspunkt des fragilen Ichs bildet, um den es sich
schließlich integrieren kann. Mit dem Auftauchen und Verschwinden des äußeren guten Objekts sind wechselnde Zustände der Integration und Desintegration verbunden.
Mit dem Verslust des introjizierten guten Objekts entwickeln sich Frustrationszustän-
de, die nur dann gemildert werden, wenn der Säugling ein äußeres gutes Objekt erlebt,
das er dann introjizieren kann. Zu Beginn seines Lebens ist der Säugling auf ein Objekt

angewiesen, das seine Erfahrungen in sich aufnehmen und bewahren, containen kann." (R. D. Hinshelwood: Wörterbuch der kleinianischen Psychoanalyse, 1993, Verlag Internationale Psychoanalyse)

Eine liebevolle Behandlung des Säuglings befriedigt also nicht nur das Bedürfnis nach Behaglichkeit, Liebe und Nahrung, sondern sie ist auch notwendig, um die schreckliche Verfolgung zu bannen. Versagung ist nicht nur eine entbehrte Erfüllung, sondern kann zu einer drohenden Vernichtung durch Verfolger werden. Je massiver die Angst ist, je einsamer ein Säugling ist, desto verstärkter wird die Idealisierung des idealen Objekts. Diese Idealisierung ist mit einer magischen omnipotenten Leugnung gekoppelt. Die Verfolgung kann entweder vollständig geleugnet werden, oder die verfolgten Objekte werden ebenfalls idealisiert und als Ideal behandelt. Manchmal identifiziert sich dann das Ich mit diesem Pseudo-Ideal-Objekt. Diese Idealisierungen bekommt man manchmal von Patienten zu hören, die sich als perfekte Babys, die nie protestiert und nie geweint haben, schildern. Bei Erwachsenen führen diese Mechanismen zu einer mangelnden Unterscheidung von gut und böse und zur Fixierung an böse Objekte, die idealisiert werden müssen und von denen man sich nicht trennen kann. Um eine normale Entwicklung zu gewährleisten, ist es deshalb so wichtig, daß die guten Erfahrungen in dieser Zeit die bösen überwiegen, damit die bösen nicht idealisiert werden müssen.

Die depressive Position

Definition: Zwischen dem vierten und dem sechsten Lebensmonat etwa ist der Säugling psychisch weit genug entwickelt, um seine fragmentierten Wahrnehmungen von seiner Mutter miteinander zu verbinden und die voneinander getrennten, guten und bösen Imagines zusammenzufügen zu einer Vorstellung von ein und derselben Person mit guten und schlechten Eigenschaften.

Das Kind anerkennt nun ein ganzes Objekt und stellt zwischen ihm und diesem Objekt eine Beziehung her; es handelt sich also um den entscheidenden Augenblick, in dem das Kind seine Mutter als ganze Person psychisch erkennt und damit auch andere Personen in der näheren Umgebung erkennt und differenziert. Dieser Umstand wird unterschieden von Beziehungen zu Teilobjekten und von Beziehungen zu gespaltenen Objekten. Das Kind bezieht sich jetzt nicht nur auf Brust, Hände, Gesicht oder Augen der Mutter, sondern auf eine ganze Person, mal gut, mal böse, mal anwesend, mal abwesend, mal geliebt und mal gehaßt werdend. Damit wird aber auch die eigene Hilflosigkeit und die eigene Abhängigkeit wahrgenommen. Die Hauptangst in der depressiven Position hat ihre Quelle in der Ambivalenz, nämlich, daß die destruktiven Regungen das geliebte Objekt, von dem man sich abhängig fühlt, zerstören könnten oder sie es schon zerstört hätten. Im Unterschied dazu war die Hauptangst der paranoid-schizoiden Position die, das Ich könnte durch das böse Objekt oder durch böse Objekte zerstört werden. Die depressive Position beginnt in der oralen Entwicklungsphase, wenn das Kind aus Liebe und Bedürfnis alles verschlingt. Damit spürt das Kind auch seine eigenen destruktiven Impulse, die dann Angst auslösen. Die neuen Gefühle in der depressiven Position sind Trauer und Sehnsucht. Trauer um den Verlust des guten Objekts, weil es glaubt, dieses zerstört zu haben und die typische depressive Erfahrung von Gewissensbissen und Schuldgefühlen. Gleichzeitig kann in dieser Entwicklung zwischen Phantasie und äußerer Wirklichkeit zunehmend besser unterschieden werden. Langsam entwickelt sich der Wirklichkeitssinn. Wenn es nun zum Zeitpunkt der depressiven Position zu einer Regression kommt, so kann der Wirklichkeitssinn wieder verlorengehen und das Individuum psychotisch werden (Verlust der Fähigkeit zur Realitätsprüfung). Wenn die depressive Position erreicht und zumindest teilweise durchgearbeitet wird, so sind die Schwierigkeiten, die im späteren Leben auftreten, vielleicht psychosomatischer, vielleicht neurotischer, aber eher nicht psychotischer Natur.

Einige entwicklungspsychologische Grundlagen für die Entwicklung einer Psychose

1. Wirklichkeitserfahrung und Wahrnehmungsapparat:

Wenn die Wirklichkeitserfahrung primär als Verfolgung empfunden wird, zieht jede Wirklichkeitserfahrung heftigen Haß auf sich. Die Zersplitterung des Ichs ist ein Versuch, sich jeglicher Wahrnehmung zu entledigen, denn angegriffen, zerstört und beseitigt wird in erster Linie der Wahrnehmungsapparat. Wenn nichts wahrgenommen wird, dann kann nichts passieren. Gleichzeitig wird aber auch das für die Wahrnehmung verantwortliche Objekt gehaßt. Die Absplitterung in die zahllosen, wiederum in gut und böse gespaltenen Objekte schwächen das Ich natürlich ungeheuer und jede Wirklichkeitserfahrung wird damit zu einer Qual. Die Früchte davon sehen wir bei psychotischen Personen: ihre ungeheure Verletzlichkeit der Wirklichkeit gegenüber. Ein anderer Weg, den Wahrnehmungsapparat zu schädigen, ist die pathogene Symbiose nach Margaret Mahler, die dadurch charakterisiert ist, daß die Bedürfnisse des Kindes ununterbrochen uminterpretiert werden, dem Kind eine eigene und eigenständige Wahrnehmung überhaupt nicht möglich ist.

2. Ichschwäche:

„Die exzessive Spaltung des Ichs, seiner Impulse und Erfahrungen, hat eine Reihe von Konsequenzen: ,Was das Ich betrifft, so wird es durch die übertriebene Spaltung und Ausstoßung von Ichteilen in die äußere Welt außerordentlich geschwächt.'" (M. Klein, 1983/141)

Die Verbindung von Introjektion und Spaltung war für Klein von ebenso großer Bedeutung, weil die daraus resultierende Phantasie in der Regel in einer Flucht zum idealisierten inneren Objekt besteht, das, wenn der Mechanismus zu stark ist, die Ich-Entwicklung beeinträchtigt: „Als Folge davon kann das Ich als hörig und völlig abhängig vom inneren Objekt empfunden werden – gewissermaßen nur eine Schale für das innere Objekt." (S. 143)

„Das geschwächte Ich verliert ... auch die Fähigkeit, seine inneren Objekte zu assimilieren, was zu dem Gefühl führt, von ihnen beherrscht zu werden. Wiederum fühlt sich solch ein geschwächtes Ich unfähig, die Teile, die es in die äußere Welt projiziert hatte, wieder in sich zurückzunehmen." (Ebd., S. 145) „Die ungleichgewichtige Wechselwirkung zwischen Spaltung sowie introjektiven und projektiven Prozessen führt zu gravierenden Störungen des Ichs, die die weitere Entwicklung äußerst unsicher machen und eine Tendenz zur Schizophrenie im späteren Leben begünstigen." (R. D. Hinshelwood: Wörterbuch der kleinianischen Psychoanalyse, 1993/591, Verlag Internationale Psychoanalyse)

3. Die **Pathogenität des familiären Systems:** Rollenzuschreibungen können das Kind in einer irrealen, nach außen völlig isolierten und abgegrenzten Welt halten. Dazu kommen entweder Reizdefizite oder überstarke Reize (z.b.: sexuelle „Überstimulierung"), die traumatisch erlebt werden und dementsprechend für das Ich desintegrierende Folgen haben können.

Die Gruppe der Schizophrenien

„Schizophrene Erkrankungen gehen in Bereichen des Geistes und des Gemütes vor sich, die nur den Menschen und kaum dem Tiere eigen sind. Sie haben keine unmittelbaren und erkennbaren Beziehungen zu körperlichen Vorgängen, ebensowenig wie intellektuelles Leben und feinere gemütliche menschliche Regungen. Die vererbten Voraussetzungen für die Schizophrenien sind nicht in vererbten Stoffwechselstörungen zu suchen, sondern in den vererbten Entwicklungsbereitschaften für Charakter, Gemüt und Persönlichkeit. Am ehesten mögen sie in mangelnder Vereinbarkeit, in Dysharmonie dieser Entwicklungsbereitschaften gegeben sein. Die Erkrankung an Schizophrenie erfolgt nicht im Zuge eines körperlichen Krankheitsprozesses, sondern im Zuge einer ungünstigen Persönlichkeitsentwicklung. Wie jede andere Persönlichkeitsentwicklung steht sie unter der sich ständig verflechtenden Wirkung angeborener persönlicher Tendenzen und persönlicher Lebenserfahrung. Im Gegensatz zu anderen Persönlichkeitsentwicklungen sind aber diese Entwicklungstendenzen und Lebenserfahrungen vor allem in sich zerrissen. Die Entwicklung erreicht eine Schwelle, einen ‚Brechpunkt'. Ist dieser erreicht, geht die Fähigkeit verloren, sich an die reale Welt anzupassen; statt dessen verliert sich das innere Leben im Bestreben, sich in Bildern und im Verhalten eine Welt zu schaffen, die der Widersprüchlichkeit des eigenen Wesens und der eigenen Lebenserfahrung angepaßt wäre: Der Schizophrene verliert sich in seinem Autismus. Gleichzeitig mit der Verinnerlichung hat er eine leise Hoffnung in der Zurschaustellung seines zerrissenen Wesens von seinen Nächsten besser angenommen zu werden als vorher.

Heilend wirken die Einflüsse, die schon zur gesunden Entwicklung einer starken, einheitlichen Persönlichkeit helfen: Sie entspringen der Teilnahme an einer tätigen Gemeinschaft mit anderen Menschen, dem Erleben von erschütternden plötzlichen Gefahren, die selbsterhaltende Kräfte wecken und zusammenfassen, und der Vermittlung von besinnlicher Ruhe und Entspannung im rechten Rhythmus mit der Anregung." (M. Bleuler: Die schizophrenen Geistesstörungen im Lichte langjähriger Kranken- und Familiengeschichten, 1972/567–568, Georg Thieme Verlag)

Definition:
„Mit dem Namen **Dementia praecox oder Gruppe der Schizophrenien** bezeichnen wir eine Psychosengruppe, die bald chronisch, bald in Schüben verläuft, in jedem Stadium haltmachen kann oder zurückgehen kann, aber wohl keine volle Restitutio ad integrum erlaubt. Sie wird charakterisiert durch eine spezifisch geartete, sonst nirgends vorkommende Alteration des Denkens und Fühlens und der Beziehungen zur Außenwelt. In jedem Fall besteht eine mehr oder weniger deutliche Spaltung der psychischen Funktionen: Ist die Krankheit ausgesprochen, so verliert die Persönlichkeit ihre Einheit, bald repräsentiert der, bald jener psychische Komplex die Person ... ein Komplex beherrscht zeitweilig die Persönlichkeit, während andere Vorstellungen oder Strebungsgruppen ‚abgespalten' und ganz oder teilweise unwirksam sind." (E. Bleuler: Dementia praecox oder die Gruppe der Schizophrenien, Deuticke 1911/6)

Phänomenologie:
1. **Störungen des Denkens** (das Denken geht nicht mehr nach den Gesetzen des Sekundärprozesses vor sich, sondern verliert seine an die Wirklichkeit orientierte Logik und folgt den Gesetzen des Primärprozesses):
   - Zerfahrenheit (die einzelnen Gedanken verlieren ihren Zusammenhang, werden sprunghaft, alogisch, bis zum völligen Zerfall im sogenannten „Wortsalat")
   - Sperrung des Denkens (Gedankenabreißen: plötzliche Unterbrechungen eines Gedankenganges, meist mitten im Satz, der Schizophrene kann seinen Gedanken dann nicht zu Ende führen, schweigt dann meistens und verarbeitet gelegentlich dieses Erlebnis paranoid als „Gedankenentzug")

- Neologismen (oft unverständliche Spracheigentümlichkeiten und Wortneuschöpfungen, z. B.: Pensudet = Geschlechtsverkehr, die zu einer eigenen Privat- oder Kunstsprache führen können)
2. **Störungen der Affektivität** im Sinne der Inadäquatheit der Affekte (Parathymie: Mißverhältnis zwischen Affekt und Denkinhalt) und der Affektverflachung (Verlust der „Leuchtkraft" der Affekte), die zu „fühlbaren" Auffälligkeiten im Umgang mit Schizophrenen beitragen, sodaß oft schon recht bald auf der Ebene des affektiven Verstehens bzw. der Uneinfühlbarkeit eine erste Verdachtsdiagnose gestellt werden kann („Praecox-Gefühl")
3. **Spaltung:** Unvereinbare Erlebnisqualitäten stehen zusammenhanglos nebeneinander, ohne daß diese Gegensätze bewußt als Widersprüchlichkeiten erlebt würden („Doppelte Buchführung": der Schizophrene lebt „doppelt", d. h. in einer wirklichen und einer wahnhaften Welt; „Transitivismus": Patient glaubt, daß die Personen seiner Umwelt ebenfalls erkrankt wären)
4. **Autismus:** Abkehr von der zwischenmenschlichen Beziehungsrealität; Ich-Versunkenheit
5. **Sinnestäuschungen und Wahnideen:** Stimmenhören (Tun und Denken kommentierende Stimmen, Gedankenlautwerden, imperative Stimmen etc.), Geruchshalluzinationen, optische Halluzinationen, zönästhetische Halluzinationen (Leibhalluzinationen: Gefühle von Veränderungen an inneren Organen, z. B.: innerlich verbrannt oder aus der Ferne vergewaltigt zu werden); Verfolgungswahn, Eifersuchtswahn, Beziehungswahn, Größenwahn, Vergiftungswahn

Verlauf: Der Beginn einer Schizophrenie kann akut oder chronisch sein, der Verlauf erfolgt chronisch-schleichend oder in akuten, periodischen Schüben. Eine Manifestation kann die einzige bleiben, die Wahrscheinlichkeit weiterer Krankheitsfälle ist jedoch hoch. Selten wird nach einer Erkrankung tatsächlich wieder der psychische Ausgangszustand von vor der Erkrankung erreicht, häufiger gelingt lediglich eine „soziale" Heilung, im Hintergrund bleibt ein **„Defekt"** (Einengung der Interessen, Kontaktschwäche, Bizarrerien und Verschrobenheiten, Verlust an Aktivität, Initiative und affektiver Lebhaftigkeit) faßbar. Die früher häufigen Endzustände in Gestalt einer **Demenz** (allgemeine Senkung des Persönlichkeitsniveaus, Antriebs- und Interesselosigkeit, affektive Verblödung) sind heute selten geworden.

Katatonie: im Alter von etwa 25–30 sich manifestierende Form der Schizophrenie mit Tendenz zu akuten Schüben und – zumindest anfangs – guter Remission. Im Vordergrund stehen motorische Symptome wie Stupor (Starrezustand, in dem sich der Patient oft stundenlang in einer oft bizarren Körperhaltung nicht bewegt und auch auf nichts reagiert), katatoner Erregungssturm, Negativismus (der Patient tut automatisch gerade das Gegenteil von dem, was ihm aufgetragen wurde) etc.

Hebephrenie: beginnt typischerweise bereits in der Pubertät. Charakteristisch ist ein unberechenbares läppisches Verhalten und ein chronischer, eher ungünstiger Verlauf.

Schizophrenia simplex: schleichender, symptomarmer Verlauf mit zunehmender Versandung. Beginn in der Pubertät, häufig nur als soziales Versagen erkennbar („Knick in der Lebenslinie").

Drei wesentliche Gesichtspunkte beim psychoanalytischen Verständnis der Schizophrenien:

1. Einem Konflikt wird durch Bruch mit der Wirklichkeit ausgewichen. Der Bruch mit der Realität gelingt am besten dadurch, daß die sich den Wünschen entgegenstellenden **Wahrnehmungen einfach unterdrückt/verleugnet** werden.
2. Gelingt der **Rückzug von der enttäuschenden/frustrierenden Realität durch Regression**, so sinkt der Kranke in ein Entwicklungsstadium (Narzißmus) zurück, in dem er vor der Errichtung der Funktion der Realitätsprüfung war (Realitätsprüfung als wesentliche Funktion des reifen Ichs).
3. Die unlogisch und von der normalen Logik oft abweichend scheinenden Denkvorgänge von schizophrenen Patienten weisen sehr wohl eine Gesetzmäßigkeit auf. Es handelt sich um eine **Prälogik, die dem magischen Denken analog** ist, ähnlich wie der Aberglaube bei der Zwangsneurose.

Regression auf den Narzißmus

Der bei Schizophrenien häufig vorkommende **hypochondrische Wahn** stellt eine Folge der Regression zum Narzißmus dar und entspricht dem Körper-Ich des Säuglings. Die Entfremdungsgefühle, die oft auftauchen, betreffen den Kern des Körperschemas, das Körper-Ich. Die **Depersonalisation** bedeutet, daß narzißtisch übersetzte Empfindungen verdrängt werden. Das **Vermissen einer bestimmten Empfindung** durch die sich selbstbeobachtenden Patienten entspricht dem Vermissen z. B. eines entfallenen und auf der Zunge schwebenden Namens, stellt also eine Manifestation der Gegenbesetzung dar. Eine Erhöhung der narzißtischen Libido ist eine Voraussetzung der Depersonalisation. Diese Erhöhung der narzißtischen Libido wird vom Ich als unangenehm empfunden, deswegen werden dagegen Abwehrmechanismen mobilisiert. Der **Größenwahn** ist eine direkte Äußerung des reaktiven primitiven Narzißmus (Allmachtsglaube). Wesentlicher Inhalt dieser Wahnbildung ist die Sehnsucht des In-sich-selbst-Verliebten, dem eigenen Ich als Objekt in der Außenwelt zu begegnen.

Darstellung des Sinns des Verfolgungswahns

Grundsätzlich werden homosexuelle Tendenzen mit Hilfe von Verleugnung und Projektion abgewehrt: Ich liebe ihn nicht, ich hasse ihn, sagt nach Freud das abwehrende Ich zunächst, dann: Er haßt mich. Dadurch erscheint dann der eigene Haß rationalisiert: Ich liebe ihn nicht, ich hasse ihn, weil er mich verfolgt. Die Projektion des Hasses erfolgt grundsätzlich nicht ins Blaue, sondern dorthin, wo die Realität einen Ansatzpunkt dafür bietet, wo es also ein Objekt, eine Person gibt, die ihrerseits (oft unbewußt) für den gegebenen Augenblick den Kranken haßt oder wenigstens nicht liebt. Die Basis dieser scheinbaren Umwandlung von Liebe und Haß, die so wichtig für die Entwicklung des Verfolgungswahns ist, ist eine erhöhte Ambivalenz. Prägenitale Triebziele, bei denen Liebe und Haß noch nicht klar differenziert werden, also Ziele der Einverleibung, sind beim Verfolgungswahn dementsprechend oft nachzuweisen (orale Phantasien).

Zur Psychopathologie des Weltuntergangswahns

„Ein Patient, der von rasender Wut ergriffen ist, möchte am liebsten alles um sich herum zerstören und in Stücke schlagen. Die Schuldgefühle und die Angst, die in ihm entstünden, wenn er diesen Wunsch spüren würde und er ihn als seinen eigenen anerkennen müßte, wären zu überwältigend, als daß er sie ertragen könnte. Statt dessen gewinnt er die Überzeugung, daß die Welt ohnehin schon zerstört worden ist, obgleich nicht durch irgendein Verschulden seinerseits. Es ist entweder Gott, der es getan hat, oder es sind Naturgewalten, Kommunisten oder Verbrecher, die dafür verantwortlich sind. Wir sollten dieses Symptom so erklären, daß wir sagen, daß – zusammen mit Abwehrbildungen des Ichs (z. B. Projektion), die den Zweck haben, die mit seinen destruktiven Wunschvorstellungen verbundene Angst zu verhindern – die Fähigkeit des Patienten, die äußere Wirklichkeit von Phantasiebildungen zu unterscheiden, ernsthaft beeinträchtigt (regressiv verändert) worden ist, und zwar so, daß eine verzerrte, wunscherfüllende Phantasie als wirklich empfunden wird. Wir dürfen aber nicht übersehen, daß es trotz der defensiven Beeinträchtigung der Realitätsprüfung und der anderen sie begleitenden Abwehrbildungen in vielen Fällen dennoch zur Entwicklung von Angst und Schuldgefühlen kommt, und zwar in einem nicht unerheblichen Maße." (J. Arlow & Ch. Brenner: Grundbegriffe der Psychoanalyse, Rowohlt 1976/134)

Die Zyklothymien (der manisch-depressive Formenkreis)

Definition: Die Gruppe der Zyklothymien ist gekennzeichnet durch ein abgesetztes Auftreten von Störungen des Antriebs, der Befindlichkeit (Grundgestimmtheit, Lust-Unlusttönung des Erlebens, Vitalgefühle) und der Affizierbarkeit, die mit Veränderungen der Biorhythmen einhergehen (Durchschlafstörungen in Form von häufigen Erwachen und Wiedereinschlafen oder deutlich vorzeitigem Erwachen; Tagesschwankungen, sodaß die angegebenen Beschwerden im Tagesablauf einen unterschiedlichen Schweregrad aufweisen, typischerweise am stärksten am Morgen = morgendliches Pessimum, und am schwächsten am Abend = abendliche Auffhellung/Remission). (P. Berner: Psychiatrische Systematik, 1977/167, Hans Huber)

Verlauf: Der Verlauf ist typischerweise charakterisiert durch das scheinbar anlaßlose, plötzliche (seltener als ein schleichender Beginn) Auftreten einer Phase (der Patient erwacht am Morgen durch seine Verstimmung völlig verändert wie in Kafkas „Verwandlung"), die ohne Defektbildung abheilt (Restitutio ad integrum). Es können nur eine oder mehrere **(rezidivierend)** Phasen auftreten, schließlich nur depressive / nur manische **(unipolare Form),** oder manische und depressive abwechselnd **(bipolarer Verlauf).** Bei rezidivierenden Verläufen mit Wiedererlangung des prämorbiden Zustandes spricht man von einem freien Intervall. In diesen symptomfreien Intervallen entsprechen die Manisch-Depressiven in ihrem Charakter weitgehend den Zwangscharakteren. Das unbewußte Triebleben wird von analen Wünschen beherrscht, die aber nicht wie bei der Zwangsneurose objekterhaltend (anal-erotisch), sondern objektzerstörend (anal-sadistisch) sind. Gelegentlich findet man aber auch hier chronische Verläufe und **manisch-depressive Defektzustände** (Entleerung im Antriebsbereich, leichte Verstimmbarkeit und verlängertes Verbleiben in einmal aufgetretenen Stimmungen). Die Phasendauer reicht von Stunden bis Jahren (im Durchschnitt sechs Monate). Erstmanifestationen von Zyklothymien sind am häufigsten im 3. und 4. Lebensjahrzehnt, wobei eine erste manische Phase in früherem Alter auftritt als eine erste depressive.

Drei Momente sprechen gegen eine Überschätzung des psychogenen Faktors in der Entstehung von manisch-depressiven Erkrankungen:
1. Die strikte Periodizität, die Phasen scheinen unabhängig vom äußeren Erleben aufzutreten.
2. Das hereditäre Moment, das bei keiner anderen Erkrankung so sicher nachzuweisen ist wie bei dieser Krankheitsgruppe.

3. Auch bei Fällen ohne ausgesprochene Periodizität ist die scheinbare Anlaßlosigkeit der Stimmungsschwankungen etwas, was gegen den psychogenen Charakter zu sprechen scheint.

Die gewichtigsten Einwände können von psychoanalytischer Seite gegen
das dritte Argument ins Feld geführt werden, gegen die Anlaßlosigkeit. Der
Unterschied endogen und reaktiv ist kein brauchbares Kriterium, wenn man
die Existenz des Unbewußten akzeptiert. Die Anlässe der „spontanen" Manifestationen können ja dem Beobachter mitunter entgehen und sind auch dem
Patienten häufig nicht bewußt. Auch die Diskrepanz zwischen geringfügigem
Anlaß und großartiger Reaktion muß nicht auf einen organischen Faktor, sondern lediglich auf eine „Verschiebung" schließen lassen.

Man kann also an die Untersuchung der manisch-depressiven Erkrankungen mit drei Hypothesen herangehen:
1. Erwartung eines wesentlichen „organischen" Faktors, bereits partiell durch
   die Neuro-Transmitterforschung bestätigt,
2. reaktive und endogene Formen sind nur quantitativ, aber nicht prinzipiell
   verschieden, und
3. die Stimmungsschwankungen des Normalen stellen genauso einen Übergang zwischen Manifestationen dieser Psychose und der Normalität dar,
   wie wir auch bei Schizophrenie und Neurose breite Übergangsgebiete zum
   Normalen gefunden haben. Die Erkrankung „manisch-depressives Irre-
   sein" stellt somit ein Zerrbild einer Reihe normalpsychologischer Probleme
   dar, wie z. B der Erhöhung und Herabsetzung des Selbstwertgefühls (Min-
   derwertigkeit oder Geltungsdrang), der alltäglichen Stimmungen und Lau-
   nen (Traurigkeit, Fröhlichkeit), des Wesens der Trauer.

Die Melancholie

Phänomenologie:
- tiefe schmerzliche Verstimmung (**„primäre Verstimmung"**)
- **Antriebsverarmung** (Versteinerung und subjektive innere Leere, Ver-
  langsamung aller psychischen Vorgänge insbesondere der Denkvorgänge)
- **Aufheben des Interesses für die Außenwelt**
- **Verlust der Liebesfähigkeit**
- **allgemeine Hemmung**

- **Herabsetzung des Selbstgefühls**, was sich in Selbstvorwürfen, Selbstbeschimpfungen äußert und bis zur wahnhaften Erwartung von Strafe steigert (Versündigungs-, Verarmungswahn)
- **körperliche Symptome** (Verstopfung, Gewichtsabnahme, Appetitlosigkeit, Nachlassen der Libido, Mundtrockenheit, leibliche Mißempfindungen wie Druckgefühl im Herz-Brust-Bereich bis hin zu hypochondrischen Wahnvorstellungen)

Vier Grundlagen jeder Depression aus psychoanalytischer Sicht:
1. **Erhöhte Ambivalenz** (verstärkter, vielleicht oraler Sadismus),
2. **Wendung des Sadismus gegen das eigene Ich,**
3. **Regression zum Narzißmus / Regression von der Objektliebe zur Identifizierung** und
4. **Introjektion des enttäuschenden Objekts und nachfolgende (totale) Identifizierung** mit ihm.

Die Folgen: Depressive können nicht recht lieben, d. h. entweder wird gegen das Liebesobjekt gleichzeitig ein manifester Haß entwickelt oder eine Lähmung der Liebesfähigkeit, die einem unterdrückten Haß entspricht (Liebesunfähigkeit durch Ambivalenz, „Ich bemerke, daß ich nicht lieben kann, deshalb hasse ich mich!"). Der Depressive behandelt sich selbst mit der gleichen Ambivalenz wie die Objekte. Das Gefühl, ungeliebt, gehaßt zu sein, ist häufig eine Konsequenz aus den primären, dem eigenen Haß gegen sich selbst entsprechenden Gefühlen. Den Objekten gegenüber ist die Liebesregung manifest, der Haß unbewußt. Dem Ich gegenüber der Haß in Selbstvorwürfen überlaut – dahinter steht eine primäre narzißtische Liebesüberschätzung des eigenen Ichs. Depressive können sich anmaßend verhalten, keinen Sinn dafür haben, wie sehr sie sich mit ihrem Verhalten den Objekten aufdrängen. Als Triebquelle dieses Sadismus ist die Oralität (oral-sadistische Phase) anzusehen. In dem Selbsthaß liegt auch eine Umkehrung des ursprünglich gegen die Objekte gerichteten Sadismus zum Masochismus.

Die pathognomonische Introjektion: Die (psychische) Einverleibung des Objekts, dessen Liebe als narzißtische Zufuhr verlangt wird, stellt einen Versuch dar, den realen (oder phantasierten) Verlust des Objekts (die Enttäuschung) ungeschehen zu machen. Durch die Phantasie, zu einer unio mystica mit einer allmächtigen Person zu gelangen, indem deren Substanz die eigene durchdringt und man selbst zu ihrer Substanz wird, wird das äußere Objekt durch ein inneres ersetzt. Dies wird dadurch ermöglicht, daß ein Teil des Ichs des Patienten selbst zu diesem Objekt wird. „Der Schatten des Objekts ist auf

das Ich gefallen." Nach vollzogener Einverleibung und stattgefundener (narzißtischer) Identifizierung setzt sich nun der Kampf um narzißtische Zuwen-
dung auf einer innerpsychischen Ebene in der Auseinandersetzung zwischen
Ich und Über-Ich fort. Der Sadismus, der ursprünglich dem Objekt gegolten
hatte, wird nun gegen das Ich gerichtet und verursacht die Qualen einer Depression.

Das Rätsel der Selbstmordneigung: Es ist bekannt, daß kein Neurotiker
Selbstmordabsichten verspürt, welche nicht von Mordimpulsen gegen andere
stammen würden, die schließlich auf sie selbst zurückgewendet wurden. Aber
es bleibt die Frage offen, durch welches Kräftespiel eine solche Phantasie zur
Tat werden kann. Der Selbstmord des Melancholikers stellt einen letzten ver-
zweifelten Versuch dar, von seinem äußerst grausam gewordenen Über-Ich
doch noch die lebensnotwendige narzißtische Zufuhr zu erzwingen, indem er
ihm vorführt, wozu es ihn getrieben hat und wie sehr er leidet. Gleichzeitig ist
der Selbstmord Ausdruck einer Bemühung, den Gewissensqualen um jeden
Preis ein Ende zu machen, besonders dann, wenn das Selbstwertgefühl so
vollständig verloren zu sein scheint, daß jede Hoffnung, es je wiederzuerlan-
gen, fahrengelassen wurde. Das Ich sieht sich von seinem Über-Ich verlassen
und läßt sich selbst sterben. Darüber hinaus ist natürlich auch der Selbstmord
des Melancholikers im Grunde ein Mord, sowohl ein Mord an den Objekten,
durch deren Introjektion das Über-Ich entstanden ist, wie auch ein Mord des
introjizierten Objektes, dessen äußerer Verlust die Phase auslöste und das jetzt
ein Teil des Ichs ist.

Die Manie

Phänomenologie:
* **Euphorische, gehobene Grundstimmung** („heiter, witzig")
* **Antriebssteigerung** (starker Bewegungsdrang, unermüdliche Betriebsam-
  keit, allgemeine Enthemmung, Verlust jeglichen Schamgefühls)
* **Ideenflucht** (Denken wird bestimmt durch lose Wort- und Klangassozia-
  tionen)
* **Rededrang**
* **Selbstüberschätzung bei überhöhtem Selbstwertgefühl**
  Was im Selbstmord der Depression angestrebt wurde – die Befreiung vom
  bzw. Vereinigung mit dem Über-Ich – scheint in der Manie erreicht zu sein.
  Grundsätzlich kennt die Manie aber keine anderen Inhalte als die Melancho-
  lie. Beide Affektionen ringen mit demselben Komplex, in der Manie wird er

„bewältigt" oder auf die Seite geschoben („manische Abwehr"), während das Ich in der Melancholie ihm erlegen ist. Die Manie ist gekennzeichnet durch: gehobene Stimmung, die Abfuhrzeichen des freudigen Affekts und die gesteigerte Bereitwilligkeit zu allen möglichen Aktionen. Die Manie ist ein Triumph. Nur bleibt dem Ich verdeckt, was es überwunden hat und worüber es triumphiert. Dieser narzißtische Sieg erzeugt ein narzißtisches Allmachtsgefühl und damit einhergehend den Wegfall aller Hemmungen. Das manische Ich hat den Verlust des Objekts oder die Trauer über den Verlust überwunden; nun ist der ganze Betrag der vorher in Gegenbesetzungen gebundenen psychischen Energie wieder verfügbar geworden. In der Manie wird auch unverkennbar die Befreiung vom Objekt, unter dem die Person gelitten hat, durch den Heißhunger, mit dem neue Objektbesetzungen angestrebt werden, demonstriert.

7. Vorlesung

Psychoanalytische Psychotherapie

Lehrziel

Definition von Psychotherapie; Grundprinzipien psychoanalytischer Psychotherapie; Unterscheidung von Psychoanalyse, psychoanalytisch orientierter Psychotherapie und stützender psychoanalytischer Psychotherapie

Weiterführende Literatur

CH. BRENNER: Praxis der Psychoanalyse, Fischer

R. GREENSON: Technik und Praxis der Psychoanalyse, Ernst Klett

O. F. KERNBERG: Psychodynamische Therapie bei Borderline-Patienten, Hans Huber

J. D. OREMLAND: Interpretation and interaction, psychoanalysis or psychotherapy? The Analytic Press

H. STROTZKA: Psychotherapie und Tiefenpsychologie, Springer

Stichworte

Psychotherapie; Psychoanalytische Psychotherapie (Psychoanalytisch orientierte und interaktive); Rahmenbedingungen; Orientierung; Junktim von Forschen und Heilen; Übertragung, Gegenübertragung, Abstinenz; psychotherapeutische Techniken (Klärung, Konfrontation, Deutung, Durcharbeiten); Psychoanalyse, psychoanalytisch orientierte Psychotherapie, stützende psychoanalytische Psychotherapie

Psychotherapie

Definition: Psychotherapie ist eine **Interaktion** zwischen einem oder mehreren Patienten und einem oder mehreren Therapeuten (auf Grund einer standardisierten Ausbildung), zum Zwecke der **Behandlung von Verhaltensstörungen oder Leidenszuständen**, die in einem **Konsens zwischen Patient und Psychotherapeut** für behandlungsbedürftig gehalten werden, mit **psy-**

chologischen Mitteln, mit einer lehrbaren Technik, einem definierten Ziel
und auf Basis einer Theorie des normalen und abnormen Verhaltens. (H.
Strotzka: Psychotherapie und Tiefenpsychologie, 1982/1, Springer)

Insofern man Psychotherapie als interaktionellen Prozeß versteht, müssen
die historischen Anfänge der Psychotherapie bei Hyppolyte Bernheim
(1837– 1919) in Nancy festgesetzt werden, der als erster die Wirksamkeit der
Hypnose auf Suggestion (also eine besondere Form einer zwischenmenschlichen Kommunikation, eben einer Interaktion) zurückführte. S. Freud erweiterte diesen ersten Ansatz einer psychotherapeutischen Methode durch die
Bemühung um eine wissenschaftliche Begründung. Spätestens gegen Ende
des 19. Jahrhunderts waren damit die Grundzüge einer Psychotherapie fest-
gelegt: als Methode versucht Psychotherapie die Psyche über den einzig
praktikablen Zugangsweg zu erreichen: Kommunikation; als Instrument der
Kommunikation wird vorwiegend das Wort, oder vielleicht genauer präver-
bale und verbale Sprache eingesetzt, Heilmittel und Bedeutungsmedium zur
gleichen Zeit; als Rahmen wird die Patient-Therapeut-Beziehung abge-
steckt; als Ziel wird die „heilsame" Beeinflussung des Patienten angesehen.
Alle anderen Möglichkeiten der Interaktion (Unterricht, Indoktrination, Ver-
hör, Führung usw.) werden von der psychotherapeutischen Interaktion möglichst scharf abgegrenzt.

Bei den Theorien des normalen und pathologischen Verhaltens handelt
es sich im wesentlichen um vier große Gruppen von Theorien:
a) die psychoanalytische Theorie,
b) die Lerntheorie,
c) die Systemtheorie und
d) die humanistische Psychologie.

Es gibt selbstverständlich außer der auf Basis der Lerntheorie beruhenden
Verhaltensmodifikation und der systemischen Psychotherapie noch eine Fülle
anderer psychotherapeutischer Techniken, deren Theoriegebäude aber entweder vollständig fehlt oder so lückenhaft ist bzw. so offensichtlich der psychoanalytischen Theorie entlehnt ist, daß als Bezugssysteme derzeit nur diese vier
wesentlichen Theorien Gültigkeit beanspruchen dürfen.
Eine genauere Unterteilung und Spezifizierung verschiedener Psychothera-
pietypen im Rahmen der einzelnen Paradigmen (Lerntheorie, psychoanalytische Theorie, Systemtheorie, humanistische Psychologie) erlaubt die Berück-
·sichtigung und Definition von Rahmenbedingungen und Orientierung der
Psychotherapie.

Rahmenbedingungen

Definition: Unter **Rahmen (Rahmenbedingungen, Setting)** versteht man die räumlichen, zeitlichen und durch das eingesetzte Verfahren selbst gegebenen Bedingungen, die einen psychischen Raum sowohl eröffnen wie auch begrenzen helfen. Innerhalb dieses „psychischen Raums" soll sich die Psychotherapie entfalten, die auftretenden Schwierigkeiten und Probleme sollten darin aufgefangen und bewältigt werden können. Die einzelnen Rahmenbedingungen, das Setting im eigentlichen Sinn, werden vor Beginn einer Psychotherapie vereinbart.

Orientierung

Definition: Durch die Hervorhebung der **Orientierung einer Psychotherapie** sollen die Zielsetzungen und technischen Elemente hervorgehoben werden, die in einer bestimmten Form von Psychotherapie verfolgt und angewandt werden.

Psychoanalytische Psychotherapie

Für den in psychoanalytischen Techniken ausgebildeten Psychotherapeuten (den ausgebildeten Psychoanalytiker) ergeben sich damit zwei grundsätzlich voneinander zu trennende große Gruppen von psychoanalytischer Psychotherapie:
1. **Die interaktive psychoanalytische Psychotherapie**
2. **Psychoanalytisch-orientierte Psychotherapie (Psychoanalyse und psychoanalytische Psychotherapie)**

Interaktive (psychoanalytische) Psychotherapie

Definition: Bei einer interaktiven Psychotherapie werden spezifische interaktionelle Aspekte der Psychotherapie bewußt so eingesetzt, daß dadurch spezifische Behandlungsziele erreicht werden, d. h. daß die Übertragung für therapeutische Zwecke benutzt wird. Die Interventionen des Psychotherapeuten, selbst wenn sie in Form einer Deutung formuliert werden, wirken letztendlich wie Ratschläge und suggestive Maßnahmen. Dementsprechend ist die stützende psychoanalytische Psychotherapie, obwohl von einem Psychoanalytiker unter Anwendung psychoanalytischen Wissens durchgeführt, als interaktive (psychoanalytische) Psychotherapie einzustufen.

Psychoanalytisch-orientierte Psychotherapie

Definition: Bein einer psychoanalytisch orientierten Psychotherapie werden im Gegensatz zu einem interaktiven Ansatz die Möglichkeiten einer Interaktion im Rahmen der psychotherapeutischen Beziehung von Seiten des Psychoanalytikers bewußt auf den Austausch verbaler Mitteilungen eingeschränkt (Abstinenz). Die interaktiven Aspekte (Beziehungsangebote, -wünsche, -ängste in der ausgebildeten Übertragung) werden nicht etwa wie im Alltag zum Ausgangspunkt und zur Grundlage tatsächlicher Handlungen; der Psychoanalytiker zielt mit seinen Interaktionen ausschließlich in eine Richtung, die der Deutung der Interaktionen (tatsächlicher, lediglich intendierter oder nur phantasierter). Mit anderen Worten: Die psychoanalytische Orientierung einer Psychotherapie wird am Umgang mit den Übertragungsmanifestationen deutlich, werden diese ausschließlich gedeutet, handelt es sich um eine Psychotherapie psychoanalytischer Orientierung, werden diese jedoch für andere, eventuell auch für kurzfristige therapeutische Zwecke ausgenützt / nicht durch Deutung aufgehoben (Übertragungsheilung, Ausspielen von Autorität usw.), liegt eine Form interaktiver Psychotherapie vor.

Psychotherapeutische Techniken, die im Rahmen psychoanalytischer Psychotherapie zur Anwendung kommen

Es gibt **fünf große Gruppen psychotherapeutischer Techniken: Suggestion, Abreaktion, Manipulation, Klärung und Deutung.**
Korrespondierend dazu kann man auch fünf „heilende Kräfte" unterscheiden, die durch die entsprechenden Techniken mobilisiert werden können und von welchen man annimmt, daß sie an den heilenden Veränderungen mitwirken.

Diese **heilenden Kräfte** sind:
a) beim Patienten **induzierte Überzeugungen, Impulse und Aktionen**, die durch Suggestion induziert sind;
b) die **Erleichterung von akuten Spannungen**, herbeigeführt durch Abreaktion;
c) das **Lernen durch Erfahrung**, herbeigeführt durch Manipulation;
d) **Einsicht durch Klärung** und
e) **Einsicht durch Deutung**

Diese verschiedenen Aktivitäten können sowohl im Sinne der Technik, z. B. um den Behandlungsprozeß voranzutreiben, oder im Sinne der Heilung, um therapeutische Veränderungen herbeizuführen, genützt werden, obwohl natürlich in der Praxis diese beiden Funktionen sich überschneiden und kaum trennbar sind.

Eine Veränderung in der Wahl der Kombinationen dieser therapeutischen Prinzipien impliziert auch eine Änderung der Ziele. Als Beispiel dafür sei eine stützende psychoanalytische Psychotherapie angegeben, in welcher die hauptsächlichsten therapeutischen Prinzipien die Manipulationen und Klärung sind. Das Ziel ist das Aufbauen einer realistischen Sicht der eigenen Person und des Umfeldes in einem Ich, welches massiv beeinflußt wird in Richtung auf Unabhängigkeit und Selbstvertrauen, Trennung, Abgrenzung (Stärkung der Identität).

Drei verschiedene Klassen psychotherapeutischer Techniken müssen in Hinblick auf ihre Anwendung in psychoanalytischen Psychotherapien unterschieden werden:

1. **Anti-analytische Verfahren:** Zu ihnen zählen alle Techniken, die die Fähigkeit zu Einsicht und Verständnis blockieren oder vermindern, wie z. B. die Verordnung oder Einnahme von Drogen/Medikamenten, rasche und bequeme Beruhigungen, bestimmte Arten von Übertragungsbefriedigungen usw. Sie sollten im Rahmen von Psychoanalysen oder psychoanalytisch orientierten Psychotherapien nicht eingesetzt werden.

2. **Nicht-analytische Verfahren:** Zu ihnen zählen diejenigen Techniken, die zwar nicht direkt auf Einsicht abzielen, aber diese zumindest nicht verhindern bzw. Ich-Funktionen stärken, die zur Gewinnung von Einsicht notwendig sind, z. B. Abreaktion. Eine genügend große Abfuhr von Triebspannungen kann notwendig sein, um sich überhaupt mit Aufgaben wie Selbstbeobachtung, freiem Assoziieren im Dienste der psychoanalytischen Arbeit etc. abgeben zu können.

3. **Analytische Verfahren:** haben das direkte Ziel, Einsicht in die intrapsychische Konfliktsituation und Verständnis dafür zu vermehren. Das Ineinandergreifen der verschiedenen analytischen Verfahren initiiert einen prozeßhaften Vorgang, einen „**Deutungsprozeß**", in dessen Verlauf eben Erkenntnisse über die unbewußten Vorgänge im Patienten gesammelt werden und zu einem erlebnishaften Verstehen über die Natur seiner Konflikte beitragen sollen. Dieser Deutungsprozeß setzt sich aus unterschiedlichen therapeutischen Maßnahmen zusammen:

    a) **Klärung:** Unter „Klärung" fallen alle Maßnahmen, die zum Ziel haben, die zu analysierenden psychischen Phänomene möglichst klar, und soweit sie eben bewußt sind, herauszuarbeiten. In diesem Sinne stellt die Klärung den ersten, vorwiegend kognitiven Schritt im Deutungsprozeß dar. Klärung kann sich auf Daten (Informationen) über die Vergangenheit, die äußere Realität des Patienten, die bewußten Übertragungsäußerungen und die bewußten Manifestationen der Abwehr beziehen.

b) **Konfrontation:** Mittels Konfrontation wird ein in Frage stehendes psychisches Phänomen dem Patienten deutlich gemacht, indem die Aufmerksamkeit des Patienten auf Bereiche gelenkt wird, die von ihm bisher nicht berücksichtigt worden sind, die aber alle noch im Bewußten liegen. Dadurch wird von Seiten des Analytikers auch eine Schwerpunktsentscheidung eingebracht, indem er diese Phänomene als therapeutisch relevant ansieht und als solche dem Patienten zu Bewußtsein bringt.

c) **Deutung:** Die Deutung ist das wichtigste analytische Verfahren, alle anderen sind entweder Schritte, die zu einer Deutung führen oder eine Deutung wirksam machen. Deuten heißt den unbewußten Sinn, die unbewußte Phantasie, die unbewußte Quelle, Vorgeschichte, Art und Weise oder Ursache eines in Frage stehenden psychischen Ereignisses im Laufe eines „Deutungsprozesses" bewußt zu machen.

d) **Durcharbeiten:** Durcharbeiten bezeichnet jene Verfahren, die in Form zirkulärer Prozesse von Einsichtsgewinnung, Widerstands-/Übertragungsdeutung, Erinnerung und Verhaltensänderung dazu beitragen, daß Einsicht zu anhaltenden und tiefgreifenden (Persönlichkeits-)Veränderungen führt.

Freud baute sein Theoriegebäude auf Erkenntnissen auf, welche er durch die Behandlung von Kranken (neurotisch Kranken) gewann. Diese Verbindung, dieses **„Junktim"**, wie Freud es nannte, **von Behandeln und Erforschen**, stellt eine der Grundmaximen jeder psychoanalytischen Behandlung dar. Psychoanalyse wird von Freud als Synonym für eine psychotherapeutische Methode verwendet,

„durch welche wir dem Kranken das verdrängte Seelische in ihm zum Bewußtsein bringen ... Die Symptome und krankhaften Äußerungen des Patienten sind wie alle seine seelischen Tätigkeiten hochzusammengesetzter Natur; die Elemente dieser Zusammensetzung sind im letzten Grunde Motive, Triebregungen. Aber der Kranke weiß von diesen elementaren Motiven nichts oder nur sehr Ungenügendes. Wir lehren ihn nun die Zusammensetzung dieser hochkomplizierten seelischen Bildungen verstehen, führen die Symptome auf die sie motivierenden Triebregungen zurück, weisen diese dem Kranken bisher unbekannten Triebmotive in den Symptomen nach. ... Und ebenso zeigen wir dem Kranken an seinen nicht für krankhaft gehaltenen seelischen Äußerungen, daß ihm deren Motivierung nur unvollkommen bewußt war, daß andere Triebmotive bei ihnen mitgewirkt haben, die ihm unerkannt geblieben sind". (S. Freud, Wege der psychoanalytischen Therapie, Ges. W. 1918/184–185)

Die oft als überwältigend erlebte Macht psychischer Störungen wird dem Einfluß von (libidinösen und aggressiven) Trieben zugeschrieben. Mit den Triebwünschen kann allerdings nur ein Element jener komplexen unbewußten psychischen Prozesse beschrieben werden, deren Resultat als unser bewußtes Fühlen, Denken und Handeln erlebt wird. Das Grundmodell psychoanalytischen Verständnisses von Psychopathologie geht von unbewußten psychischen Konflikten aus, die entweder zwischen Triebwünschen (dem Es) oder unbewußten Bedürfnissen nach Selbstbestrafung (dem Über-Ich) und den reiferen und organisierteren Anteilen der Persönlichkeit (dem Ich) entstanden sind. Definitive Festlegungen darüber, wie unsere Triebwünsche im Rahmen von Kompromißbildungen organisiert werden, beginnen bereits in der frühen Kindheit: an bestimmten Punkten der psychischen Entwicklung, abhängig von konkreten Lebensbedingungen ebenso wie von genetischen Voraussetzungen, werden Triebwünsche in Form **unbewußter Phantasiebildungen** derart organisiert und strukturiert, daß sie fortan als unbewußte Schablonen unser Verhalten beeinflussen können. Die durch diese unbewußten Phantasien vorgegebenen „Filter" bestimmen auch das Ausmaß, wie wir innere und äußere (Wahrnehmungs-) Daten selektiv auswählen und dadurch eventuell sogar „falsch" zuordnen. Der Grad einer psychischen Störung kann daran gemessen werden, wie sehr ein Individuum dazu tendiert, aktuelle Situationen im Sinne seiner unbewußten Phantasien zu entstellen und mißzuverstehen.

Durch die psychoanalytische Psychotherapie wird nun ein Set von Bedingungen geschaffen, die es erlauben, unter kontrollierten Voraussetzungen diesen Prozeß des **Ineinandergreifens von Wahrnehmung – subjektivem Erleben – unbewußter Phantasie** zu studieren. Die **Abstinenz des Analytikers** mit der daraus resultierenden rigorosen Zurückhaltung führt zur Entwicklung von gefühlsgetragenen Vorstellungen, an denen der Einfluß der unbewußten Phantasien des Patienten untersucht und nachgewiesen werden kann. Da es sich dabei um den Ausdruck von Triebwünschen handelt, begnügt sich der Patient im allgemeinen nicht damit, für diese Impulse lediglich eine verbale Ausdrucksform zu finden. Wie in seinem Alltag auch, treiben ihn seine unbewußten Wünsche dazu, das „Beziehungsangebot" der psychoanalytischen Situation für seine Bedürfnisse auszunützen. Durch die abstinente Haltung des Psychoanalytikers werden alle diese (Übertragungs-)Wünsche nicht unmittelbar befriedigt, sondern in ihren vielfältigen Verzweigungen und unterschiedlichen Ausgestaltungen herausgearbeitet, d. h. analysiert. Durch diese Aktivitäten von seiten des Analytikers wird ein **„innerpsychischer pathologischer Prozeß" in eine Übertragungsneurose umgewandelt**, d. h. alle wesentlichen Triebkonflikte finden Eingang in das Beziehungsgefüge der psychoanalytischen Situation und können dort „live" untersucht werden. Das Bewußtwerden dieser innerpsychischen Konflikte und deren Auswirkungen auf die konkreten Möglichkeiten zwischenmenschlicher Beziehungen ermöglicht eine Revision der in der Kindheit erworbenen und fixierten Schablonen, sodaß Lebensmöglichkeiten entwickelt werden können, die der aktuellen Situation und den Voraussetzungen des Patienten angemessen sind.

Übertragung: bezeichnet in der Psychoanalyse und psychoanalytischen Therapie den Vorgang, wodurch die unbewußten Wünsche an bestimmten Objekten im Rahmen eines bestimmten Beziehungstypus, der sich mit diesen Objekten ergeben hat, aktualisiert werden. Es handelt sich dabei um die Wiederholung infantiler Muster, die mit einem besonderen Gefühl von Aktualität erlebt werden.

Unter **Gegenübertragung** verstehen wir dementsprechend die Gesamtheit der unbewußten Reaktionen des Therapeuten auf den Patienten und ganz besonders auf dessen Übertragung. Subsumiert man die Schwierigkeiten, die der Analytiker im Umgang mit Patienten haben kann unter den Begriff der Gegenübertragung, so ist die Abstinenz das beste Mittel, diese, nämlich die Gegenübertragung, so zu handhaben, daß man seine Arbeit erfolgreich weiterführen kann. Die grundsätzliche Verpflichtung auf die Abstinenz als Basis jeder analytischen Arbeit, d. h. auf das, was an der Abstinenz methodenimmanent ist, hilft die Gegenübertragung unter Kontrolle zu halten.

Die **Abstinenz** verlangt vom Therapeuten:
1. Impulse und Gefühle gleich welcher Art zunächst einmal zu zügeln und daraufhin zu prüfen, inwieweit sie aus der eigenen Konflikthaftigkeit erwachsen oder Indikatoren von unbewußten Prozessen im Patienten sind;
2. alles was er sieht, sagt und tut, daraufhin zu erforschen, ob es im Interesse des Patienten, oder im eigenen Interesse gesagt oder getan wird bzw. aus seiner eigenen Konflikthaftigkeit heraus, oder um eigene Bedürfnisse zu befriedigen. Diese Erforschung der eigenen Impulse, d. h. vor allem die Versagung unbedachter Spontaneität, verschafft am ehesten Klarheit über die unbewußten Quellen derselben.

Heute können infolge verschiedener Settingvarianten und unterschiedlicher Therapieziele die folgenden drei Formen von psychoanalytischen (Langzeit-) Psychotherapien beschrieben werden:

1. Psychoanalyse („psychoanalytische Kur", klassische Psychoanalyse)

Räumliche Anordnung: Der Patient liegt auf der „Couch", der Psychoanalytiker sitzt außerhalb des Gesichtskreises des Analysanden dahinter; lediglich informelle, das Setting betreffende Vereinbarungen (z. B. Urlaubstermine) werden im „Sitzen" (z. B. am Schreibtisch) besprochen.

Zeit und Frequenz: regelmäßige, tägliche Sitzungen (d. h. 5x oder 4x wöchentlich) zu 45 oder 50 Minuten.

Therapiedauer: ohne von vornherein eingeführte Zeitbegrenzung („solange wie der Prozeß zur Herstellung der Heilung eben braucht"); Durchschnittsangaben schwanken zwischen 5–7 Jahren („manchmal kürzer, nicht selten länger!").

Methodik: „Freie Assoziation" und „Gleichschwebende Aufmerksamkeit"; „Deutungsarbeit".

- **Freie Assoziation:** der Analysand übernimmt die Aufgabe, während der Therapiestunden das Verfahren der „freien Assoziation" auszuführen, d. h.

„sich in die Lage eines aufmerksamen und leidenschaftslosen Selbstbeobachters zu versetzen, immer nur die Oberfläche seines Bewußtseins abzulesen und einerseits sich die vollste Aufrichtigkeit zur Pflicht zu machen, andererseits keinen Einfall von der Mitteilung auszuschließen, auch wenn man 1. ihn allzu unangenehm empfinden sollte, oder wenn man 2. urteilen müßte, er sei unsinnig, 3. allzu unwichtig, 4. gehöre nicht zu dem, was man ‚suche'". (S. Freud, Psychoanalyse und Libidotheorie, Ges. W. 1922/214–215)

- **Gleichschwebende Aufmerksamkeit und Deutungsarbeit:** der Psychoanalytiker schaltet ebenso wie der Patient vorübergehend seine kritischen Urteilsfunktionen aus und hört den Produktionen des Patienten (dessen „Einfällen") ohne bestimmte Auswahlkriterien und unvoreingenommen zu („der Patient bestimmt das Thema der Stunde"). Für eine unterschiedlich lange Zeit ist das, was im Psychoanalytiker vorgeht ident mit dem, was dem Patienten bewußt wird, bald aber kommen dem Psychoanalytiker durch seine Fähigkeit zu einer professionellen Introspektion weitere Daten („Einfälle") zu Bewußtsein, die in einem weiteren Schritt, jetzt aber durch intellektuelle Arbeit, zu einem tieferen Verstehen des Materials des Patienten führen. Dieser Schritt wird dann durch weitere bewußte Überlegungen, ob, zu welchem Zeitpunkt und wie diese Erkenntnis dem Patienten vermittelt werden kann, in Form einer Mitteilung an den Patienten (Deutung) abgeschlossen.

Indikation: Vorwiegend neurotisch strukturierte Patienten, manche Borderline-Fälle, ausnahmsweise und mit vielen Einschränkungen auch Psychotiker.

Therapieziel: Durch die Einhaltung der Grundregel hebt der Patient den bisherigen Status quo innerhalb des psychischen Apparats auf. Der Assoziationsfluß spiegelt die wechselnden Ausgestaltungen des innerpsychischen Konfliktgeschehens wider. Die Mitteilungen des Analytikers an seinen Analysanden dienen dazu, das innerpsychische Gleichgewicht der Kräfte, wie es sich in verschiedenartigsten unbewußten Phantasien verfestigt hat, zu destabilisieren, um neue, diesmal dem Status des Analysanden angemessenere Lösungen zu ermöglichen. Das Wesentliche des psychoanalytischen Prozesses besteht in dem beständigen Klären und Deuten des Wechselspiels der verschiedenen miteinander in Konflikt liegenden psychischen Kräfte. Der Patient versucht immer wieder unbewußt, diesen Deutungsprozeß dadurch zu unterlaufen und damit doch noch zu den unbewußt angestrebten Befriedigungen zu gelangen, indem er dem Analytiker im Rahmen seines unbewußten Szenarios kindlicher Wunschvorstellungen eine Rolle zuschreibt und ihn zum „Mitspielen" verführen möchte. Dadurch aber, daß der Analytiker sich von seiner neutralen Position nicht abbringen läßt und das Verhalten des Analysanden als Ausdruck und Abkömmling eben dieser unbewußten Wünsche deutet, hilft er dem Patienten, zwischen Phantasie und Realität, zwischen Vergangenheit und Gegenwart zu unterscheiden. Der Patient gewinnt auf diese Weise nicht nur Einsicht in seine verschiedenen Konfliktkonstellationen, sondern auch darin, wie dieselben Bemühungen, die er in der Vergangenheit anwendete, um diese Konflikte zu lösen, auch in der Gegenwart wiederholt werden.

„Es ist, als ob wir in einem aktuellen Setting der Wiederholung einer inneren Erfahrung aus der Vergangenheit beiwohnen und dadurch Zeuge würden, wie diese Erfahrung das Verhalten des Patienten und seine Objektbeziehungen in der Gegenwart beeinflussen." (J. Arlow: The dynamics of interpretation, 1987/75).

Die konsequente Anwendung der Prinzipien der psychoanalytischen Situation führt dazu, daß der Patient im Verlaufe des psychoanalytischen Prozesses verstehen lernt, daß seine Schwierigkeiten eben nicht interpersonelle, sondern intrapsychische sind.

2. Psychoanalytisch orientierte Psychotherapie (expressive psychoanalytische Psychotherapie)

Räumliche Anordnung: Patient und Therapeut sitzen einander gegenüber. Zeit und Frequenz: regelmäßige Sitzungen (2 bis) 3x wöchentlich zu 45 oder 50 Minuten.

Therapiedauer: wie bei der klassischen Psychoanalyse.

Technik: Die Modifikation im Setting (vis-à-vis) führt zu einer Veränderung des vorgebrachten Materials (der „Einfälle"), das sich in einem viel höheren Ausmaß als bei der klassischen Psychoanalyse auf das Hier-und-Jetzt, d. h. auf die Interaktion zwischen Therapeut und Patient bezieht. Dementsprechend spielen bei den Deutungen „Übertragungsdeutungen" eine herausragende Rolle. Durch diese muß dem Patienten immer wieder bewußt gemacht werden, daß das, was er in der Interaktion mit dem Therapeuten erlebt, Widerspiegelungen seiner intrapsychischen, unbewußten Phantasien darstellen.

Indikation: viele Neurotiker, die aus äußeren oder inneren Gründen mit klassischer Psychoanalyse nicht behandelt werden können; viele Borderline-Patienten und manche psychotische Patienten, soweit sie eine solche Therapie ertragen können.

Therapieziel: Stukturaufbau; durch die ständige Deutung von Übertragung und Widerstand im Interaktionsprozeß wird eine tiefgreifende Veränderung der psychischen Struktur angestrebt. Herstellung von einer integrierten Identität und Objektkonstanz sowie einhergehende Milderung von Triebkonflikten und eine Korrektur der interpersonalen Verzerrungen (Modifikation von „Übertragung").

3. Stützende psychoanalytische Psychotherapie

Räumliche und Settingbedingungen sind variabel und den Notwendigkeiten des Einzelfalles angemessen. „Psychoanalytisch" bezieht sich auf Vorstellungen über die der Krankheit zugrundeliegenden oder sie begleitenden psychischen Mechanismen und die sich daraus ergebenden psychoanalytischen Behandlungsrichtlinien. Der Therapeut wird sich auch hier um jenes Optimum an Zurückhaltung („Abstinenz"), das dem Patienten zumutbar ist, bemühen, das einen zentralen Stellenwert in psychoanalytischen Haltungen einnimmt. An die Stelle der gemeinsamen Deutungsarbeit allerdings treten Behandlungsstrategien kognitiver und affektiver Unterstützung und gezielte Eingriffe in die Lebensumstände des Patienten. Notwendige nichtanalytische

Techniken (wie z. B. die Verordnung von Psychopharmaka) können zusätzlich eingesetzt werden, um eine Besserung oder Linderung (manchmal auch
lediglich Verhinderung einer Verschlechterung) zu erzielen.

Indikation: in akuten Krisen, die nicht als Ausdruck langandauernder
chronifizierter neurotischer Lebensgestaltungen angesehen werden können;
schwere Borderline-Fälle, die nicht mit expressiver psychoanalytischer Therapie behandelt werden können; viele psychotische Patienten, denen nur ein be-
schränktes Maß an zusätzlicher Belastung und „Selbsterkenntnis" zugemutet
werden kann und viele psychosomatische Patienten.

Therapieziel: Neben der Bewältigung von seelischen „Zusammen-
brüchen" (Krisenintervention), neben der Fokussierung auf bestimmte, umschriebene Beschwerdebereiche (Fokaltherapie) werden auch langfristige
Therapieziele verfolgt, die alle auf ein größeres Ausmaß an Selbständigkeit
und Unabhängigkeit hinauslaufen. Je nach Schwere der psychischen Erkrankung werden hier erhebliche Einschränkungen in Kauf genommen, sodaß in
manchen Fällen sogar als Therapieziel die Erhaltung des bestehenden Zustandes bzw. die Verhinderung einer weiteren Verschlechterung akzeptiert wird
und ein Abschluß der Behandlung oft nicht möglich ist („Erhaltungspsycho-
therapie").

8. Vorlesung

Psychoanalytische Konzepte in der Psychosomatik

Was heißt „Psychosomatik"? Versuch einer Definition

Unter dem Begriff Psychosomatik wird meist der Sachverhalt verstanden, daß psychische Prozesse körperlich manifeste Störungen auslösen, die in weiterer Folge zu körperlichen Erkrankungen führen können. Wenn diese körperlichen Erkrankungen dann aufgrund einer Verselbständigung der zunächst psychisch ausgelösten Störungen entstanden sind und keinen unmittelbaren Zusammenhang mit diesen auslösenden psychischen Prozessen erkennen lassen, spricht man von psychosomatischen Erkrankungen im klassischen Sinne. Dieses klassische psychosomatische Modell stellt insofern eine starke Vereinfachung und sogar Verfälschung der Wirklichkeit dar, als es die Idee nahelegt, daß die psychosomatische Störung und/oder Erkrankung immer ein Geschehen ist, bei dem zuerst die psychische Störung aufgetreten ist und in weiterer Folge, verursacht durch diese psychische Störung, dann eine organische Störung oder Erkrankung manifest wird. Durch diese Vorstellung des zeitlichen Hintereinander von psychischer und organischer Störung entsteht auch die Vorstellung einer einbahnigen Verursachungsrichtung. Im klassischen psychosomatischen Denkansatz ist die psychische Störung für die organische Störung in ähnlicher Weise kausal verantwortlich wie ein Virus für eine Infektion oder ein Unfall für einen Beinbruch. Dieser monokausale und unidirektionale Erklärungsanspruch, wie er sich auch aus den klassischen psychosomatischen Konzepten herauslesen läßt, die in der Folge vorgestellt werden, gibt das komplexe Wirkungsgeschehen nur unvollständig wieder.

Auch wenn der heutige Wissensstand über psychosomatische Störungen und Erkrankungen es notwendig macht, von einem Feedback-Loop, also einem Rückkopplungskreislauf zu sprechen, so gibt es doch nach wie vor eine Berechtigung, komplexe Modelle der psychischen Mitbeteiligung darzulegen. Denn verschiedene Aspekte des Seelenlebens wie Triebansprüche, Affekte, Phantasieinhalte können sich körperlich auswirken – zunächst durchaus im Normalbereich mit Veränderungen von Blutdruck, Pulsfrequenz und anderen organisch erkennbaren Parametern, im weiteren Verlauf manchmal auch durch Grenzüberschreitungen, die in den pathologischen Bereich hineinreichen. Jede organische Veränderung wird ihrerseits wahrgenommen und führt im Verlauf ihrer psychischen Be- oder Verarbeitung zum Erlebnis von Belastung. Belastungen, die zunächst von außen kommen, können also im Verlauf ihrer psychisch/somatisch, somatisch/psychischen Verarbeitung potenziert werden. Das Wechselspiel zwischen körperlichen Ereignissen und ihrer psychischen Bearbeitung bzw. psychischen Ereignissen und ihrer körperlichen Bearbeitung ist es also, in dessen Verlauf Fehlsteuerungen entstehen können, die psychosomatische Störungen und Erkrankungen zur Folge haben können.

Nach modernem Wissenschaftsverständnis der Medizin sind es vor allem die „Schnittstellen", also jene Bereiche, in welchen psychische Prozesse, wie z. B. emotionale Prozesse, Affekte, in somatische Strukturen, wie z. B. die Beeinflussung von Überträgersubstanzen an den Nervenendungen, oder Releasing-Hormonen, also jener Substanzen, welche die Ausschüttung von Hormonen im Zwischenhirn überhaupt erst anregen, eingreifen, auf welche sich die Forschungsaktivitäten zu konzentrieren haben. Daß an diesen Schnittstellen auch andere Paradigmata psychosomatischer Krankheitsentstehung wirksam sind, wie Stressoren, die kritischen Lebensereignisse oder die subjektive Kompetenz der Streßbewältigung etc. möge an anderer Stelle nachgelesen werden (Literaturhinweis: Uexküll, Th. v., 1986, Lehrbuch der psychosomatischen Medizin, Urban & Schwarzenberg, Wien-München-Baltimore; Springer-Kremser, M.; Ringler, M.; Eder, A., 1991, Patient Frau, Springer-Verlag, Wien-New York).

Die im folgenden angeführten psychoanalytischen Theorien zur Psychosomatik beziehen sich somit auf die intrapsychischen Prozesse, welche entsprechend einem multifaktoriellen Geschehen ein Faktor an der Entstehung psychosomatischer Erkrankungen – auch im Sinne des oben erwähnten Rückkoppelungskreislaufes – unter anderen Faktoren sind. Dies muß Sigmund Freud schon 1932 klar gewesen sein, sonst hätte er nicht in einem Brief an Viktor von Weizsäcker die folgende Warnung ausgesprochen:

„Von solchen Untersuchungen (gemeint ist die Psychoanalyse eines Organkranken) mußte ich die Analytiker aus erzieherischen Gründen fernhalten, denn Innervationen, Gefäßerweiterungen, Nervenbahnen wären zu gefährliche Versuchungen für sie gewesen, sie hatten zu lernen, sich auf psychologische Denkweisen zu beschränken. Dem Internisten können wir für die Erweiterung unserer Einsicht dankbar sein." (Brief von S. Freud an Victor von Weizsäcker, 1932)

Die Konzepte folgender Autoren werden vorgestellt: Sigmund Freud, Georg Groddeck, Sandor Ferenczi, Franz Alexander, George L. Engel, Max Schur, A .Mitscherlich, Pierre Marty und Peter Sifneos.

Sigmund Freud

Literatur

S. FREUD (1894), Die Abwehr-Neuropsychosen, Ges. Werke, Band I, Frankfurt: Fischer, 1969

S. FREUD (1895), Studien über Hysterie, Ges. Werke, Band I, Frankfurt: Fischer, 1969

S. FREUD (1895), Über die Berechtigung von der Neurasthenie, einen bestimmten Symptomenkomplex als „Angst-Neurose" abzutrennen, Ges. Werke, Band I, Frankfurt: Fischer, 1969

In S. Freuds Krankheitslehre finden sich zwei Neuroseformen, bei welchen körperliche Symptome beschrieben werden. Es sind dies die Konversionsneurose und die Aktualneurose.

Die Konversionsneurose

Den psychischen Hintergrund der hysterischen Anfälle, die Freud vor allem auch während seines Aufenthaltes bei Charcot in Paris studieren konnte, beschreibt er als vom Bewußtsein abgespaltene Vorstellungsinhalte, „welche sich der Körperinnovation und der Existenz des Kranken bemächtigen, Dauersymptome und Anfälle schaffen" (Ges. Werke, Band I, S. 96). Später erkennt er den sexuellen Charakter dieser Vorstellungen. Es handelt sich um infantile sexuelle Phantasien, welche das Über-Ich nicht zuließ, die sehr angstbesetzt und daher von der Bewußtwerdung abgehalten werden, also verdrängt werden mußten. Im Unterschied zu den Phobien und Zwangsneurosen „erfolgt die Unschädlichmachung der unverträglichen Vorstellungen dadurch, daß deren Erregungssumme ins körperliche umgesetzt wird" (Ges. Werke, Band I, S. 63); und sich durch „Symbolisierung einen somatischen Ausdruck schafft". Diesen Umsetzungsvorgang bezeichnet Freud als Konversion. Bei diesem „Mechanismus der Konversion zum Zweck der Abwehr" (Ges. Werke, Band I, S. 210) wird der Körper durch einen komplizierten Abwehrmechanismus in die Lösung eines psychischen Konflikts einbezogen. Konversionssymptome sind für S. Freud also unmittelbarer Ausdruck von Phantasietätigkeit.

Die Aktualneurose

Bei den Aktualneurosen, welche durch vegetative Beschwerdebilder charakterisiert wurden, wird ein völlig anders gearteter Mechanismus der Symptombildung beschrieben. Zu den Aktualneurosen zählt Freud die Neurasthenie, die Angstneurose und später auch die Hypochondrie; Hysterie, Zwangsneurose und Phobie dagegen werden als Psychoneurosen bezeichnet. Der Begriff Aktualneurose bezieht sich dabei auf die zeitliche Aktualität der Beschwerden. Freud nahm den Ursprung der Aktualneurose in einer Störung des aktuellen Sexuallebens an und verstand ihre Ätiologie eher somatisch und weniger psychisch. „Die Erregungsquelle, der Anlaß zur Störung liegt auf somatischem Gebiet, anstatt wie bei der Hysterie und der Zwangsneurose auf psychischem" (Ges. Werke, Band I, S. 341). Die psychosexuelle Entwicklung nimmt nach Freuds Meinung bei der Entstehung der Aktualneurosen keinen wesentlichen Anteil, die Symptome der Aktualneurosen seien eher durch direkte toxische Schädigung entstanden. Allerdings sind diese toxischen Stoffe ebenfalls aus einer unbefriedigenden Abfuhr von Sexualspannung ableitbar. Der Sexualstoffwechsel sei gestört. Das Erscheinungsbild der Neurasthenie, wie Freud es beschreibt, entspricht am ehesten in unserer jetzigen Nomenklatur dem Zustand der nervösen Erschöpfung: Kopfschmerz, Müdigkeit, Dyspepsie, Nachlassen der sexuellen Aktivität. Entscheidender Akzent bei der Entstehung dieser vegetativen Symptome lag für Freud bei der Annahme einer erhöhten somatischen Spannung – für ihn sexuellen Ursprungs – und dem Fehlen psychischer Mechanismen zur Spannungsregulierung. Damit kommt er der modernen Auffassung sehr nahe, der zufolge vegetative Symptome dann auftreten, wenn die Möglichkeiten des Ichs, Spannungen psychisch zu verarbeiten, erschöpft sind. Das Individuum ist mit einer Situation konfrontiert, die es mit psychischen Mitteln nicht meistern kann. Das Ich ist nicht in der Lage, die Erregung zu bewältigen oder zu binden. Diese Spannung wird auf körperlicher Ebene in Form von Symptomen abgeführt, ohne daß psychische Mechanismen, also Abwehrvorgänge symptomgestaltend wirken. Die Symptome der Aktualneurose bieten daher nach Freuds Meinung der Psychoanalyse keine Angriffspunkte (Ges. Werke, Band XI, S. 404). Wohingegen das Konversionssymptom der Analyse den Zugang zu einer gestaltenden Phantasietätigkeit ermöglicht. Die Ich-Psychologie, vor allem die Lehre von den Objektbeziehungen und die Aggressionslehren, erlauben sehr wohl einen psychologischen Zugang zu diesen Symptomen. Andererseits wird die „Monotonie" der Neurasthenie für die Vertreter der französischen Schule und des Pensée opératoire (worauf wir später zurückkommen werden) als richtungsweisend für ihren Denkansatz gesehen.

Freuds Vorstellungen, die sich auf Entstehung toxischer Stoffe bei unzulänglicher Abfuhr von Sexualspannung beziehen, erwiesen sich als nicht haltbar. Für die Entstehung der Angstneurose werden heute rein psychologische Mechanismen verantwortlich gemacht, abgesehen von den „Katastrophen der Kindheit" kann es in jeder Entwicklungsphase zur Fixierung von spezifischen Ängsten kommen.

Sigmund Freuds Vorstellungen der Psychogenese körperlicher Beschwerden (Zusammenfassung)

- Körperliche Symptome bei Hysterie haben symbolische/szenische Bedeutung. Sie sind deutbar und verstehbar als Kompromiß zwischen Triebwunsch und sich diesem Triebwunsch entgegenstellenden psychischen Kräften.
- Körperliche Symptome bei „Aktualneurosen" (z. B. Angstneurosen) sind Äquivalente eines Angstanfalles. Die somatische Erregung wird direkt in ein körperliches Symptom abgeführt. Diese körperlichen Symptome haben keinen Sinn, keine psychische Bedeutung. Sie sind deshalb symbolisch nicht deutbar.

Georg Groddeck

Literatur

G. GRODDECK: Das Buch vom Es. Psychoanalytische Briefe an eine Freundin, München, Kindler (o. J.)

Georg Groddeck war ein niedergelassener Arzt und wilder (= selbsternannter, nicht ausgebildeter) Analytiker, der mit Sigmund Freud in Briefwechsel stand und welcher die symbolische Bedeutung von konversionsneurotischen Symptomen auf alle körperlichen Erkrankungen ausweitete. Seine Bedeutung besteht nicht darin, ein neues theoretisches Konzept entwickelt zu haben, sondern vielmehr kann er als Vorläufer angesehen werden für die Versuche, psychoanalytisch orientierte Verfahren mit anderen Behandlungsmethoden, wie Diät, Physikotherapie etc. zu kombinieren.

Ihm kommt auch der Verdienst zu, psychosomatische Modelle an den praktizierenden Arzt herangetragen und für ihn attraktiv gemacht zu haben.

Sandor Ferenczi

Literatur

S. FERENCZI (1964), Bausteine zur Psychoanalyse I und II, Bern, Stuttgart: H. Huber

Sandor Ferenczi, ein ungarischer Psychoanalytiker, hat auf die Bedeutung sexueller Traumata in der frühen Kindheit für spätere psychosomatische Störungen hingewiesen; bei Patienten mit chronischen Schmerzzuständen, insbesondere „chronic pelvic pain"-Syndromen.

Unter anderem hat er auch für diese Gruppe von PatientInnen eine Änderung der Technik vorgeschlagen (Budapester Kongreß, 1918). Er hat kurzpsychotherapeutische Techniken eingeführt, die Notwendigkeit der Aktivität des Therapeuten unter Rücknahme der Abstinenz betont.

Weiters war Ferenczi der Analytiker und Lehrer von Michael Balint; dieser hat wiederum psychoanalytische Erkenntnisse für den praktischen Arzt unmittelbar nutzbar gemacht, indem er die „Balintgruppen" einführte.

Literatur:

M. BALINT (1965): Der Arzt, sein Patient und die Krankheit, Stuttgart: Klett

M. BALINT (1980): Psychotherapeutische Techniken in der Medizin, Bern: H. Huber, Stuttgart: Klett, Gemeinschaftsverlag

Franz Alexander

Literatur

F. ALEXANDER (1950): Psychosomatische Medizin, Berlin, deGruyter, 1971

Alexander war um einen Brückenschlag zwischen der Organmedizin in seiner Zeit und einem psychoanalytischen Ansatz bemüht. Er arbeitete als Psychoanalytiker, als Leiter des Chicagoer Institutes mit Fachärzten anderer medizinischer Disziplinen zusammen. Er postulierte, daß „psychosomatische Untersuchung eine detaillierte und exakte Beschreibung von psychologischen Folgeabläufen genauso erfordert wie die exakte Beobachtung der zugehörigen psychologischen Prozesse" (Psychosomatische Medizin, S. 31). Er nahm an, daß psychische und physiologische Prozesse sich simultan zueinander vollziehen, ohne daß die eine Seite die andere determiniert. Für ihn hat jede Krankheit einen psychosomatischen Charakter, weil emotionale Faktoren sämtliche körperlichen Vorgänge auf nervösen und humoralen Bahnen beeinflussen können. So sind beispielsweise die Immunitätslage und die Widerstandskräfte gegen Infektionen zum Teil von emotionalen Faktoren abhängig. Alexander vertrat ein differenziertes ätiologisches Konzept, das die jeweiligen Konstellationen somatischer, emotionaler und sozialer Faktoren zu sehen versucht. In dieser Ausweitung des psychosomatischen Ansatzes unterscheidet er sich fundamental von S. Freud, der aus methodischen Gründen diesen Schritt ablehnte. Alexander übernahm auch den Begriff der vegetativen Neurose und charakterisierte diese dadurch, daß nach außen gerichtete Handlungen unterlassen würden und die nicht abgeführte emotionale Spannung chronische innere vegetative Veränderungen hervorrufe. Die Blockade der Handlungsabläufe bei den vegetativen Neurosen wird seiner Ansicht nach durch Über-Ich-Einflüsse bedingt. Das bedeutet, daß die Spannung vor allem aus dem Druck, der zur Niederhaltung der Triebimpulse notwendig ist, entsteht. Durch diesen Druck kommt es in einem zweiten nicht näher erläuterten Schritt in Alexanders Meinung zu Gewebsveränderungen und einer irreversiblen organischen Erkrankung. Wenn diese Gewebsveränderungen vollzogen sind, dann spricht er von Organneurosen. Das Symptom der vegetativen Neurose stellt die physiologische Reaktion der vegetativen Organe auf jetzt anhaltende, periodisch wiederkehrende emotionale Zustände dar. Eine Blutdruckerhöhung z. B. unter dem Einfluß von Wut führt den Affekt nicht ab, sondern ist die physiologische Komponente des Gesamtphänomens der Wut.

Alexander zog für die Erklärung der Entstehung der Organneurosen oder vegetativen Neurosen nur das Triebkonzept heran. Strukturelle Aspekte, Störungen der Ich-Funktionen, spielen für ihn keine Rolle. Vor allem prägenitale Triebkonflikte sind es, welche bei den psychosomatischen Affektionen nach seiner Meinung pathogen wirksam sind, im Unterschied zu den sexuell genitalen Triebinhalten der Psychoneurosen.

Die Frage nach der emotionalen Spezifität der vegetativen Neurosen war für ihn wichtig. Er traf eine grobe Zuordnung bestimmter emotionaler Verfassungen zu den beiden Komponenten des vegetativen Nervensystems. Diese Trennung von sympathischen und parasympathischen Bereitstellungen ist inzwischen in der Medizin aufgegeben worden, da sicher kein einfacher Antagonismus zwischen beiden besteht.

Beispiele für die Zuordnung eines spezifischen Konflikts zu einem Krankheitsbild nach F. Alexander:

Störungen der Atmungsfunktion, z. B. Asthma bronchiale
Spezifischer Konflikt: Der psychodynamische Kernfaktor besteht in einem um eine exzessive, nicht gelöste Mutterbindung kreisenden Konflikt. Als Abwehr gegen diese infantile Fixierung können sich alle Arten von Persönlich-

keitszügen entwickeln. Es handelt sich letztlich um einen Konflikt zwischen sexuellen Wünschen und dem Anlehnungsbedürfnis.

Magengeschwür
Spezifischer Konflikt: Wir fanden, daß der Wunsch, in der abhängigen infantilen Situation zu verbleiben – geliebt und versorgt zu werden –, sich im Konflikt mit dem erwachsenen Ich befand, und zwar mit dessem stolzen Streben nach Unabhängigkeit, Leistung.

Herz-Kreislauf-Erkrankungen (z. B. arterieller Hochdruck)
Spezifischer Konflikt: Es besteht chronische, gehemmte Wut (aggressive Antriebe), die stets mit Angst verbunden ist, und andererseits die Unfähigkeit, diese aggressiven Antriebe frei zum Ausdruck zu bringen.

Neurodermitis
Spezifischer Konflikt: Sadomasochistische und exhibitionistische Züge haben eine weitgehend spezifische Korrelation zu den Hautsymptomen.
   Neben diesen beschrieb Alexander noch einige andere Konstellationen, wie z.B. das Vorlegen von paranoiden Einstellungen bei chronischer Obstipation.

Psychosomatisches Konzept von Franz Alexander
- Es besteht eine Vulnerabilität eines Organs im Sinne von A. Adlers „Organminderwertigkeit" oder S. Freuds „Somatischem Entgegenkommen";
- weiters wird eine spezifische psychodynamische Konfiguration und eine entsprechende Abwehrbildung in der Kindheit angenommen und
- eine aktuelle Lebenssituation, die diesen unbewußten Konflikt wieder dynamisch wirksam werden läßt.

Zusammenfassung der Bedeutung des psychosomatischen Konzepts von Franz Alexander

Die Vorstellung des spezifischen Konfliktes führte zu einer Verengung des diagnostischen Blicks. Weiters ist die Vorstellung von der Organspezifität nicht haltbar: Es konnte empirisch nicht bestätigt werden, daß einer bestimmten emotionalen Konstellation eine bestimmte Pathophysiologie zuzuordnen ist. Weiters konnte auch der Übergang von funktionellen Beschwerden in eine Organschädigung nicht empirisch bestätigt werden.
   Andererseits haben Alexanders Überlegungen sehr befruchtend gewirkt, so ist eine bahnbrechende Untersuchung über den Zusammenhang zwischen Psyche und dem menstruellen Zyklus, von Therese Benedeck und Boris Ruben-

stein (1942) am Chicagoer Institut, unter seinem Einfluß entstanden. Ein weiterer Vorteil des Alexanderschen Konzepts ist die Annahme der Multikausalität und das Einbeziehen des damals letzten Standes des somatischen Wissens.

Außerdem haben auch seine Erkenntnisse zu einer Modifikation der Standardtechnik für die Behandlung psychosomatischer Patienten beigetragen (Alexander, F.; French, T. M., 1946, „Psychoanalytic Therapy", New York, Ronald Press).

George L. Engel

Literatur

G. L. ENGEL (1970): Psychisches Verhalten in Gesundheit und Krankheit. Ein Lehrbuch für Ärzte, Psychologen und Studenten, Bern, Stuttgart, Wien: H. Huber

Die grundlegende Hypothese lautet:

Prädisponierende biologische Faktoren sind nicht nur schon von Geburt oder früher Säuglingszeiten an vorhanden, sondern sind auch direkt oder indirekt an der Entwicklung des psychischen Apparates beteiligt: somatopsychisch-psychosomatisch als Kreisprozeß.

Die Autoren haben auch bei Patienten vor Ausbruch einer Erkrankung, insbesondere von Karzinomerkrankungen, einen „giving up – given up"-Komplex nachweisen können: der Inhalt dieses Komplexes bedeutet, daß es zu einem Versagen der Abwehrmechanismen in Folge eines realen oder phantasierten Objektverlustes kommt:

• Hilflosigkeit: Das Gefühl der Entbehrung entsteht durch den Verlust von Befriedigung, die von einem außerhalb des Selbst vorhandenen Objekts ersehnt wird;

• Hoffnungslosigkeit: Das Gefühl der Verzweiflung herrscht vor wegen der Unfähigkeit des Selbst, sich die gewünschte Befriedigung zu beschaffen.

Diese als „giving up – given up" beschriebene Konstellation tritt aber auch nur dann auf, wenn prädisponierende Faktoren vorhanden sind, die eine Trägerfunktion ausüben.

Max Schur

Literatur

M. SCHUR (1955): Comments on metapsychology of somatisation, Psychoanalytic Study of the Child, Vol. X

Schurs Hypothesen zur De- und Resomatisierung basieren auf der Annahme von Zusammenhängen zwischen der körperlichen Entwicklung und der Etablierung des Ichs. Nach seiner Ansicht gehen die Vorgänge bei der psychobiologischen Reifung mit einer zunehmenden Desomatisierung der Reaktionen auf bestimmte Erregungen einher. Ebenso sind die Reaktionen auf als bedrohlich empfundene Reize auch von der Phantasietätigkeit geprägt; die psychischen Verarbeitungsmöglichkeiten gewinnen im Laufe der psychologischen, motorischen, kognitiven Entwicklung die Oberhand, während gleichzeitig die somatisch-vegetativen Abfuhrprozesse in den Hintergrund treten. Säuglinge z. B. reagieren auf Störungen ihres homoeostatischen Gleichgewichtes mit physiologischen Regulationsmechanismen. Bei Hunger kommt es zu einem Anstieg physiologischer Spannungen, die auf somatischem Weg in Form einer diffusen motorischen Reaktion wie Schreien, Bewegungsunruhe etc., abgeführt werden.

In diesen physiologischen Reaktionsmustern sieht Schur die Vorläufer von Ich-Funktionen, aus denen sich zunächst primitive, später immer differenziertere Angstreaktionen entwickeln. Angst ist phylogenetisch aus einer biologischen Reaktionsform hervorgegangen und als Ergebnis einer langen, komplizierten Entwicklung auch anfällig für regressiven Funktionswandel.

Die Fähigkeit des Individuums, Trieb- und Affektkontrolle sowie Reflexionsfähigkeit zu erlangen, macht es möglich auf dem Niveau des Sekundärprozeßdenkens zu reagieren und so zu verhindern, daß primärprozeßhafte – also triebabhängige – Funktionsweisen die Oberhand gewinnen. Das Funktionieren bzw. das Versagen dieser Neutralisierungsfunktion bestimmt auch den Charakter der Angstreaktion.

Bei psychosomatischen Patienten hat eine defekte Ich-Entwicklung zu einem labilen, narzißtischen Gleichgewicht geführt, und das Ich ist höchst anfällig auf regressive Reaktionsweisen. Da in belastenden Situationen unbewußte Konflikte aktiviert werden, die der Kontrolle des Individuums entzogen sind, kann das Ich unter dem Druck der Verunsicherung regredieren, und infantile Formen der Angstreaktionen gewinnen die Oberhand; die Gefahr wird neurotisch verzerrt eingeschätzt und mit einer inadäquaten – regressiven – Reaktion beantwortet. Dies kann je nach dem Ausmaß der Ich-Schädigung zu neurotischen Verhaltensweisen oder zu somatischen Symptombildungen führen, falls die Verarbeitungskapazität überschritten wird. Ein noch ausgeprägterer Ausfall von Ich-Funktionen liegt vor, wenn bedrohliche Reize psychisch keine Angstreaktion hervorgerufen haben. Der gefährliche Charakter des Reizes ist psychisch nicht wahrgenommen worden; klinisch fehlt dementsprechend ein Angsterleben bzw. ein entsprechendes psychisches Beeinträchtigtsein. Es hat eine noch tiefere Regression bis in ein präverbales Entwicklungsstadium stattgefunden, in welchem die Reaktionen auf Reize noch global psychosomatisch sind und das bewußte Erleben in dumpfen Spannungsabfuhrvorgängen besteht, die genetisch als Vorläufer des eigentlichen Angstaffektes anzusehen sind.

Max Schur hat sein Konzept an Patienten mit Hauterkrankungen beschrieben. Der Vorteil ist, daß keine Spezifität angenommen wird; daß aber frühe und schwerwiegende Störungen der psychosexuellen Entwicklung als eine ätiologische Komponente gesehen werden.

Zusammenfassung

Die normale Entwicklung und Reifung des Säuglings ist als Prozeß der Desomatisierung zu sehen: von der körperlich unkoordinierten, unbewußt primärprozeßhaften Reaktion zur Fähigkeit, körperliche Triebenergien (Libido und Aggression) zu neutralisieren und diese neutralisierte Energie für bewußte sekundärprozeßhafte Denk- und Handlungsreaktionen im Dienste des Ichs zu nützen.

Resomatisierung hingegen bedeutet physiologische Regression bei Ich-Schwäche; bei Gefahr und Angstsituationen reagiert das Ich nicht mit psychischen Mitteln, sondern mit einer physiologischen Regression auf Primärprozeßebene und mit somatischer Reaktion – es kommt also z. B. zum Ausbruch eines Exanthems.

Alexander Mitscherlich

Die zweiphasige Verdrängung

Literatur
A. MITSCHERLICH (1966): Krankheit als Konflikt, Studien zur psychosomatischen Medizin, Frankfurt, Edition Suhrkamp

Mitscherlichs Überlegungen setzen an S. Freuds Konzept der zweiphasigen Abwehr und Nachverdrängung (Ges. Werke, Band XVI, S. 57–99) aus dem Jahre 1937 an.

Mitscherlich nimmt eine Störung der psychobiologischen Reifung durch versagende oder verwöhnende Fixierungen an. Er bringt auch ein gesellschaftskritisches Modell ins Spiel: Der gesellschaftlich geforderte Triebverzicht bedeutet einen permanenten Verdrängungsaufwand, welcher eine Zerreißung des psychosomatischen Simultangeschehens zur Folge hat.

Wenn dann die psychischen Mittel der Konfliktbewältigung nicht ausreichen (z. B. die neurotische Symptombildung) oder diese nicht den gesellschaftlichen Erwartungen entsprechen, so folgt in einer zweiten Phase eine Verschiebung (oder Verdrängung) in die Dynamik körperlicher Abwehrvorgänge.

Dieses Konzept läßt eigentlich zwei wichtige Fragen offen: Warum kommt es nicht zu einer Verstärkung der ursprünglichen psychoneurotischen Störung, oder aber warum entsteht nicht eine psychotische Erkrankung?

Pierre Marty

Die psychosomatische Struktur

Literatur
P. MARTY; M. DE MIUZAN UND C. DAVID (1963): L' investigation psychosomatique, Paris, P. U. F.

Seit den 60er Jahren hat eine Gruppe französischer Autoren der psychoanalytischen Psychosomatik neue Impulse gegeben. Sie versuchten eine spezielle Persönlichkeitsstruktur des psychosomatisch Kranken zu beschreiben und glaubten zu beobachten, daß allen Patienten, die an psychosomatischen Krankheiten leiden, bestimmte Persönlichkeitszüge gemeinsam sind, unabhängig von der Art der jeweiligen Erkrankung. Diese gemeinsamen Persönlichkeitszüge werden als „psychosomatische Struktur" beschrieben.

Als Merkmale der psychosomatischen Struktur nennen die Autoren die folgenden:

1. Das operative Denken (Pensée opératoire)
Personen und Ereignisse werden ohne Beziehung zum Subjekt gleichsam wie abfotografiert geschildert. Es handelt sich also um eine qualitative Armut des Beziehungssystems des Patienten, den eigenen seelischen Objekten gegenüber.

2. Mangelhafte Symbolisierungsfähigkeit

Patienten tun so, als ob sie keine Phantasien hätten, keine Träume und keine Tagträume.

3. Die projektive Verdoppelung

Dies bedeutet, daß das Subjekt seine eigene Originalität und diejenige des anderen, indem es sich projiziert, verneint. Nahestehende Personen werden als eine Art Doppelgänger erlebt.

4. Die psychosomatische Regression

Es herrscht ein primitives Abwehrsystem vor, daß aggressive und autodestruktive Tendenzen somatisiert.

Als Ursache sehen die Autoren eine defekte Strukturierung des psychischen Apparates an; eine Störung der frühen Mutter-Kind-Beziehung. Außerdem beziehen sie das Freudsche Konzept des Todestriebes in ihre Überlegungen zur Ätiologie psychosomatischer Störungen ein – einmalig in den psychoanalytisch theoretischen Konzepten.

Peter Sifneos

Das Alexithymie-Konzept

Literatur

J. C. NEMIA; P. SIFNEOS (1970): Affect and phantasy in patients with psychosomatic disorders, In: Hill, O. W. (Ed.), „Modern trends in psychosomatics", London, Butterworth

Etwa zur gleichen Zeit wie die Gruppe um Marty prägten die amerikanischen Autoren Nemia und Sifneos für die charakteristische Unfähigkeit der Patienten, Gefühle wahrzunehmen und eigene Gefühle angemessen zu beschreiben, den Begriff „Alexithymie" (von A = fehlen, lexis = Wort, thymus = Gefühl). Diese Merkmale der Alexithymie sind ein eingeschränktes Einsichtsvermögen, die Unfähigkeit, neues emotionales Verhalten zu erlernen und Störungen im affektiven Erleben, die einen Eindruck schizoider Kontaktunfähigkeit machen.

Kritische Auseinandersetzungen mit dem Alexithymie-Konzept stammen z.B. von Cremerius (1977). Er betont anhand der Analyse jener Interviews, welche von französischen Autoren als Basis für die Entwicklung der Theorie der psychosomatischen Struktur herangezogen wurden, daß es sich seiner Meinung nach nicht um durchgängige Strukturen handle. Cremerius' Kritik bezieht sich auf verschiedene Punkte des Interview-Settings, etwa darauf, daß die beschriebenen Patienten im Unklaren über die Untersuchungssituation gehalten wurden, daß während des Interviews doziert wurde – der Interviewer erklärt anwesenden Assistenten. Die Untersuchungstechnik sei nicht teilnehmend, sondern exploratorisch, und der Therapeut selbst bietet sich in keiner Weise als Beziehungsobjekt an. Grundsätzlich wehrt sich Cremerius gegen den therapeutischen Nihilismus, der in diesem Konzept enthalten zu sein scheint. J. Cremerius, (1977), „Ist die psychosomatische Struktur der französischen Schule krankheitsspezifisch?", Psyche 31, 293-317.

Fallbeispiele: Zwei Frauen, jeweils mit der Diagnose „Zyklusstörungen", wurden in die psychosomatisch-gynäkologische Ambulanz zugewiesen. Die Darstellung der fokussierenden Beratung: Eine psychoanalytische Kurzpsychotherapie, wie sie in dieser Ambulanz durchgeführt wird, soll die unterschiedliche Psychodynamik aufzeigen, die sich hinter dieser so gleich klingenden nosologischen Diagnose versteckt.

Fallbeispiel A
Eine 25jährige Frau leidet seit über fünf Jahren an unregelmäßigen Intervallen zwischen ihren menstruellen Blutungen, weiters bildeten sich auch in unregelmäßigen Zeitabständen Zysten an den Eierstöcken, die dazu führten, daß man ihr einen Eierstock entfernen wollte. Zur Zeit der Vorstellung in der Ambulanz besteht laut Ultraschallbefund eine Zyste von 2 cm Durchmesser am linken Eierstock sowie eine die Patientin belastende Unvorhersagbarkeit hinsichtlich Auftreten und Intensität der Blutungen. Im Erstgespräch zeichnen sich mehrere Problemkreise ab: Die Emotionalität der Patientin mache ihr selbst zu schaffen, sie neige zu Wutausbrüchen und zerstöre dann mitunter etwas, was sie nicht zerstören wollte. Dies betrifft vor allem Beziehungen zu anderen Menschen. Weiters hat sie eine unglaubliche Idealisierungsneigung: Sie idealisiert sich selbst und auch Personen ihrer Umgebung, diese Idealisierung ist dann von Entwertungen gefolgt. Auch meint die Patientin von sich, daß sie ein ziemliches Machtbedürfnis habe, dies aber andererseits selber ablehne, weil sie Macht immer nur mit Machtmißbrauch assoziieren könne. Diese beide Neigungen, die Idealisierung und das Machtbedürfnis, führen dazu, daß sie andere Menschen immer wieder nach einem Idealbild umerziehen, formen möchte. Sie ist sich dieser ihrer Eigenschaften zwar bewußt, kann sie aber nicht steuern. Ein weiterer Punkt des Leidens sind ihre Beziehungen zu ihrer Herkunftsfamilie. Um sich ablösen zu können, vor allem von der Mutter, hat sie sich einer Weltanschauung zugewandt, die ihrer Herkunftsfamilie fremd war. Knapp danach aber hat sie einen Lebensstil angenommen, der die-

sem Wertsystem diametral entgegengesetzt war: Sie hatte häufig wechselnde flüchtige sexuelle Beziehungen mit Männern. Derzeit ist sie dieser ihrer Lebensphase gegenüber streng, verurteilt sie, distanziert sich davon, hat eine freundschaftliche Beziehung zu einem jungen Mann, aber keine sexuelle Beziehung.

Ab Zyklusmitte leidet sie unter heftigen Schmerzen im Unterbauch mit einseitiger Betonung. Derzeit hat sie es selbst unternommen, mit diesen Schmerzen so umzugehen, daß sie ihren Alltag nicht allzusehr stören. Sie selbst stellt einen Zusammenhang zwischen ihrem unsteten Leben, ihrer wenig glücklichen Kindheit und ihren Beschwerden her. In einer weiteren Sitzung ergab sich ein zeitlicher Zusammenhang zwischen Telefonaten, die sie mit ihrer Mutter führt, die in einer anderen Stadt lebt, und einer deutlichen Verschlechterung der Schmerzen im Unterbauch. Die gemeinsam mit der Patientin erarbeitete Hypothese für die fokussierende Beratung in der psychosomatischen Ambulanz ergab sich aus folgendem Inhalt: Die Mutter der Patientin hatte ihr erzählt, daß sie nur deshalb zur Welt gebracht wurde, weil ein Abtreibungsversuch mißlungen war. Diese Geschichte hat die Patientin sehr getroffen. Sie selbst war nie schwanger, obwohl sie keine Verhütung benützte, aber es wachse in ihrem Bauch immer wieder etwas, daß „nicht hingehört" (die Zysten) und sogar einmal schon mit einem Messer herausgeschnitten werden mußte. Wieso kommt es dazu, daß es so scheint, als ob sie (die Patientin) sich selbst in leicht abgeänderter Form das zufügt, was sie glaubt, daß ihre Mutter ihr zufügen wollte oder in ihrer Phantasie wohl auch zugefügt hat?

Die Herstellung einer Verbindung zwischen einer bestimmten Situation, nämlich dem Wachsen von Ovarialzysten und einem Inhalts- bzw. Beziehungsaspekt dieses Symptoms mit der Vorstellung von Schwangerschaft und -abbruch wurde von der Patientin als Probedeutung angenommen und war somit Basis für die weitere psychotherapeutische Arbeit.

Psychodynamisch-genetisch gesehen ist die zeitliche Zuordnung sicher in die präödipale Zeit zu treffen.

Fallbeispiel B

Eine 30jährige Frau leidet unter lange dauernden und starken Blutungen: Im Laufe eines Zyklus hat sie nur etwa zehn Tage ein blutungsfreies Intervall, der Beginn der nächsten Blutung ist jeweils unvorhersagbar.

Die Biographie der Patientin weist keine außergewöhnlichen Ereignisse auf. Nach Erheben der biographischen Anamnese wurde der Inhalt ihres zentralen Beziehungskonfliktes deutlich: Mit wichtigen Bezugspersonen (Ehemann, männlicher Vorgesetzter) wiederholt sie ein kindliches Verhaltensmuster, das sich schon in ihrer Herkunftsfamilie abspielte. Sie verhielt sich entgegengesetzt dem, was man von ihr erwartete, provozierte somit Strafe und wünschte aber dann vom Vater, vor der strafenden Mutter geschützt zu werden. Der Vater war aber dazu außerstande und die hilflose und ohnmächtige Wut der Patientin richtete sich letztlich vielmehr gegen den idealisierten Vater als gegen die Mutter. Die Patientin provozierte unbewußt Kränkungen, um sich dann in ihrer hilflosen, kleinkindhaften Wut allein und verlassen zu fühlen. Letztlich inszenierte sie ein Dreiecksszenario, sie wiederholte somit die ödipale Triangulierung.

Als sie auch in der Therapie versuchte, „strafendes Verhalten zu provozieren", wurde sie damit konfrontiert und konnte so die Zusammenhänge zwischen Jetzt und Damals erkennen, also die Probedeutung annehmen. Im weiteren Verlauf der psychoanalytischen Kurztherapie stellte sich heraus, daß die offensichtlich depressive Reaktion die Trauer um die verlorene Fähigkeit, ihren Mann zu lieben, ausdrückte. Auch die Blutung konnte als symbolische Darstellung der Aktualisierung der alten ödipalen Konflikte von der Patientin verstanden werden. Damit hatte das Symptom seinen Sinn verloren und somit sistierten auch die Blutungen.

Psychodynamisch-genetisch ist die zeitliche Zuordnung sicher in die ödipale Zeit zu treffen.

9. Vorlesung

Psychoanalytische Pädagogik

„Was Eltern, Lehrer und Erzieher von der Psychoanalyse erwarteten, war ein geschlossenes System von Regeln und Vorschriften. Was die Analytiker zu bieten haben, sind Mahnungen, Warnungen, Einsichten, bestenfalls Ratschläge."
Anna Freud, 1968

Das Wesen und Ziel der psychoanalytischen Pädagogik

Historischer Überblick

Die Analysen von erwachsenen Neurotikern hatten eine Fülle von schwerwiegenden Erziehungsfehlern aufgedeckt, und über ihre Rolle bei der Neurosenbildung besteht auch heute kein Zweifel. Es handelt sich vorwiegend um Unaufrichtigkeit bzw. Inkonsequenz der Eltern in sexuellen Fragen, unrealistische hohe moralische Anforderungen, die für das Kind unverständlich bleiben müssen, übermäßige Strenge oder übermäßige Nachsicht, unnötige Versagungen, Strafmaßnahmen, Verwöhnung sowie frühe Verführung.

Nach Beginn der psychoanalytischen Bewegung dauerte es ungefähr noch zwei Jahrzehnte, bis die Analytiker es wagten, sich in der praktischen Pädagogik zu versuchen. Zwei Überlegungen waren vor allem dafür maßgeblich: die eine war, daß man nicht erst nachträglich Kritik üben und in mühevoller und aufwendiger Arbeit nacherziehen solle, sondern schon beim Erziehen des Kindes die Fehler vermeiden bzw. die später notwendige Nacherziehung wenigstens vorbereiten und erleichtern sollte. Daraus entstand das, was man heute als psychoanalytische Pädagogik bezeichnet. Die zweite Folgerung lautete: Es ist schwer, bei Erwachsenen nachträglich Fehler wiedergutzumachen und zu heilen. Wenn die Ursachen in der Kindheit liegen bzw. in diesem Lebensalter schon auffallen, soll bereits das Kind wirksam und richtig behandelt werden. Auf dieser Grundlage entstand die Kinderanalyse bzw. Kindertherapie.

1926 erschien in Wien der erste von 12 Bänden der „Zeitschrift für psychoanalytische Pädagogik" (1926–1937). Die Herausgeber waren der Arzt Hein-

rich Meng und der Psychologe und Pädagoge Ernst Schneider. Später gesell-
ten sich dem Redaktionsstab noch Anna Freud, Hans Zuligger, Siegfried
Bernfeld, August Aichhorn und Paul Federn hinzu. Doch der Einbruch des
Naziregimes in Österreich setzte dem Erscheinen der Zeitschrift ein Ende, die
meisten Mitarbeiter waren gezwungen zu emigrieren, wenn sie überleben
wollten. 1945 erschien die erste Nummer der „Psychoanalytic Studies of the
Child" als Fortführung der vor dem Krieg in Wien erschienenen Zeitschrift.

Die Fülle des Materials, die aus der Analyse Erwachsener stammte, wurde
Schritt für Schritt in pädagogische Empfehlungen und Handlungen umgesetzt.

- In vielen Analysen wurde die traumatische Wirkung der Ur-Szene, d. h. der
  Beobachtung des elterlichen Koitus deutlich, außerdem die – insbesondere
  für ältere Kinder – sexuell stimulierende Wirkung des Schlafens neben Vater oder Mutter im elterlichen Ehebett.
- Viele intellektuelle Hemmungen entpuppten sich in der Analyse als von
  unbefriedigender Sexualneugier in der Kindheit herrührend. Die Folge war
  eine Empfehlung an die Eltern, das Kind durch rechtzeitige sexuelle Aufklärung aus dieser Denkhemmung zu befreien. Dieses Faktum wurde von
  den Gegnern der Psychoanalyse weitgehend mißverstanden und war mit einer der Gründe, warum die psychoanalytische Pädagogik von diesen so
  sehr verteufelt wurde. In Rationalisierung der eigenen sexuellen Ängste
  und Hemmungen befürchteten Eltern und Pädagogen, daß Aufklärung und
  ein Aufheben des Onanieverbotes triebhafte Ungeheuer hervorbrächten.
- Weiters wurde die Bedeutung des Aggressionstriebes erkannt. Dies führte
  zu einer Duldung der Äußerungen der kindlichen Ambivalenz und Aggression, was den Kindern das Bewußtwerden ihrer feindseligen Gefühle gegenüber Geschwistern und Eltern erlauben sollte. Da die pathogene Rolle
  von Angst und Schuldgefühlen erkannt wurde, stellte sich die Forderung
  nach einer angstfreien Atmosphäre in der Kindheit als mögliche Garantie
  für Neurosenverhütung. Das ist natürlich unrealistisch; man sollte sich aber
  dieser Vorstellung zumindest versuchen anzunähern.
- Die Erkenntnisse der Ich-Psychologie brachten schließlich mit sich, daß
  den Eltern empfohlen wurde, sich die Stärkung der Ich-Funktionen zur erzieherischen Aufgabe zu machen: also Hilfestellung geben bei Kontrolle
  über Motilität und Wahrnehmung, die Förderung von rationalem Denken
  und Realitätsprüfung, Hilfe bei der Antizipation von Gefahr und eines bestimmten Grades von sekundärer Autonomie wie Pünktlichkeit und Ordentlichkeit.

Das Betätigungsfeld der psychoanalytischen Pädagogik erstreckte sich
über die familiäre Erziehung hinaus. Man versuchte alle Institutionen, die sich

mit Erziehung beschäftigten, einzubeziehen. Es wurde versucht, analytische Erkenntnisse für Kindergärten nutzbar zu machen; es wurden Vortragsreihen für Kindergärtnerinnen, Grundschullehrer und Jugendrichter von der Wiener Psychoanalytischen Vereinigung veranstaltet. Die neuen Erkenntnisse über Entwicklungspsychologie einerseits und Objektbeziehungen andererseits führten zu Versuchen, die Heimerziehung umzugestalten. Schließlich ging man daran, mit dissozialen, „schwer erziehbaren" Jugendlichen zu arbeiten. Aber so enthusiastisch die ersten Versuche waren, so realistisch steht man heute den Möglichkeiten und Zielen der psychoanalytischen Pädagogik gegenüber. Anna Freud schreibt:

„Im Großen und Ganzen bleibt ... die psychoanalytische Pädagogik hinter dem Ziel zurück, daß sie sich gestellt hat. Die ... Kinder mögen in mancher Hinsicht anders sein als die Kinder früherer Generationen. Sie sind aber nicht freier von Angst und von Konflikten und darum neurotischen und psychischen Störungen nicht weniger ausgesetzt. Der Fehler liegt hier nicht nur in einem Versagen des erzieherischen Handelns, sondern in unseren unberechtigten Erwartungen. Streng analytisches Denken sollte uns darauf vorbereiten, daß die Suche nach einer eindeutigen Wurzel der Neurose so unrealistisch ist wie die Hoffnung auf eine auf Erziehung gegründete Neurosenprophylaxe ... Das meiste, was eine verständnisvolle Erziehung hier leisten kann, ist, dem einzelnen Kind zur Konfliktlösung zu verhelfen, die mit einem Modikum von psychischer Gesundheit verträglich sind. Wo der innere Zwiespalt zu groß ist, bleiben pathologische Kompromißbildungen zwischen Trieb, Ich und Über-Ich trotz aller äußerer Bemühungen unvermeidlich" (1965).

Psychoanalytische Pädagogik als pädagogische Methode

Pädagogik ist die Wissenschaft von der Erziehung, d. h. von der Menschenführung, die auf Ordnung der intra- und interpersonalen Zusammenhänge gerichtet ist. Ein erzogener Mensch ist jener, welcher die Fähigkeit hat, immer in Ordnung mit seiner eigenen Person, mit seinen Beziehungen zur Umwelt zu gelangen. Mit der Bestimmung dieser Ordnung beschäftigt sich die Lehre vom Ziel der Erziehung. Mit den Maßnahmen, die zu diesem Ziel führen, beschäftigt sich die Methode, also die Lehre von den Mitteln und Wegen.

Wie hängen nun Psychoanalyse und Pädagogik miteinander zusammen?

Der Zentralbegriff der Psychoanalyse ist das Unbewußte im Sinne S. Freuds: der Begriff der Verdrängung. Das Wesen der Pädagogik ist die Führung zu Ordnung. Man kann die Inhalte des Unbewußten als Folge oder Ursache eines mißglückten Ordnungsversuches sehen. Das Unbewußte stört das seelische Ordnungsstreben bzw. Gleichgewicht. Es drängt aber gleichzeitig in die Richtung auf Ordnung, was daran erkenntlich ist, daß es zu einer Symptombildung kommt, als Kompromißbildung, unter welcher das Kind leidet. Das Unbewußte wirkt den erzieherischen Absichten entgegen, verlangt aber gleichzeitig nach einer Behandlung. Kinder leiden oft unter Symptomen, also Kompromißbildungen primär weniger als Erwachsene, dafür aber mehr unter den sekundären Folgen. Als Beispiel möge das Nägelbeißen dienen: Ein Kind leidet daran nicht, wohl aber unter den Strafandrohungen der Erziehungspersonen, die das Nägelbeißen verhindern möchten, ohne sich darum zu kümmern, aus welchen zwingenden Gründen das Kind ausgerechnet dieses Symptom entwickelt hat. Wir erinnern daran, daß ein solches Symptom Ausdruck der Angst ist, welches das Kind quält. Angst – also das Gefühl bedroht zu sein – ist von Geboten und Verboten, die ein Kind verinnerlicht hat, nicht zu trennen. Gebote und Verbote aber sind Erziehungsmittel.

Nach E. Schneider (1926) ergeben sich drei bestimmte Zusammenhänge zwischen Psychoanalyse und Pädagogik:

a) Die Psychoanalyse verschafft dem Pädagogen Einsicht in eine bestimmte Gruppe von möglichen Störungen sowohl im Kind als auch im Erzieher, nämlich in jene Störungen, die mit dem Unbewußtwerden und Unbewußtsein in Beziehung stehen.

b) Diese Einsicht verlangt vom Erzieher eine mögliche Handhabung seiner Führungsarbeit in die Richtung der Verhinderung solcher Konflikte, indem im Kind und Erzieher vorhandene Konflikte erkannt und gelöst werden, um den Anteil der Verdrängung so gering wie möglich zu halten. Allerdings wäre es von Schaden, wenn man bei jeder Unart versuchen würde, die unbewußten Motive freizulegen, weil man dadurch die normalen Verdrängungsvorgänge im Kind unterbrechen würde, die das Kind für seine Entwicklung durchaus braucht.

c) Sind aber Kompromißbildungen, also neurotische Symptome vorhanden, die die Erziehung erschweren oder gar unmöglich machen, so hat die Psychoanalyse als Heilverfahren bei Kind und Erzieher einzugreifen. Die Verdrängung ist dann nicht aufzuheben, und die Ordnung, die vor der Verdrängung hat nicht gefunden werden können, ist nachträglich zu suchen, im Sinne einer Nacherziehung.

Die Erziehung soll also das Realitätsprinzip bei möglichst geringer Einschätzung des Lustprinzips zur Geltung bringen. Als allgemeine Ziele gelten ferner das Vermeiden von Neurosen und krankhafter Triebhaftigkeit, die Stärkung des Ichs und des Gewissens – in den bereits erwähnten Grenzen –, die Befreiung von krankhaften Hemmungen und das Aufrichten normaler Hemmungen; die Lösung aus abnormen Identifizierungen sowie die Förderung der Sublimierungsfähigkeit und die Entwicklung einer gesunden Liebesfähigkeit. Innerhalb dieses allgemeinen Rahmens haben noch Sonderziele der Erziehung Platz, die durch die individuelle Persönlichkeit und/oder die Zugehörigkeit zu bestimmten ethnischen Gruppen bedingt sind.

Das Objekt der psychoanalytischen Pädagogik

Psychische Entwicklungslinien als Richtlinien für eine sinnvolle Erziehung

Kinder gleichen biologischen Alters können höchst unterschiedliche Entwicklungsstufen hinsichtlich ihrer emotionalen, psychischen und kognitiven Entwicklung aufweisen. Die analytische Denkungsart stellt Entwicklungsreihen auf für die Triebentwicklung, die Entwicklung der Ich-Funktionen und die Entwicklung der Über-Ich-Instanz im seelischen Apparat. Die Entwicklung des Sexualtriebs ist charakterisiert durch die Aufeinanderfolge der einzelnen Phasen (oral, anal, sadistisch, phallisch, Latenz, Präadoleszenz, Adoleszenz). Einzelne Äußerungen des Aggressionstriebs können bestimmten Stufen der Libidoentwicklung zugeordnet werden, z. B. Beißen oder Einverleibungswünsche als orale Aggression; Quälen, Zerstören und Grausamkeit als Äußerung des analen Sadismus; Herrschsucht, Prahlerei, Überheblichkeit auf der phallischen Stufe. Die dissozialen Ausbrüche sind der Präadoleszenz und eventuell noch der Adoleszenz zuzuordnen.

Für das Ich gibt es eine annähernde Chronologie der Abwehrmechanismen, für das Über-Ich die Aufeinanderfolge von Identifizierungen (Fusion mit dem Objekt versus Identifizierung mit ausgewählten Qualitäten eines Objekts) und die fortschreitende Internalisierung der elterlichen Autorität. Anna Freud (1965) hat ein metapsychologisches Entwicklungsbild entworfen, das eine wesentliche Hilfe für die Beurteilung des Ich-Zustandes des Kindes darstellt. Für das Arbeitsgebiet der Pädagogik ist vor allem die Erkenntnis der wichtigsten Wechselbeziehungen zwischen Äußerungen des Trieblebens und der Ich-Funktionen und die Feststellungen der Regelmäßigkeit, wie sie auf den verschiedenen Alters- und Entwicklungsstufen zustande kommen, unerläßlich. Wesentlich sind auch die Umformungen der Wachstumsvorgänge, welche durch Außenwelteinflüsse stattfinden. Insgesamt handelt es sich um eine Mischwirkung von Reifung, Strukturalisierung und Anpassung. Anna Freud hat für verschiedene Gebiete Entwicklungslinien aufgestellt, z. B. für das Gebiet der Nahrungsaufnahme, über die Stufenreihe von der Stillperiode bis zu

den rationellen Eßgewohnheiten der Erwachsenen. Auf dem Gebiet der körperlichen Hygiene führt die Entwicklung von der Abhängigkeit des Kindes
von Pflegepersonen zur Selbständigkeit; die Beziehung zu den Altersgenossen
wandelt sich von Egoismus und Gleichgültigkeit zu Freundschaft und Gegenseitigkeit, das Spiel am eigenen und mütterlichen Körper wendet sich Über-
gangsobjekten zu und geht dann zum Spielzeug und dem Anfang der Arbeits-
fähigkeit über (Winnicott, 1953).

Anhand einer typischen Entwicklungslinie, nämlich von der infantilen Abhängigkeit zum erwachsenen Liebesleben, soll gezeigt werden, wie wichtig
diese Erkenntnisse sind, um genaue Auskünfte über die Ansprüche und Erwartungen, die auf jeder dieser Entwicklungsstufen an das Kind gestellt werden können, zu erhalten. Die Verfolgung der infantilen Liebesbeziehungen zu
den erwachsenen Formen entspricht dem ersten psychoanalytischen
Bemühen, eine lückenlose historische Entwicklungsfolge für eine bestimmte
Seite des menschlichen Lebens herauszuarbeiten. Als Grundlage der Erscheinungen finden wir einerseits die dem Sexualtrieb innewohnenden Reifungs-
vorgänge, die in den libidinösen Phasen zum Ausdruck kommen, andererseits
die Beiträge, die das Ich zur Wahl und zur Gestaltung der Objektbeziehungen
beisteuert, wobei zu bedenken ist, daß das Ich des Kindes schwach und labil
ist und erst in der Präadoleszenz seine gewisse Reife erreicht. Diese Stufenreihe läßt sich wie folgt beschreiben:

Stufe 1: Es besteht eine biologische Einheit zwischen Mutter und Kind am
Beginn des Lebens – eine Phase, in welcher der Narzißmus der Mutter sich
auf das Kind erstreckt, das seinerseits die Person der Mutter in sein narzißtisches Milieu miteinbezieht. Nach Margret Mahler (1953) folgt auf diese symbiotische Periode am Beginn des Lebens eine Phase, in welcher Trennungsangst und Selbständigkeitswunsch in entgegengesetzte Richtungen drängen
(Raprochement-Krise), um später in der Individuation, also einer gewissen
Selbständigkeit, zu münden. Jede einzelne dieser Entwicklungen ist zahlreichen Störungen unterworfen, die für die jeweilige Stufe charakteristisch sind.

Stufe 2: Liebe nach dem Anlehnungsbedürfnis oder die Periode des Teil-
objektes. Dabei handelt es sich um eine Vorstufe der Objektbeziehungen, auf
der die Objektwahl noch nicht vom Ich, sondern von Bedürfnissen und Triebregungen reguliert wird. Was wir hier sehen ist eine positive Libidobesetzung
der durch das Objekt vermittelten Befriedigung. Besetzungen dieser Art sind
nicht konstant, sondern werden zurückgezogen, wenn die Wunscherfüllung
eingetreten ist. Im Zustand der Ruhe kehrt das Kleinkind zur narzißtischen Li-
bidoverteilung zurück.

Stufe 3: Die Stufe der Objektbeziehungen im eigentlichen Sinn des Wortes bedeutet, daß Libidobesetzungen sich von der Bedürfnisbefriedigung unabhängig machen und konstant auf eine bestimmte Person gerichtet bleiben.

Stufe 4: Phase der ambivalenten Beziehungen der anal-sadistischen Phase, in welcher Libido und Aggression auf das gleiche Objekt gerichtet werden.

Stufe 5: Phase der Triangulierung. Das Kind macht einen Elternteil zum Ziel seiner sexuellen Wünsche und rivalisiert mit dem anderen. Neugier, Prahlerei, Exhibitionslust stehen im Vordergrund des Benehmens.

Stufe 6: Latenzperiode. In dieser Phase klingen die prägenitalen Regungen der infantilen Sexualität allmählich ab, der Ödipuskomplex beim Knaben geht unter, beim Mädchen besteht er etwas länger, und die libidinösen Besetzungen werden von den Eltern allmählich abgezogen und auf gleichaltrige idealisierte Figuren, auf unpersönliche Ideale, auf zielgehemmte und sublimierte Interessen gerichtet. Die Enttäuschungen am Idealbild der Eltern offenbaren sich in dieser Zeit im Phantasieleben durch den „Familienroman". Unter Latenz verstehen wir in dieser Phase nicht ein völliges Abklingen jeglicher sexueller Regungen, sondern die Tatsache, daß kein neues Sexualziel hinzukommt.

Stufe 7: Präadoleszenz. In der Vorstufe der eigentlichen Adoleszenz kommen unter dem steigenden Triebdruck als Reaktion auf hormonale Veränderungen scheinbar überwundene Wünsche und Einstellungen des infantilen Lebens neuerlich zum Vorschein.

Stufe 8: Adoleszenz. Die Phase, in der der Jugendliche die Aufgaben hat, sich einerseits von seinen ödipalen Objekten abzulösen und andererseits die prägenitalen Partialtriebe unter die Oberherrschaft der Genitalität zu bringen.

Nun soll an einigen Beispielen gezeigt werden, welche mögliche Konsequenzen bestimmte Traumata auf den einzelnen Entwicklungsstufen haben können.

Trennung z. B. kann auf jeder der oben beschriebenen Stufen eine etwas andere Bedeutung haben. In der Phase der biologischen Einheit – Stufe 1 – können beim Kind Ausbrüche von Trennungsangst und Trennungsschmerz auch als psychosomatische Störungen im eigentlichen Sinn des Wortes beobachtet werden (Bowlby, 1960). Wo die Mutter – oder die wichtigste Bezugsperson – ihre Rolle als Quelle von Befriedigungserlebnissen unzureichend erfüllt, erfolgen Störungen in der Individuation. Anaklitische Depression (Anlehnungs-Depression), Frühreife in der Ich-Entwicklung oder ein sogenanntes falsches Ich (nach Winnicott, 1955) sind Folgen von Trennungen auf der Stufe 3. Wenn die Liebesstrebungen des Kindes in der anal-sadistischen Phase – Stufe 4 – kein geeignetes Objekt finden oder wenn das Objekt unverläßlich ist, ereignen sich Störungen im Mischungsverhältnis von Libido und Aggression mit aggressiven und destruktiven Folgeerscheinungen, die jedem erzieherischen Eingriff gegenüber schwer beeinflußbar sind. Trennungen zwischen Kind und seinem Liebesobjekt werden nach Erreichen – Stufe 3 – besser vertragen als vorher – insbesondere wenn eine stützende Umwelt vorhanden ist. Je sicherer sich die konstanten Objektbeziehungen des Kindes verankert haben, d. h. je unabhängiger sie von der körperlichen Anwesenheit und der Abwesenheit der betreffenden Person und den von ihr ausgehenden Befriedigungen und Versagungen sind, desto länger kann die Trennung von ihr dauern, ohne dramatische Wirkungen zu haben. Der jeweilige Entwicklungsstand des Kindes ist maßgeblich für prognostische Auskünfte über die voraussichtliche Wirkung von z. B. einem Krankenhausaufenthalt, der Abwesenheit der Eltern, des Eintritts in den Kindergarten usw. Das chronologische Alter des Kindes ist dafür kein sehr gutes Maß.

Andere praktische Rückschlüsse aus der Entwicklungslinie „Beziehung" sind:

- lärmendes Anklammern des Kleinkindes an die Mutter ist in der Regel die Folge der vorödipalen Ambivalenz und nicht wie oft behauptet wird das Kennzeichen eines verzogenen Kindes;
- Eltern sind im Irrtum, wenn sie in der vorödipalen Phase, also vor Ende der Stufe 4, Änderungen in den Objektbeziehungen erwarten, da diese erst eine Entwicklungsphase später möglich sind;
- kein Kind ist fähig in eine Gemeinschaft einzutreten, ehe es Anteile seiner Libido von den Eltern auf Altersgenossen übertragen hat. In Fällen, wo der Untergang des Ödipuskomplexes sich verzögert und eine infantile Neurose das Kind länger als normal in diesem Stadium festhält, sind Störungen in der Anpassung an die Gemeinschaft, mangelndes Interesse am Schulleben, Schulängste und hochgradiges Heimweh an der Tagesordnung;
- adoptierte Kinder kommen meist in der Latenzperiode in Schwierigkeiten, also zu einer Zeit, wenn alle Kinder die unvermeidliche Enttäuschung von den Eltern erleben und der Familienroman, d. h. die Phantasie, nicht das Kind der eigenen Eltern zu sein, durch die Wirklichkeit der Adoption zum schmerzlichen Erlebnis gesteigert wird;
- Sublimierungen, die erst in der ödipalen Phase auftreten und in der Latenzperiode voll entwickelt werden, können in der Vorpubertät verloren gehen, was nicht Erziehungsfehlern und Fehlentwicklungen, sondern entwicklungsgemäßen Regressionen auf frühere Entwicklungsstadien (Stufe 3 oder 4) zuzuschreiben ist;
- das Recht des jetzt Jugendlichen zur Ablösung von der Familie muß von den Eltern ebenso ernst genommen werden, wie das Recht des Kleinkindes

auf Anklammerung an seine Objekte oder das Recht aller Kinder auf ein gewisses Ausmaß von autoerotischer Befriedigung.

Die Kenntnis des psychischen Entwicklungsstandes des Kindes hat also eine hohe Priorität für die Beurteilung seines Verhaltens und zeigt, wie wichtig es ist, einem Kind Hilfe zuteil werden zu lassen und andererseits, wie sinnlos es ist, ein Kind für ein bestimmtes Verhalten, das nicht wirklich seinem Willen unterliegt, zu bestrafen.

Exkurs über das Strafen

Strafe ist die bewußte Zufügung eines Übels wegen Übertretens irgendwelcher Vorschriften, ethischer oder auch nichtethischer Normen durch eine bestimmte Persönlichkeit. Die Bereitschaft zu strafen, bestraft werden und Selbstbestrafungsneigungen werden im Kind zu der Zeit erweckt und aufgebaut, zu der es die ersten sittlichen Gebote vom Erzieher empfängt. Durch Erzieher/Eltern erfährt es von der Strafgewalt der Erziehungspersonen und der Forderung, so zu handeln, daß die Strafe vermieden wird. Das Kind gleicht sich seinen Erziehern an und identifiziert sich mit ihnen, d. h. es übernimmt Eigenschaften und Verhaltensweisen von ihnen. Das geschieht zunächst unbewußt und allmählich erst bewußt aus dem Bedürfnis nach Kontakt und Anlehnung, aber auch aus Not und Angst vor Liebesentzug und Strafe oder schließlich aus Liebe.

Die drei wesentlichen Strafen, die Kindern zugefügt werden, sind: Liebesentzug; Erniedrigung, d. h. das Erregen von Scham im Kind und körperliche Züchtigung. Durch konsequente sachliche Erklärung lernen Kinder, was zu ihrer Selbsterhaltung dienlich ist, wovor sie sich schützen müssen. Aber ein Kind, dem man alles verwehrt und alle Fähigkeiten abspricht, statt ihm im Umgang mit Schwierigkeiten (Scheren, Messer etc.) weiterzuhelfen, wird schlechter fahren, als wenn man es in angepaßter Form erfahren läßt, wie man auch mit nicht ganz gefahrlosen Dingen umzugehen hat. So wird man im Kind das persönliche Selbstgefühl und die Würde wecken: Je weniger es in den ersten Jahren dressiert wird, um so wahrscheinlicher ist es selbständig und fähig sich mit sich selbst zu beschäftigen und allein zu spielen. Ungefähr im 2. Lebensjahr neigt das Ich des Kindes dazu, eigener Richter für Verbotenes zu werden, Schuldgefühle und Strafbedürfnis zu entwickeln. Damit tritt es in jenes Entwicklungsstadium, in dem die Voraussetzungen geschaffen werden, Fremdstrafen und Selbststrafe im Sinne des Erziehers zu verstehen und zu nutzen. Die typischen Äußerungen der kindlichen, d. h. der prägenitalen Sexualität gehen mit körperlicher Züchtigung häufig eine fatale Verbindung ein, fatal besonders für die zukünftige psychosexuelle Entwicklung. Die Körperstrafe, vor allem Schläge auf das Gesäß, produziert und verstärkt die Neigung zu Haß und zu Schmerzlust und zu krankhaftem Strafbedürfnis, sie verstärkt damit stets auch die aktiven Gegenspieler, nämlich die Grausamkeit und die Lust am Schlagen anderer. Schlagen des Kindes steigert dessen Angst und die triebhafte Erregung. Eine Verkoppelung, die Angst-Lust auslöst. Die Erfahrung zeigt ferner, daß viele Eltern, die ihre Kinder schlagen, wie unter dem Druck eines Schuldgefühls auch sehr zärtlich sein können – aber nichts stört die kontinuierliche Entwicklung eines Kleinkindes ungünstiger, als der Wechsel zwischen Prügel und Zärtlichkeit. Das Phantasieleben eines so hin und her gerissenen Kindes wuchert zu Inhalten, die dessen Entwicklung entschieden gefährden: Es flüchtet, um der eigenen Verantwortung für das Denken und Tun zu entgehen zur Unverantwortlichkeit der allerersten Kindheit zurück, in der es noch passiv die Geschehnisse der Umwelt erlebte und das ganze Interesse der leiblichen Befriedigung seiner primitiven Wünsche galt – also in eine massive Regression. Die in das Unbewußte verdrängten Angst- und Aggressionsstrebungen, die ja weiter bestehen, sind häufig dann bei Jugendlichen die Ursache für ein unrealistisches Strafbedürfnis. Es gibt Jugendliche, die es nach Strafe durch Erziehungspersonen oder durch öffentliche Instanzen treibt. Sie begehen Bagatelldelikte, um statt der ihnen unbekannten unheimlichen und belastenden Schuld des Gewissens etwas bestimmtes und reales, wie z. B. einen Fahrraddiebstahl, büßen zu können. Die Strafe aber ist nicht imstande, das Schuldgefühl zu tilgen, insofern ist sie zu gering, und zudem wird sie wieder als ungerecht empfunden, weil die eigene Übeltat nicht aus bewußtem Wollen geschah. Aus beiden Gründen kommt es zum Rückfall, und wir stehen vor der paradoxen Erscheinung, daß eine Strafe, welche erwünscht gewesen war, nicht bessern konnte. Das bedeutet: ein Eingehen auf das oben erwähnte Strafbedürfnis bringt nur einen Circulus vitiosus in Gang und ist keine Hilfe für ein Kind.

Dissoziale Jugendliche – Verwahrlosung

Der Begriff „Verwahrlosung" ist in Persönlichkeitsbeschreibungen von Jugendlichen häufig anzutreffen, oft aber unreflektiert angewandt. Unter menschlicher Verwahrlosung versteht man im allgemeinen Vernachlässigung der äußeren Formen, der Sittenformen der Kleidung. Bei der Anwendung des Begriffes auf Jugendliche kommt noch die Flucht oder Ausstoßung aus dem Elternhaus hinzu, eine Neigung zu Promiskuität oder anderem devianten Verhalten wie z.B. Drogenmißbrauch. Das als Verwahrlosung beschriebene Verhalten Jugendlicher hängt in hohem Maße mit dem Herkunftsmilieu und mit den in diesem Milieu herrschenden Norm- und Wertvorstellungen zusammen. Bernfeld (1929) hat die Fragestellung nach dem historischen Aspekt und nach der Milieuprägung eines seelischen Vorgangs als den Gesichtspunkt des „sozialen Ortes" zusammengefaßt und hervorgehoben.

Aichhorn (1951) hat die Verwahrlosung als mangelhafte Über-Ich-Entwicklung von der Neurose unterschieden. Fixierungen in der oralen und analen Phase mit Einverleibungs- und Trotzkonflikten bei depressiven Verstimmungszuständen spielen im Leben und vor allem in den sozialen Kontakten verwahrloster Kinder und Jugendlicher eine bedeutende Rolle.

Es gibt auch eine Form der Verwahrlosung, bei der die ödipale Phase einen deutlichen Niederschlag in der Bildung des Über-Ich gefunden hat. Derartige Jugendliche sind durchaus realitätsangepaßt, kommen aber immer wieder in Konflikt mit Institutionen wie Jugendamt oder Polizei. Es sind dies vor allem die periodischen Ausreißer, wobei Ausreißen, Vagabondage und das Setzen von Delikten nicht das eigentliche neurotische Symptom darstellen, sondern reale Folgen desselben sind. Das Symptom besteht in Neigung zu intensiven Depressionen oder/und Zorn- und Wutanfällen. Vor diesen Symptomen flieht der Jugendliche von dem Ort, an dem die Haß- und Schuldgefühle zum Durchbruch kommen können, wo seine Emotionen und Affekte meist durch minimale Anlässe angeheizt werden; die Herkunftsfamilie oder die Schule sind solche Orte.

Eine Institution, die für straffällig gewordene Jugendliche Unterstützung anbietet und deren Mitarbeiter psychosoziales und psychoanalytisches Gedankengut als theoretische Basis für ihre Arbeit haben, ist die Bewährungshilfe und insbesondere die Streetworker, also Bewährungshelfer, die sich in die Szenen der Jugendkultur hineinbegeben, um an Ort und Stelle mit den Jugendlichen, vor allem den gefährdeten Jugendlichen, Kontakt aufnehmen.

Das Verwirklichen einer psychoanalytischen Pädagogik stellt ganz bestimmte Anforderungen an Lehrer, Erzieher und Eltern. Durch die psychoanalytische Arbeit wurde die Annahme, daß die Erziehung der Erziehungspersonen selbst eine Hauptbedingung des pädagogischen Erfolgs sei, zunehmend erhärtet. Jede neurotische Entwicklung der Erziehungspersonen führt zu einer Einschränkung der Selbstverfügung, einem Verlust von persönlichem Einsatz und Leistungsfähigkeit. Fehler bei der Erziehung stehen immer in Zusammenhang mit Verdrängungsprozessen bei den Erziehungspersonen. Beispiele dafür sind Erziehungspersonen, welche traurige Erinnerungen an eine eigene unglückliche Kindheit dadurch zu kompensieren versuchen, daß sie Toleranz und Nachsicht falsch auslegen und den Kindern überhaupt keine Grenzen setzen, was wieder bei diesen Angst auslösen kann. Erzieher, die mit einer noch so gut gemeinten Methode Schiffbruch erleiden, aber nicht verstehen können, warum sie versagen, lasten das eigene Versagen den Zöglingen an und reagieren auf diese dann unerwartet hart, womit die Spirale des gegenseitigen Unverständnisses sich zu drehen beginnt. Ein labiles Selbstwertgefühl eines Lehrers mit großer Angst, sich lächerlich zu machen, erschwert es diesem die Disziplin in der Klasse aufrechtzuerhalten. Dadurch fühlt er sich genötigt zu strafen und kann Kontrolle über das Strafausmaß verlieren.

Welches sind die logischen Konsequenzen dieser Erkenntnis? Das Erkennen der Zusammenhänge zwischen Erziehungsfehlern und Verdrängungsmechanismen im Erzieher, Eltern und Lehrer führt zur Entwicklung von Modellen, psychoanalytische Erkenntnisse auch für die Ausbildung der Erzieher anzuwenden. Eine dieser Möglichkeiten liegt in dem Angebot nach kontinuierlicher Fort- und Weiterbildung, welche Selbsterfahrung in Gruppen einschließt; auch Supervision als Praxisbegleitung wird angeboten.

Gerade im Wien der Zwischenkriegszeit haben sich namhafte Pädagogen bemüht, tiefenpsychologisches Wissen, insbesondere der Schule der Individualpsychologie, zuzuordnen, in der Erziehung anzuwenden. Schulreformer wie Otto Glöckel oder Pädagogen die Oskar Spiel waren Mitglieder des Vereins für Individualpsychologie oder diesem nahestehend.

Nach dem Krieg wurden in Wien von psychoanalytisch ausgebildeten Sozialarbeitern die Institute für Erziehungshilfe, in welchen Kinder und ihre Mütter Hilfestellungen bekommen (das Kind von Psychologen, Psychiatern; die Mutter von einer Sozialarbeiterin), gegründet.

Literatur

A. AICHHORN: Verwahrloste Jugend. Die Psychoanalyse in der Fürsorgeerziehung. Bern: Huber, 1951

A. ADLER: Über individualpsychologische Erziehung. In: Praxis und Theorie der Individualpsychologie. München: Bergmann, 1920

S. BERNFELD: Sisyphus oder die Grenzen der Erziehung …

S. BERNFELD: Der soziale Ort und seine Bedeutung für Neurose, Verwahrlosung und Pädagogik. Imago 15, 1929, 299–312

J. BOWLBY: Brief an morning in infancy and early childhood. The Psychoanalytic Study of the Child, Vol. XI, 236–256, 1956

J. BOWLBY (1976): Trennung. Reihe Geist und Psyche, Band 21/71, München: Kindler

A. FREUD: Wege und Irrwege in der Kinderentwicklung. Stuttgart: Klett-Cotta, 1968

D. W. WINNICOTT: Transitional Objects and Transitional Phenomenon. Int. J. of Psycho-Analysis, 34, 89–97, 1953

10. Vorlesung

Psychoanalytische Kulturtheorie

Prof. Dr. Alfred Springer

Die Psychoanalyse als Wissenschaft stellt einen Versuch dar, einen einheitlichen Interpretationsentwurf für das normale und kranke Seelenleben und für alle Formen, in denen Verhalten sich äußert, zu verkörpern. Dieser umfassende Ansatz spiegelt sich im Bemühen wider, auch die sozialen und kulturellen Phänomene innerhalb des psychoanalytischen Interpretationsmodells und in der der Psychoanalyse eigenen Begrifflichkeit zu erfassen und unter Anwendung metapsychologischer Positionen eine Kulturtheorie zu entwerfen. Den Grundstein für diese Anwendung der Psychoanalyse legte Freud. Aufbauend auf die von ihm entwickelten Gedanken, führten viele andere analytische Autoren Untersuchungen auf den diversen Teilbereichen der Anwendung der Psychoanalyse auf die Kulturkunde durch. Zu diesen Teilbereichen zählen: Ethnographie, Soziologie, das Rechtssystem, Dichtung und bildende Kunst, Märchen- und Mythenforschung und Religionsforschung.

Freuds Beschäftigung mit kulturellen Fragestellungen geht bereits aus den Anfängen der psychoanalytischen Theoriebildung hervor. Freud erkannte prinzipiell den einzelnen neurotischen Menschen zugleich als Opfer seiner selbst und seines kulturellen Umfeldes. Diese Einstellung läßt sich klar erkennen, wenn man die berühmten Krankengeschichten Freuds rekapituliert. Das Interesse am Zusammenwirken von kulturellen und individuellen Einflüssen auf das Schicksal des einzelnen und an der Durchleuchtung sozialer/kultureller Prozesse und Institutionen und ihres Werdeganges unter Anwendung psychoanalytischer Methoden und Konzepte, veranlaßte ihn auf allen Stufen der Entwicklung seiner Theorie zu entsprechenden Interpretationen und verließ ihn nie. Noch 1935, gegen Ende seines Lebens, vermerkte er in einer Nachschrift zu seiner „Selbstdarstellung": „Nach dem lebenslangen Umweg über die Naturwissenschaften, Medizin und Psychotherapie war mein Interesse zu jenen kulturellen Problemen zurückgekehrt, die dereinst den kaum zum Denken erwachten Jüngling gefesselt hatten" (Freud, 1935). In der gleichen Nachschrift zog er die Summe seiner Überlegungen:

> „Immer klarer erkannte ich, daß die Geschehnisse der Menschheitsgeschichte, die Wechselwirkungen zwischen Menschennatur, Kulturentwicklung und jenen Niederschlägen urzeitlicher Erlebnisse, als deren Vertreter sich die Religion vordrängt, nur die Spiegelung der dynamischen Konflikte zwischen Ich, Es und Über-Ich sind, wel-

che die Psychoanalyse beim Einzelmenschen studiert, die gleichen Vorgänge auf einer weiteren Bühne wiederholt."

Die kulturtheoretischen Abhandlungen sind als Anteil der Metapsychologie zu verstehen, sie folgen jenen Vorstellungen, die Rapaport in 11 axiomatische Sätze gefaßt hat (vgl. Bausteine 1, 9. Vorlesung). Es erfahren in diesem Kontext sowohl die psychodynamischen und -ökonomischen Hintergründe der Kulturentstehung selbst, wie auch bestimmte kulturelle Inhalte, die Wechselwirkung zwischen individueller und kultureller Entwicklung und die Auswirkung des kulturellen Einflusses auf das Schicksal des Einzelnen, vor allem aber die pathodynamische Wirksamkeit der kulturellen Anforderungen analytische Behandlung.

Freuds klassische Beiträge

Als Meilensteine auf dem Weg zu einer umfassenden Kulturtheorie können folgende Freud-Texte gelten: zunächst der kleine Aufsatz „Die ‚kulturelle' Sexualmoral und die moderne Nervosität" aus dem Jahr 1908, weiters die ihm selbst in dieser Hinsicht am bedeutsamsten erscheinende Schrift „Totem und Tabu" aus 1912, „Zeitgemäßes über Krieg und Tod", 1915, „Massenpsychologie und Ich-Analyse" aus 1921, „Die Zukunft einer Illusion" aus dem Jahre 1927, „Das Unbehagen in der Kultur", 1930. 1933 schließlich folgte Freuds Part im Briefwechsel mit Albert Einstein zur Völkerbund-Umfrage „Warum Krieg?" und die im Kontext der „Neuen Folge der Vorlesungen zur Einführung in die Psychoanalyse" veröffentlichte Vorlesung „Über eine Weltanschauung".

Unter den kulturellen Inhalten, Institutionen und Leistungen befaßte er sich vor allem mit der Religion und den Künsten. Nachdem er sich in einigen kleineren Texten Fragen der Religionspsychologie und -psychopathologie gewidmet hatte, zog er zuerst in dem großen dialogischen Essay „Die Zukunft einer Illusion" aus dem Jahr 1927 und später in der „Neuen Folge der Vorlesungen zur Einführung in die Psychoanalyse" die Summe seiner Religionskritik. Es ist auffallend, daß er die Philosophie als Kulturleistung zwar als analysewürdig befand, ihre letzte Analyse jedoch schuldig blieb. Lediglich in der bereits erwähnten Vorlesung „Über eine Weltanschauung" kritisiert er die Philosophie quasi im Vorübergehen: Sie gebärde sich wie eine Wissenschaft, gebe auch vor mit wissenschaftlichen Methoden zu arbeiten, sei ihr jedoch nicht gleichzuordnen, da sie an illusionären und wunschhaften Denkfiguren festhalte. Die Wissenschaft schließlich, als deren Vertreter Freud sich empfand, und der er als dem einzigen nicht-illusionären System die größte Bedeutung in der

Entwicklung der Menschheit zuerkannte, blieb – so weit mir bekannt –, völlig frei von der kritischen Durchleuchtung durch den Analytiker.

Mit Untersuchungen zur bildenden Kunst und dem kreativen Prozeß vom topographischen, dynamischen und ökonomischen Standpunkt aus befaßte er sich in seinen Studien zu Leonardo (1909) und Michelangelo (1913), mit den Problemen der Dichtkunst in Texten wie „Der Wahn und die Träume in W. Jensens ‚Gradiva'" (1906). In all diesen Texten betrieb er Spurensuche hinsichtlich des Zutagetretens unbewußter Einflüsse und damit der Wiederkehr des Triebhaften, Verdrängten, in mehr oder weniger entstellter und/oder symbolischer Form innerhalb der Sublimationsleistung.

Der Kulturbegriff bei Freud

Freud folgte in den verschiedenen Werken, die vorhin aufgelistet wurden, keiner einheitlichen Definition der Kultur. Er übernahm zunächst den Begriff von verschiedenen Autoren in verschiedenen diskursiven Kontexten. Zuerst, 1908, in einer spezifischen Einengung auf die „kulturelle Sexualmoral" von Christian von Ehrenfels. In dieser frühen Schrift erscheint Kultur als Summe der gesellschaftlichen Anforderungen und Einschränkungen und zivilisatorischen Entwicklungen. Für seine Untersuchungen zum Themenkreis „Totem und Tabu" benutzte er die Kulturdefinition von Frazer als Ausgangspunkt seiner Überlegungen. Schließlich definierte er zusammenfassend in „Die Zukunft einer Illusion" und in „Das Unbehagen in der Kultur" Kultur als die Summe der Leistungen und Einrichtungen, in denen sich unser Leben von dem unserer tierischen Ahnen entfernt und die zwei Zwecken dienen: dem Schutz des Menschen gegen die Natur und der Regelung der Beziehungen der Menschen untereinander. Freud erarbeitete weiterhin einen Katalog kultureller Inhalte: Als wesenhaft erschienen ihm alle Tätigkeiten und Werte, die die Möglichkeiten der Erde untertan machen. Die Kulturhöhe erschien ihm vom jeweiligen technisch-zivilisatorischen Niveau bestimmt. Neben diesen, von ihrer Nützlichkeit getragenen, kulturellen Werten ortete Freud aber auch andere, nicht unbedingt oder ausschließlich dem Nutzen verpflichtete Kulturanforderungen: Schönheit, Reinlichkeit, Ordnung. Auf der nächsten Ebene, meinte er, repräsentieren geistig-intellektuelle, philosophische und religiöse Ideengebäude, wissenschaftliche und künstlerische sowie den Menschen idealisierende Wertvorstellungen charakteristische Inhalte einer Kultur. Neben den praktischen und ideellen Leitvorstellungen beinhalte die Kultur weiters die Regulierung der sozialen Beziehungen. Freud erkannte diesem Aspekt große Bedeutung zu, wenn er meinte, daß das kulturelle Element mit dem ersten Versuch, die sozialen Beziehungen zu regeln, gegeben gewesen sei. Jede Kulturentwicklung sei davon abhängig, daß innerhalb des sozialen Regelsystems zunächst die Struktur „Gerechtigkeit" entstehe und damit ein Rechtssystem, das die Herrschaftsansprüche der jeweils Stärksten einzuschränken imstande ist.

Neben diesen im großen und ganzen positiven Zuschreibungen an das Prinzip Kultur ortete Freud aber auch bestimmte Einschränkungen: weder „das Glück" noch die individuelle Freiheit seien Kulturgüter; die individuelle Freiheit sei eine Vorstellung, die den prä-kulturellen Raum charakterisiere; weiters sei mit der Vorstellung von „Kultur" nicht die Vorstellung von der Vervollkommnung des Menschengeschlechtes in eins zu setzen.

Diese phänomenologisch-anthropologische Darstellung der Charakteristika der Kultur – sie entspricht im wesentlichen der zu Freuds Zeiten gültigen Kulturdefinition durch Tylor – diente Freud als Ausgangsbasis für seine psychoanalytische Interpretation der Kulturentwicklung. Diese Vertiefung erschien ihm unerläßlich, da die Phänomenologie allein nicht erklären kann, warum jener Schritt vom Urzustand zur Kultur eintreten mußte.

Freud fand, daß am Prozeß der Kulturentwicklung und an den kulturellen Inhalten gar manches sonderbar „vertraut" vorkomme. Dieser Eindruck entstehe dadurch, daß der Prozeß der Kulturentwicklung den Prozeß der Triebentwicklung, vor allem der fortschreitenden Triebbeherrschung und Sublimierung von Triebansprüchen, widerspiegle, er sei ein besonderer Prozeß, der durchaus mit der Reifung des Individuums gleichgesetzt werden könne.

Er akzeptierte grundsätzlich das „biogenetische Grundgesetz" im Sinne Haeckels, in dem postuliert wird, daß sich in der seelischen Entwicklung jedes einzelnen von der Geburt bis zum Erwachsensein, die ganze Menschheitsentwicklung in abgekürzter Form wiederholt.

Aus dieser Analogie ergab sich die Annahme, daß Kultur wesenhaft auf Verschiebung von Triebzielen (Sublimierung) und auf Triebverzicht aufgebaut sei. Und aus dieser wieder die Erkenntnis von der ambivalenten Bedeutung der Kulturentwicklung: „Diesem Prozeß verdanken wir das Beste, was wir geworden sind, und ein gutes Teil von dem, woran wir leiden", schrieb Freud in seinem Brief an Einstein und brachte damit jenen Gedankengang auf den Punkt, der in seinem frühen Aufsatz über die kulturelle Sexualmoral erstmals Ausdruck gefunden hatte.

Totem und Tabu: Die phylogenetischen Ursprünge von Religion und Moral

„Totem und Tabu" repräsentiert Freuds Versuch, die neu gewonnenen analytischen Einsichten zur Erforschung der Ursachen von Religion und Sittlichkeit auszunützen. Zu diesem Zweck untersuchte er die urhaften Institutionen des Totemismus und des Tabu auf ihre Entstehung und ihre Funktion. Er setzte zu diesem Zweck die wesentlichen Charakteristika totemistischer Religionen und der Tabuvorschriften und der Regelung der Geschlechterverhältnisse bei Naturvölkern (Inzestscheu, Exogamie etc.) mit der Mythenbildung über den Vatermord in Bezug. Indem er einem zur Zeit der Entstehung von „Totem und Tabu" gebräuchlichen biologischen Erklärungsmodell folgte, das auf Lamarck zurückzuführen ist, nahm Freud an, daß all diese Ausgestaltungen des „wilden Denkens", alle den Urvölkern eigenen Systematisierungen und Strukturierungen ihrer Lebenswelt, als überdauernder vererbter Gedächtnisinhalt den phylogenetischen Hintergrund aller Denk- und Gesellschaftssysteme auf höher entwickelten kulturellen Niveaus bilden. Als Freud nun diesen phylogenetischen Hintergrund mit den Phantasien der hochzivilisierten, zwangsneurotischen und phobischen Patienten in Zusammenhang brachte, erschloß sich ihm die einzigartige und ubiquitäre Bedeutung des Ödipuskomplexes. Im 4. und letzten der Aufsätze, die gemeinsam den Band „Totem und Tabu" ergeben, formulierte er die Hypothese, daß „im Ödipus-Komplex die Anfänge von Religion, Sittlichkeit, Gesellschaft und Kunst zusammentreffen". Dieses Ergebnis schien ihm „in voller Übereinstimmung mit der Feststellung der Psychoanalyse, daß dieser Komplex den Kern aller Neurosen bildet, so weit sie bis jetzt unserem Verständnis nachgegeben haben".

Die pathogene Bedeutung der kulturellen Forderungen im Kontext der ersten Triebtheorie

Bereits in seinem ersten Aufsatz aus 1908 beschrieb Freud die Auswirkungen der „kulturellen Sexualmoral" äußerst plastisch und drastisch. Folgende Fragestellungen erschienen ihm zentral in der Analyse der kulturellen Auswirkungen auf das Triebleben der einzelnen:

1. Welche Aufgabe stellt die Kultur an die einzelnen Mitglieder?
2. Bietet die zugelassene legitime Sexualbefriedigung (Ehe) eine annehmbare Entschädigung für den sonstigen Verzicht?
3. In welchem Verhältnis stehen etwaige Schädigungen aus diesem Verzicht zum kulturellen Nutzen, den er bewirkt?

Seine Analyse brachte Freud zu einem wahrhaft vernichtenden Urteil über die Funktion der kulturellen Regeln seiner Zeit. Sie brächten nur wenig Nutzen, seien aber hingegen maßgeblich an der Zeiterscheinung „Nervosität" beteiligt, sie seien weiters Ursache von Impotenz und Frigidität, dem Leiden an und in der Ehe, von Neurose, Perversion und Inversion (Homosexualität), auf sie wäre gleichsam eine allgemeine Einschränkung der sexuellen Betätigung zurückzuführen. Daraus wieder resultiere eine Zunahme der Lebensängstlichkeit und eine Einschränkung der Genußfähigkeit beim einzelnen sowie auch der Todesangst und damit die Wurzel für Zeugungsmüdigkeit und für einen Verlust an Opferbereitschaft. Diese Auswirkungen seien eine Folge davon, daß jeder Mensch einmal an eine konstitutionelle Grenze seiner Fähigkeiten, sich den kulturellen Regeln anzupassen, komme. „Alle die edler sein wollen, als ihre Konstitution es ihnen gestattet, verfallen der Neurose; sie hätten sich wohler befunden, wenn es ihnen möglich geblieben wäre, schlechter zu sein." Freud ortete darin eine soziale Ungerechtigkeit, daß das bestehende Kulturniveau von allen Menschen ein gleiches Sexualleben fordert, ohne Rücksicht darauf, ob es den einzelnen nun aufgrund ihrer sexuellen Konstitution mühelos gelingt, die Regeln zu befolgen oder ob wieder für andere die Regelkonformität schwere Opfer und Leiden bedeutet.

Das Unbehagen in der Kultur

In seinem großen Essay aus dem Jahr 1930 zog Freud die Summe seiner Erkenntnisse und Annahmen über die Triebentwicklung, den seelischen Apparat und die seelischen Instanzen beim Individuum und setzte sie in Bezug zur Kulturentwicklung und zur Vergesellschaftung. Er blieb dabei seiner früheren Kritik an der triebunterdrückenden Valenz treu, erweiterte sie aber um wesentliche Bezirke des Trieb- und Seelenlebens.

Die ganze Schrift ist eine vorweggenommene Explikation des vorhin zitierten Satzes über den Januskopf-Charakter der Kultur aus dem Freud-Einstein-Briefwechsel. Das Unbehagen in der Kultur darf nicht als Unzufriedenheit mit einer bestimmten Ausprägung der zivilisatorischen Entwicklung verwechselt werden, es entspricht auch nicht einer „Sozialkritik". Dieses Unbehagen ist wesenhaft für jeden einzelnen an sein Leben in einer Kultur und an den Genuß ihrer positiven Möglichkeiten gebunden. Es entspringt daraus, daß jede Kulturentwicklung jedem einzelnen Kulturmitglied das früheste Bedürfnis und die überdauernde Zielvorstellung des Unbewußten, dem Lustprinzip Folge zu leisten, negiert und damit auch den Glücksanspruch. In diesem Essay ist es nicht mehr ausschließlich die Sexualunterdrückung, die als wesenhafter Zug der Kultur analysiert wird, sondern Freud richtet in gleicher Weise seine kritische Analyse auf die kulturimmanente und kulturschaffende Unterdrückung des aggressiven Triebgeschehens und narzißtischer Impulse. Auch die Analogien zwischen individueller und kultureller Entwicklung und individueller und gesellschaftlicher Struktur werden nunmehr weiter gefaßt. In diesem Sinne analysiert Freud die Auswirkungen des Kulturprozesses auf die Über-Ich-Bildung, die Möglichkeit eines kulturellen Über-Ich, einer „neurotischen Kultur" und schließlich die diffizile Interaktion zwischen individuellem und kulturellem Schuldgefühl.

Definition des Kulturprozesses

„Der Kulturprozeß ist jene Modifikation des Lebensprozesses, die er unter dem Einfluß einer vom Eros gestellten, von der Ananke, der realen Not angeregten Aufgabe erfährt, und diese Aufgabe ist die Vereinigung vereinzelter Menschen zu einer unter sich libidinös verbundenen Gemeinschaft."

Dieser Tendenz, die unter dem Diktat des Lebens-/Liebestriebes steht, widersetzt sich der Aggressionstrieb, der als Abkömmling des primären Todestriebes gelten muß. Daraus ergab sich für Freud der Sinn der Kulturentwicklung: Sie demonstriert uns den Kampf, der zwischen den beiden prinzipiellen Triebarten tobt, wie er sich an der Menschenart vollzieht. Dieser Kampf ist der wesentliche Inhalt des Lebens überhaupt, und darum ist die Kulturentwicklung kurzweg zu bezeichnen als der Lebenskampf der Menschenart. Und diese Interpretation bezieht sich auf die Gemeinschaft ebenso wie auf den einzelnen.

Der pathogene Einfluß der Kultur auf dem Niveau der Umgestaltung der Triebtheorie nach 1920

Interessanterweise kam Freud in seiner Analyse der Kultur auch zu neuen Erkenntnissen in der Neurosenlehre. Indem er die Auswirkungen der kulturellen Triebunterdrückung nun nicht mehr auf das Schicksal des Sexualtriebes einschränkte, sondern auch die Auswirkungen der Unterdrückung aggressiver Impulse hinterfragte, gelangte er zu einem neuen Verständnis des neurotischen Symptoms: Hatte man zunächst angenommen, daß die Symptome Ersatzbefriedigungen für verpönte sexuelle Wünsche repräsentieren, hatte man später erkennen müssen, daß in jeder Neurose auch ein unbewußtes Schuldgefühl dynamisch wirksam ist. Die Analyse der kulturellen Einschränkungen ließ Freud tentativ den Satz formulieren: Wenn eine Triebstrebung der Verdrängung unterliegt, so werden ihre libidinösen Anteile in Symptome, ihre aggressiven Komponenten in Schuldgefühle umgesetzt.

So wie das Schuldgefühl der einzelnen neurotischen Persönlichkeit, das der intraindividuellen Konfliktlage entstammt, zum größten Teil unbewußt bleibt, so scheint auch das kulturell stimulierte Schuldgefühl weitgehend unbewußt zu bleiben oder als unbestimmtes Unbehagen oder als Unzufriedenheit zum Vorschein zu kommen, für die man andere Ursachen sucht.

Freud und die Religion

Unter allen kulturellen Errungenschaften und Institutionen ordnete Freud der Wissenschaft und der Religion die größte Bedeutung zu. Diese beiden Systeme wieder standen für ihn in einem unauflösbaren Widerspruch zueinander. Die Analyse der Religion, die er als Vertreter der wissenschaftlichen Weltanschauung unternahm, führte ihn zu einer äußerst kritischen Einschätzung. Da es nicht möglich ist, diesen Standpunkt kürzer und konziser zu fassen, als Freud selbst in der „Neuen Folge ...", werden hier die entsprechenden Passagen im Wortlaut zitiert.

„Den letzten Beitrag zur Kritik der religiösen Weltanschauung hat die Psychoanalyse geleistet, indem sie auf den Ursprung der Religion aus der kindlichen Hilflosigkeit hinwies und ihre Inhalte aus den ins reife Leben fortgesetzten Wünschen und Bedürfnissen der Kinderzeit ableitete. Dies bedeutet nicht gerade eine Widerlegung der Religion, aber es war doch eine notwendige Abrundung unseres Wissens um sie und wenigstens in einem Punkt ein Widerspruch, da sie selbst göttliche Abkunft für sich in Anspruch nimmt. Freilich hat sie damit nicht unrecht, wenn man unsere Deutung Gottes annimmt (Diese Deutung hatte bereits in ‚Totem und Tabu' stattgefunden; der Autor).

Das zusammenfassende Urteil der Wissenschaft über die religiöse Weltanschauung lautet also: Während die einzelnen Religionen miteinander hadern, welche von ihnen im Besitz der Wahrheit sei, meinen wir, daß der Wahrheitsgehalt der Religion überhaupt vernachlässigt werden darf. Religion ist ein Versuch, die Sinneswelt, in die wir gestellt sind, mittels der Wunschwelt zu bewältigen, die wir infolge biologischer und psychologischer Notwendigkeiten in uns entwickelt haben. Aber sie kann es nicht leisten. Ihre Lehren tragen die Geprägte der Zeiten, in denen sie entstanden sind, der unwissenden Kinderzeiten der Menschheit. Ihre Tröstungen verdienen kein Vertrauen. Die Erfahrung lehrt uns: Die Welt ist keine Kinderstube. Die ethischen Forderungen, denen die Religion Nachdruck verleihen will, verlangen vielmehr eine andere Begründung, denn sie sind der menschlichen Gesellschaft unentbehrlich und es ist gefährlich, ihre Befolgung an die religiöse Gläubigkeit zu knüpfen. Versucht man, die Religion in den Entwicklungsgang der Menschheit einzureihen, so erscheint sie nicht als ein Dauererwerb, sondern als ein Gegenstück der Neurose, die der einzelne Kulturmensch auf seinem Wege von der Kindheit zur Reife durchzumachen hat."

Freud schrieb der Religion eine führende Rolle unter den krankmachenden Instanzen der Kultur zu: Sie übe einen schädlichen Einfluß sowohl auf das Individuum und auf soziale Gruppen und Klassen wie auch auf die Kulturentwicklung aus, indem sie den Intellekt (die Vernunft) in seiner Freiheit einschränke. Für den einzelnen bedeutet das religiöse Denkverbot einen neurotisierenden Einfluß, im weiteren Kontext bringt die Einschränkung der Freiheit des Denkens eine Gefahr für die ganze Menschheit mit sich:

„Aber der gemeinsame Zwang einer solchen Herrschaft der Vernunft wird sich als das stärkste einigende Band unter den Menschen erweisen und weitere Einigungen anbahnen. Was sich, wie das Denkverbot der Religion, einer solchen Entwicklung widersetzt, ist eine Gefahr für die Zukunft der Menschheit." (Freud, 1933)

Freuds Bewertung der Wissenschaft

Nur die Wissenschaft birgt unter allen kulturellen Institutionen, Systemen und Errungenschaften für Freud das Versprechen in sich, daß einmal ein kulturelles Niveau erreicht werden kann, das weitgehend von neurotischen Mechanismen befreit ist. Darunter ist ein kultureller Zustand zu verstehen, in dem sowohl ein friedliches Zusammenleben der Menschen garantiert ist, als auch ein Normen- und Regelsystem geschaffen wird, das jede „Überschußrepression" vermeidet und die einzelnen nur soweit zum Triebverzicht zwingt, als dies für die Aufrechterhaltung des Zusammenlebens notwendig ist und das „den menschlichen Gefühlsregungen und was von ihnen bestimmt wird, den gebührenden Rang einräumt". Der Glaube an die Vernunft läßt den radikalen Kulturkritiker und -pessimisten Freud zum skeptischen Utopisten werden, wenn er „Die Zukunft einer Illusion" (1927) mit folgenden Ausführungen abschließt:

„Wir mögen noch so oft betonen, der menschliche Intellekt sei kraftlos im Vergleich zum menschlichen Triebleben, und Recht damit haben. Aber es ist doch etwas Besonderes um diese Schwäche; die Stimme des Intellekts ist leise, aber sie ruht nicht, ehe sie sich Gehör geschafft hat. Am Ende, nach unzählig oft wiederholten Abweisungen, findet sie es doch."

1933 findet er, wohl auch unter dem Eindruck der aktuellen politischen Ereignisse, zu einem radikaleren Ton und macht die Kulturentwicklung und wohl auch das Überleben der Kultur von einer „Diktatur der Vernunft" abhängig. Dieser unverrückbare Glaube an die positiven Möglichkeiten der Vernunft weist wieder darauf hin, wie weit Freud die Analogie zwischen Individuum und Kultur faßt. So wie er als Entwicklungsziel der analytischen Kur am Ende der XXXI. Vorlesung zur Einführung in die Psychoanalyse postulierte: „Wo Es war, soll Ich werden", so konnte er sich die Heilung der kranken Kultur nur als Folge einer Stärkung des „kulturellen Ich", der sozialen Vernunft vorstellen. Übrigens fand er in jenem Text auch eine der Kultur entlehnte Metapher für die Arbeit des Psychoanalytikers an der seelischen Struktur des einzelnen: „Es ist Kulturarbeit etwa wie die Trockenlegung der Zuydersee."

Die Ausarbeitung und Weiterentwicklung der Freudschen Kulturtheorie

Während sich viele frühe Psychoanalytiker mit der Analyse kultureller Inhalte, vor allem der Künste, befaßten, schlossen sich nur wenige Mitarbeiter Freuds zu seinen Lebzeiten seinen allgemeinen kulturtheoretischen Überlegungen an. Maßgeblich daran beteiligt war wohl der Umstand, daß die Umgestaltung der Triebtheorie nach 1920 selbst in den Reihen treuer Mitarbeiter nicht auf Verständnis traf und dadurch metapsychologische Überlegungen aus diesem Kontext heraus nicht aufgegriffen wurden. Wohl aber hatte bereits die Veröffentlichung von „Totem und Tabu" lebhaftes Interesse und ebenso lebhafte Kritik von Ethnologen hervorgerufen. Nennenswert ist in diesem Kontext Bronislav Malinowski, der in seinen Studien über die Trobriander in den zwanziger Jahren zu anderen Schlußfolgerungen als Freud über die Bedeutung der ödipalen Situation kam, die später von Wilhelm Reich in seiner politischen Freud-kritischen Psychologie aufgegriffen wurden. Allerdings wird die kritische Position Malinowskis gerne überschätzt. Zunächst einmal veröffentlichte Freud selbst Malinowskis kritische Darstellung 1924 in einer der Ethnologie gewidmeten Ausgabe der „Imago", jenem Publikationsorgan, das sich als „Zeitschrift für Anwendung der Psychoanalyse auf die Geisteswissenschaften" verstand. Malinowski selbst wieder verteidigte Freud gegen heftige Angriffe aus dem ethnologischen Lager und ordnete Freuds Beitrag zur Ethnologie hohe Originalität und große Bedeutung für die ethnologische Forschung zu: „Denn Freud hat uns die erste konkrete Theorie über den Zusammenhang zwischen Triebleben und sozialer Institution gegeben" (Malinowski, 1923). Ein weiterer früher ethnologisch-psychoanalytisch arbeitender Forscher war Geza Roheim, der bestimmte Stämme in Australien und die Papuas untersuchte (Roheim, 1932). Auch die Ergebnisse seiner Untersuchungen wurden in der „Imago" veröffentlicht.

Erwähnenswert ist weiters, daß Norbert Elias etwa zur selben Zeit wie Freud zu seiner Theorie gelangte, den Zivilisationsprozeß als Prozeß wachsender Impulskontrolle zu verstehen, die in vielem dem von Freud entwickelten Interpretationsmuster entspricht (Elias, 1976).

Marie Bonaparte wies in den 30er Jahren darauf hin, daß Psychoanalyse und Ethnographie noch am Anfang ihrer Zusammenarbeit stünden und daß erst die Zukunft zeigen werde, ob und inwieweit eine derartige Kooperation sich fruchtbar erweisen könne (Bonaparte, 1939). Daß ihr Interesse an dieser Fragestellung sehr weit reichte, manifestierte sie damit, daß sie Geza Roheims Forschungen finanzierte. Ein Beispiel für die wechselseitige Befruchtung, die Psychoanalyse und Ethnologie bzw. Anthropologie durch die Aufnahme eines interdisziplinären Diskurses erfahren können, ist die Kooperation zwischen den Vertretern der strukturellen Anthropologie und der Psychoanalyse, die in den 70er Jahren in Frankreich stattfand (vgl. Benoist [Hrsg.], 1980). Auch die Entwicklung der Ethnopsychoanalyse durch Georges Devereux ist in diesem Kontext zu erwähnen. Interessant ist, daß innerhalb dieses Diskurses die von Freud in „Totem und Tabu" entwickelte Methode eine neue Aufwertung erfuhr.

Weitere erwähnenswerte Versuche Anthropologie und Psychoanalyse zur Deckung zu bringen, stammten von Ernest Jones (1924), R. Brun (1949) und zuletzt von Parin und Morgenthaler (1979).

Entscheidenden Einfluß hatte der Freudsche Entwurf schließlich sicherlich auf Versuche einer politischen Psychoanalyse. Auch wenn Wilhelm Reich sich von Freud distanzierte und Erich Fromm eigene Wege ging. Die Ausführungen dieser Autoren über den autoritären und faschistischen Charakter sind in Freuds Überlegungen über die diffizile Interaktion zwischen erotischen gruppenbildenden und egoistischen, destruktive Inhalte einschließenden Impulsen und in seinen Ausführungen über kulturelles Über-Ich und kulturelles Schuldgefühl bereits 1930, in „Das Unbehagen in der Kultur", vorformuliert. Außerdem griff in diesem Text Freud bisweilen den aktualpolitischen Diskurs auf und wies, um seinen abstrakten Überlegungen mehr konkrete Konturen zu verschaffen, auf aktuelle gesellschaftspolitische Strömungen hin.

Freuds Versuch, das Wesen und die Funktion der Religion psychoanalytisch zu interpretieren und zu kritisieren, wurde vor allem von Theodor Reik (1919, 1920, 1925, 1927) und Ernest Jones (1924) aufgegriffen. Eine umfassende Darstellung der Stellung Freuds zur Religion verfaßte der Historiker Peter Gay (1988). Kritisiert wurde dieser Aspekt der psychoanalytischen Kulturkritik naturgemäß vielfach. Erwähnenswert ist in diesem Kontext ein Aufsatz des einflußreichen und von der Psychoanalyse geprägten amerikanischen Soziologen David Riesman (1972).

In einem Naheverhältnis zur psychoanalytischen Ethnologie und Religionskritik steht die psychoanalytisch ausgerichtete Mythenforschung, der sich ganz prominent Otto Rank widmete.

Mit der psychoanalytischen Durchleuchtung des Justizsystems befaßten sich Franz Alexander (1929) und Theodor Reik (1932).

Den größten Umfang unter kulturpsychoanalytischen Versuchen nehmen Arbeiten zu Kunst und Literatur ein. Sie zu zitieren würde den Rahmen dieser Darstellung sprengen. Dieses Thema erfordert eine eigene Abhandlung. Erwähnenswert ist jedoch, daß zu den von Freud erarbeiteten Themen im Lauf der Zeit, entsprechend der Entwicklung jeweils neuer Medien, weitere Fragestellungen dazu kamen. Besonders fruchtbar erwies sich die psychoanalytische Untersuchung des Mediums Film. In diesem Kontext haben vor allem französische Psychoanalytiker wesentliche Beiträge geleistet. Bereits frühzeitig (1926) hat sich Rene Allendy mit dem Film befaßt, nach dem Zweiten Weltkrieg griffen vor allem Vertreter der Lacan-Schule diese Thematik auf. Die entsprechenden Abhandlungen von C. Metz (1982) sind heute als elementare Bausteine in der allgemeinen Filmtheorie anerkannt. Dieser Umstand ist deshalb erwähnenswert, weil er dafür zeugt, daß bis in unsere Tage die Einbindung von psychoanalytischen Interpretationen eine Bereicherung und wechselseitige Befruchtung des interdisziplinären Diskurses auf verschiedenen Ebenen und in verschiedenen kulturwissenschaftlichen Themenbereichen mit sich bringt.

Literatur

F. ALEXANDER; H. STAUB (1929): Der Verbrecher und seine Richter. Wien: I.PsA.V.

R. ALLENDY (1926): La Valeur Psychologique de l'Image. In: LíArt Cinematographieque, Paris, Alcan

M. BONAPARTE (1939): Psychoanalyse und Ethnographie. In: P. Federn; H. Meng (Hg.): Das psychoanalytische Volksbuch, 4. Auflage, Bern, Huber

J.-M. BENOIST (1980; Hrsg.): Identität. Ein interdisziplinäres Seminar unter Leitung von Claude Levi-Strauss. Stuttgart, Klett-Cotta

B. BETTELHEIM (1982): Freud and manísoul. New York, Knopf

R. BRUN (1949): Die Neurose als kulturelles und soziales Problem. Zürich, Europa

G. DEVEREUX (1978): Ethnopsychoanalyse. Frankfurt, Suhrkamp

N. ELIAS (1976): Über den Prozeß der Zivilisation. Frankfurt, Suhrkamp

S. FREUD (1906): Die „kulturelle" Sexualmoral und die moderne Nervosität. Ges. Werke, Band VII, Fischer, Frankfurt, 1968

S. FREUD (1906): Der Wahn und die Träume in W. Jensens „Gradiva". Ges. Werke, Band VII, Fischer, Frankfurt, 1968

S. FREUD (1909): Eine Kindheitserinnerung des Leonardo da Vinci. Ges. Werke, Band VIII, Fischer, Frankfurt, 1968

S. FREUD (1912): Totem und Tabu. Ges. Werke, Band IX, Fischer, Frankfurt, 1968

S. FREUD (1913): Der Moses des Michelangelo. Ges. Werke, Band X, Fischer, Frankfurt, 1968

S. FREUD (1913): Zeitgemäßes über Krieg und Tod. Ges. Werke, Band X, Fischer, Frankfurt, 1968

S. FREUD (1925): Die Zukunft einer Illusion. Ges. Werke, Band XIV, Fischer, Frankfurt, 1968

S. FREUD (1925): Dostojewksi und die Vatertötung. Ges. Werke, Band XIV, Fischer, Frankfurt, 1968

S. FREUD (1925): Das Unbehagen in der Kultur. Ges. Werke, Band XIV, Fischer, Frankfurt, 1968

S. FREUD (1932): Neue Folge der Vorlesungen zur Einführung in die Psychoanalyse. Ges. Werke, Band XV, Fischer, Frankfurt, 1968

S. FREUD (1932): Warum Krieg? Ges. Werke, Band XVI, Fischer, Frankfurt, 1968

S. FREUD (1935): Nachschrift (zur Selbstdarstellung) 1935. Ges. Werke, Band XVI, Fischer, Frankfurt, 1968

P. GAY (1988): „Ein gottloser Jude". Frankfurt, Fischer

E. JONES (1924): Psychoanalyse und Anthropologie. In: Imago, Band 10, Heft 2/3

E. JONES: Psychoanalyse der christlichen Religion. Wien, I. PsA.V

B. MALINOWSKI (1923): Sigmund Freud. Psychoanalysis and Anthropology. Letter to the Editor. Nature, Vol. 112, No. 2818, p. 650–651

B. MALINOWSKI (1924): Mutterrechtliche Familie und Ödipuskomplex. Imago, Band 10, Heft 2/3, Ethnologisches Heft, S. 228–277

C. METZ (1982): The imaginary signifier: Psychoanalysis and the cinema. Bloomington

T. NATHAN (1979): Ideologie, Sexualität und Neurose. Frankfurt, Suhrkamp

P. PARIN; L. MORGENTHALER (1979): Fürchte deinen Nächsten wie dich selbst. Frankfurt, Suhrkamp

O. RANK (1912): Das Inzesttabu. Wien, Deuticke

O. RANK (1919): Psychoanalytische Beiträge zur Mythenforschung. Wien, I.PsA.V

T. REIK (1919): Das Ritual. Wien, I. PsA.V

T. REIK (1920): Der eigene und der fremde Gott. Wien, I. PsA.V

T. REIK (1925): Geständniszwang und Strafbedürfnis. Wien, I. PsA.V

T. REIK (1927): Dogma und Zwangsidee. Wien, I. PsA.V

T. REIK (1932): Der unbekannte Mörder. Wien, I. PsA.V

D. RIESMAN (1972): Freud und die Psychoanalyse. Frankfurt, Suhrkamp

G. ROHEIM (1932): Die Psychoanalyse primitiver Kulturen. Imago, Band 18, Heft 3/4, Sonderheft Ethnologie

F. J. SULLOWAY(1982): Freud. Biologe der Seele. Köln, Hohenheim-Verlag